Kohlhammer

Die Herausgeber/-innen

Prof. Dr. habil. Kirsten Aner ist Professorin für Lebenslagen und Altern des Fachbereichs Humanwissenschaften der Universität Kassel.

Prof. Dr. habil. Klaus R. Schroeter ist Professor für Soziale Arbeit und Alter und Leiter des Schwerpunktes »Menschen im Kontext von Alter« an der Hochschule für Soziale Arbeit FHNW (Olten, Schweiz).

Kirsten Aner/Klaus R. Schroeter (Hrsg.)

Kritische Gerontologie

Eine Einführung

Verlag W. Kohlhammer

Dieses Werk einschließlich aller seiner Teile ist urheberrechtlich geschützt. Jede Verwendung außerhalb der engen Grenzen des Urheberrechts ist ohne Zustimmung des Verlags unzulässig und strafbar. Das gilt insbesondere für Vervielfältigungen, Übersetzungen, Mikroverfilmungen und für die Einspeicherung und Verarbeitung in elektronischen Systemen.

Pharmakologische Daten, d. h. u. a. Angaben von Medikamenten, ihren Dosierungen und Applikationen, verändern sich fortlaufend durch klinische Erfahrung, pharmakologische Forschung und Änderung von Produktionsverfahren. Verlag und Autoren haben große Sorgfalt darauf gelegt, dass alle in diesem Buch gemachten Angaben dem derzeitigen Wissensstand entsprechen. Da jedoch die Medizin als Wissenschaft ständig im Fluss ist, da menschliche Irrtümer und Druckfehler nie völlig auszuschließen sind, können Verlag und Autoren hierfür jedoch keine Gewähr und Haftung übernehmen. Jeder Benutzer ist daher dringend angehalten, die gemachten Angaben, insbesondere in Hinsicht auf Arzneimittelnamen, enthaltene Wirkstoffe, spezifische Anwendungsbereiche und Dosierungen anhand des Medikamentenbeipackzettels und der entsprechenden Fachinformationen zu überprüfen und in eigener Verantwortung im Bereich der Patientenversorgung zu handeln. Aufgrund der Auswahl häufig angewendeter Arzneimittel besteht kein Anspruch auf Vollständigkeit.

Die Wiedergabe von Warenbezeichnungen, Handelsnamen und sonstigen Kennzeichen in diesem Buch berechtigt nicht zu der Annahme, dass diese von jedermann frei benutzt werden dürfen. Vielmehr kann es sich auch dann um eingetragene Warenzeichen oder sonstige geschützte Kennzeichen handeln, wenn sie nicht eigens als solche gekennzeichnet sind.

Dieses Werk enthält Hinweise/Links zu externen Websites Dritter, auf deren Inhalt der Verlag keinen Einfluss hat und die der Haftung der jeweiligen Seitenanbieter oder -betreiber unterliegen. Zum Zeitpunkt der Verlinkung wurden die externen Websites auf mögliche Rechtsverstöße überprüft und dabei keine Rechtsverletzung festgestellt. Ohne konkrete Hinweise auf eine solche Rechtsverletzung ist eine permanente inhaltliche Kontrolle der verlinkten Seiten nicht zumutbar. Sollten jedoch Rechtsverletzungen bekannt werden, werden die betroffenen externen Links soweit möglich unverzüglich entfernt.

1. Auflage 2021

Alle Rechte vorbehalten
© W. Kohlhammer GmbH, Stuttgart
Gesamtherstellung: W. Kohlhammer GmbH, Stuttgart

Print:
ISBN 978-3-17-031923-3

E-Book-Formate:
pdf: ISBN 978-3-17-031924-0
epub: ISBN 978-3-17-031925-7

Autor/-innen

Amrhein, Ludwig, Dr. phil., Jg. 1966, Vertretungsprofessor an der Fachhochschule Dortmund. Arbeitsschwerpunkte: Alters- und Lebenslaufsoziologie, Kulturgerontologie, Soziologie der Altenpflege, Kommunale Seniorenpolitik. Kontakt: ludwig.amrhein@fh-dortmund.de

Aner, Kirsten, Prof. Dr. rer pol., Jg. 1963, Professorin für Lebenslagen und Altern an der Universität Kassel. Arbeitsschwerpunkte: Kritische Gerontologie, Sozialarbeit/Sozialpädagogik der Lebensalter, Soziale (Alten-)Arbeit, Theorien, Felder und Organisationen der Sozialen Arbeit, Professionalität und Interdisziplinarität. Kontakt: aner@uni-kassel.de

Brauer, Kai, Prof. Dr. phil., Jg. 1965, Soziologe, Fachgebiet Sozialraumentwicklung (HS Neubrandenburg), Alternsforschungszentrum IARA (FH Kärnten). Arbeitsschwerpunkte: Communities, Lebenslauf und Altern, Ageism, Zivilgesellschaft, Sozialkapital, Transdisziplinarität. Kontakt: brauer@hs-nb.de

Dosch, Erna, Dr. phil., Jg. 1966, Lehrkraft für besondere Aufgaben an der Universität Kassel. Arbeitsschwerpunkte: Soziale Gerontologie, Alter(n) und Gender, Methoden der Sozialen Arbeit (z. B. biografisches Arbeiten, Personzentrierte Beratung, Arbeit mit Gruppen, Community Work), Theorien Sozialer Arbeit. Kontakt: dosch@uni-kassel.de

Falk, Katrin, Politikwissenschaft und Soziologie M. A., Jg. 1976, wissenschaftliche Mitarbeiterin am Institut für Gerontologische Forschung e. V. (IgF). Arbeitsschwerpunkte: qualitative Methoden in der Pflege- und Versorgungsforschung, Lebenslagen alter Menschen, Soziale Gerontologie. Kontakt: falk@igfberlin.de

Grates, Miriam, Gerontologin M.Sc. und Sozialarbeiterin B.A., Jg. 1987, wissenschaftliche Mitarbeiterin am Lehrstuhl für Sozialstruktur und Soziologie alternder Gesellschaften an der Technischen Universität Dortmund. Arbeitsschwerpunkte: Alter(n), Gesundheit und soziale Ungleichheit im Kontext der Digitalisierung, partizipative Technikentwicklung, Kritische Gerontologie. Kontakt: miriam.grates@tu-dortmund.de

Heming, Ann-Christin, Alternde Gesellschaften M.A., Soziale Arbeit B.A., Jg. 1989, Sozialpädagogin im Klinikum Westmünsterland. Arbeitsschwerpunkte: soziale und gesundheitliche Ungleichheiten im Alter, Soziale Arbeit im Krankenhaus, Partizipation in alternden Gesellschaften. Kontakt: hemingac@gmail.com

Kollewe, Carolin, Prof. Dr. phil., Jg. 1973, Professorin für Sozialwissenschaftliche Technikforschung an der Hochschule Magdeburg-Stendal. Arbeitsschwerpunkte: Alter/Technik/Pflege, Alter/Migration/Care, Kritische Gerontologie, Cultural Gerontology, Science and Technology Studies. Kontakt: carolin.kollewe@h2.de

Rüßler, Harald, Prof. Dr. rer. pol., Jg. 1951, (Senior-)Professor für Sozial- und Politikwissenschaften an der Fachhochschule Dortmund. Arbeitsschwerpunkte: Stadt- und Quartiersentwicklung, Partizipation, Soziale Altenarbeit, Kritische Gerontologie, Arbeitssoziologie, sozialer Wandel. Kontakt: harald.ruessler@fh-dortmund.de

Schroeter, Klaus R., Prof. Dr. phil. habil, Jg. 1959, Soziologe, Professor für Soziale Arbeit und Alter und Leiter des Schwerpunkts Menschen im Kontext von Alter an der Hochschule für Soziale Arbeit, FHNW in Olten (CH). Arbeitsschwerpunkte: Soziologische Theorien, Alterssoziologie, Körpersoziologie, Kritische Gerontologie. Kontakt: klaus.schroeter@fhnw.ch

Vukoman, Marina, M.A. Soziale Arbeit, Jg. 1984, Wissenschaftliche Mitarbeiterin am Institut für Soziale Arbeit und Sozialpolitik der Universität Duisburg-Essen. Arbeitsschwerpunkte: Soziale Altenarbeit, informelle Pflege, Sozialraum, Altersbilder, Arbeitslosigkeit, Qualitative Methoden, Deutungsmuster(-analyse). Kontakt: marina.vukoman@uni-due.de

Inhalt

Autor/-innen		5
1	Zur Einführung	9
	Kirsten Aner & Klaus R. Schroeter	
2	Zur historischen Entwicklung der Kritischen Gerontologie	13
	Klaus R. Schroeter	
	2.1 Vorbemerkungen	13
	2.2 Von der Radikalen Gerontologie ...	15
	2.3 ... zur Politischen Ökonomie des Alterns	17
	2.4 ... und ihrer weiteren Entwicklung	19
	2.5 Was ist Kritische Gerontologie?	20
	2.6 Fazit	23
3	Zu den Prämissen Kritischer Gerontologie	27
	Kirsten Aner	
	3.1 Erkenntnis- und Wissenschaftstheorie im Kontext der Gerontologie	27
	3.2 Kritische Gerontologie und Gesellschaft	32
4	Zu ausgewählten Ansätzen der Kritischen Gerontologie	35
	4.1 Political Economy of Aging	35
	Marina Vukoman & Ann-Christin Heming	
	4.2 Alter als Stigma	46
	Kai Brauer	
	4.3 Ageism	56
	Katrin Falk	
	4.4 Humanistic Gerontology	67
	Miriam Grates	
	4.5 Narrative Gerontology	81
	Ludwig Amrhein	
	4.6 Feministische und intersektionale Ansätze	92
	Erna Dosch	
	4.7 Foucauldian Gerontology	102
	Klaus R. Schroeter & Harald Rüßler	
	4.8 Kulturwissenschaftliche Perspektiven	113
	Carolin Kollewe	

		4.9 Kritisch gerontologische Ansätze im Vergleich	123

Kirsten Aner

5   Zur Kritischen Gerontologie im Kontext Sozialer (Alten-)Arbeit   131
Kirsten Aner
    5.1   Soziale Arbeit und Alter 131
    5.2   Soziale (Alten-)Arbeit und (Kritische) Gerontologie 133
    5.3   Fazit 140

1 Zur Einführung

Kirsten Aner & Klaus R. Schroeter

»[W]ie müßte eine Gesellschaft beschaffen sein, damit ein Mensch auch im Alter ein Mensch bleiben kann? Die Antwort ist einfach: er muß schon immer als Mensch behandelt worden sein.« (de Beauvoir, 1978, S. 466)

Könnte man nicht meinen, damit sei alles Nötige zur Kritischen Gerontologie gesagt?!

Die hier vorliegende Einführung in die Kritische Gerontologie soll dieses Postulat um wissenschaftliche Überlegungen erweitern. Ein Ausgangspunkt der Beschäftigung mit Kritik bzw. kritischer Wissenschaft ist für viele der am wissenschaftlichen Diskurs Beteiligten ein Zeitschriftenbeitrag von Horkheimer (1988 [1937]), in dem er die »kritische« Theorie einer »traditionellen« gegenüberstellt. Dieser Beitrag beruht auf seiner Einschätzung der Entwicklung der Geistesgeschichte seit Hegel. Er beschreibt ein folgenschweres Auseinanderdriften von philosophischem Denken und empirischer Forschung, ein arbeitsteiliges Nebeneinander von »zeitgenössischer Methaphysik« und »Szientismus«. Losgelöst von philosophischer Selbstvergewisserung verkomme die Erkenntnis der Wirklichkeit zu einer bloßen Tatsachenforschung. Eine derart »positivistische« Wissenschaft, die sich selbst als jenseits aller Interessen begreift, bezeichnet er als »traditionelle« Theorie. Sie sei nicht in der Lage, die Gesellschaft an einer übergreifenden Idee der Vernunft zu messen. Ihr stellt Horkheimer die »kritische« Theorie gegenüber, die sich des eigenen sozialen Entstehungszusammenhangs wie auch ihres praktischen Verwendungszusammenhangs permanent vergewissert.

Um zu zeigen, wie sich diese von Horkheimer grundlegend formulierte und später von der sog. Frankfurter Schule weiterentwickelte erkenntnis- und wissenschaftstheoretische Auseinandersetzung in der Altersforschung niederschlug, skizziert Klaus R. Schroeter im *zweiten Kapitel* die historische Entwicklung der Kritischen Gerontologie in groben Umrissen. Dabei wird das andauernde Ringen um eine Antwort auf die Frage deutlich, was unter Kritischer Gerontologie zu verstehen sei – ein Prozess, der gerade in seiner Unabgeschlossenheit der Forderung Horkheimers entspricht, dass sich (kritische) Wissenschaftler/-innen der eigenen Position in der Gesellschaft ständig bewusst bleiben müssen.

Das *dritte Kapitel* führt vor dem Hintergrund der Permanenz und Vielgestaltigkeit des Diskurses über Definitionen einer Kritischen Theorie zunächst in die Prämissen ein, die wir der Auswahl der nachfolgenden Beiträge zur Kritischen Gerontologie zugrunde legen. Dabei folgt Kirsten Aner Überlegungen von Baars (1991), der die erkenntnis- und wissenschaftstheoretische Gemeinsamkeit der diversen Ansätze in ihrer Sensibilität für die soziale Konstitution der Wissenschaft sieht. Dieses um die Frage nach dem Subjekt- und Gesellschaftsbezug erweiterte Kriterium leitete uns bei der Auswahl der in diesem Band vorgestellten Ansätze in der Kritischen Gerontologie. Sie werden hier anhand von Schlüsseldokumenten vorgestellt, die jeweils stellvertretend für einen Ansatz stehen.[1]

Im sich anschließenden *vierten Kapitel* referieren und diskutieren verschiedene Beitragsautorinnen und -autoren die ausgewählten Dokumente entlang folgender Gliederung: Kurzdefinition des Ansatzes, Kurzportrait der Verfasser/-innen des Schlüsseldokuments, Kernaussagen des Textes (Ausgangspunkt und Argumentation), Ergänzungen (aus weiteren Texten des Autors/der Autorin sowie anderer, ähnlich oder ggf. auch kontrovers argumentierender, Autor/-innen), Grenzen und offene Fragen des jeweiligen Ansatzes. Ann-Christin Heming und Marina Vukoman befassen sich mit der ›Political Economy of Aging‹. Kai Brauer widmet sich dem Ansatz, der Alter als ›Stigma‹ fasst. Katrin Falk zeichnet für die Skizze des Ansatzes ›Ageism‹ und Mariam Grates für die der ›Humanistic Gerontology‹ verantwortlich. Ansätze der ›narrativen Gerontologie‹ stellt Ludwig Amrhein vor, ›feministische‹ und ›intersektionale‹ Ansätze Erna Dosch. Klaus R. Schroeter und Harald Rüßler befassen sich mit ›Foucauldian Gerontology‹. In die ›kulturwissenschaftlichen‹ Perspektiven führt Carolin Kollewe ein. In einem weiteren Unterkapitel fasst Kirsten Aner die Unterschiede und Gemeinsamkeiten der Ansätze hinsichtlich ihrer jeweiligen erkenntnis- und wissenschaftstheoretischen Positionen sowie ihres Subjekt- und Gesellschaftsbezugs zusammen.

Das fünfte Kapitel widmet sich einem ausgewählten praktischen Verwendungszusammenhang. Kirsten Aner skizziert exemplarisch im Kontext Sozialer Arbeit mit älteren Menschen, wie Kritische Gerontologie für eine Praxis bedeutsam werden kann.

Anliegen des Bandes ist, Studierenden der Sozial- und Verhaltenswissenschaften und der Sozialen Arbeit, Wissenschaftler/-innen dieser Disziplinen und Fachleuten in der Praxis einen ersten Überblick über die Kritische Gerontologie zu bieten. Der Überblick anhand ausgewählter Schlüsseldokumente kann nur ein erstes Hilfsmittel sein, um den Einstieg in die Auseinandersetzungen mit der Kritischen Gerontologie zu erleichtern. Die Lektüre der Originaltexte kann und soll er nicht ersetzen.

Wir verzichten im Rahmen dieser Einführung auf den Anspruch einer vollständigen Erfassung kritisch gerontologischer Zugriffe auf das Alter. Unser Blick bleibt weitgehend auf die Kritische Gerontologie in der Tradition angloamerikanischer Sozialforschung beschränkt. Außen vor bleiben Autor/-innen, die sich selbst nicht dem einschlägigen Diskurs zuordneten, deren Überlegungen darin wenig rezipiert wurden, die gleichwohl durchaus als kritisch gerontologisch gelesen werden könnten. Die hier ausgewählten einzelnen Ansätze oder Strömungen innerhalb der Kritischen Gerontologie werden nicht *en detail* vorgestellt, sondern lediglich anhand eines jeweiligen Schlüsseldokuments diskutiert. Dabei bleiben notwendigerweise viele Facetten und Kontroversen unberücksichtigt. Die hier

---

1 Diese Konzeption geht auf eine Idee von Peter Hammerschmidt zurück, die er für den Band »Zeitgenössische Theorien Sozialer Arbeit« (Hammerschmidt et al., 2017) entwickelt hat und die wir dankenswerterweise übernehmen durften.

vorgestellten Autorinnen und Autoren werden nicht im Kontext ihres gesamten Œuvres, sondern nur über *einen* ihrer zumeist mehreren oder vielen Beiträge zur Kritischen Gerontologie wahrgenommen und gewürdigt. Andere Vertreterinnen und Vertreter, die für den einen oder anderen hier genannten Pfad der Kritischen Gerontologie stehen, werden von den Beitragsautoren/-innen unter dem Stichwort »Ergänzungen« erwähnt, manche bleiben ungenannt.

Danksagung

Wir teilen die Auffassung des Bourdieu-Schülers Loïc Wacquant (1996), wissenschaftliche Reflexivität sei ein »kollektives Unternehmen und nichts, was dem Wissenschaftler individuell aufzubürden wäre« (ebd., S. 63).[2] Der hier vorliegende Band stellt einen kollektiven Versuch dar, zu einer kritischen Reflexivität in Gerontologie und Sozialer Altenarbeit beizutragen. Es ist uns deshalb ein wichtiges Anliegen, allen zu danken, die daran beteiligt waren.

Die Idee zu diesem Buch ist auf dem 14. Kongress der Deutschen Gesellschaft für Gerontologie und Geriatrie (DGGG) im September 2016 in Stuttgart entstanden, konkret nach einer kontroversen Diskussion bei einem Symposium zum Thema »Gerontologische Konzepte und Kritische Gerontologie«, das vom Arbeitskreis Kritische Gerontologie der DGGG[3] vorbereitet worden war. In der Diskussion wurden neben den üblichen Fragen und übereinstimmenden Positionen auch Missverständnisse offensichtlich, die es miteinander und im Interesse der Gerontologie zu klären galt (und weiter gilt). Wir danken deshalb allen Organisator/-innen und Teilnehmer/-innen des Symposiums, die mit ihren Fragen und Anmerkungen den Anstoß zu diesem Band gaben. Dank gilt auch den ›fragenden‹ Studierenden an unseren beiden Hochschulen. Vor allem aber sind wir den Beitragsautor/-innen zu Dank verpflichtet, die sich intensiv mit jeweils einem der von uns ausgewählten Ansätze befassten und sich darauf einließen, die Fülle der dabei gewonnenen Erkenntnisse in komprimierter Form darzustellen. Ohne die gemeinsame Arbeit hätte die Idee nicht umgesetzt werden können.

Zu danken haben wir auch Sabine Stange für ihre Korrekturen im Manuskript sowie Kathrin Kastl als Lektorin des Kohlhammer Verlags.

Literatur

de Beauvoir, S. (1978). *Das Alter*. Reinbek: Rowohlt.
Hammerschmidt, P., Aner, K. & Weber, S. (2017). *Zeitgenössische Theorien Sozialer Arbeit*. Weinheim & München: Beltz Juventa.
Horkheimer, M. (1938 [1937]). Traditionelle und kritische Theorie. In A. Schmidt & G. Schmidt Noerr (Hrsg.), *Max Horkheimer. Gesammelte Schriften* (S. 162–225). Frankfurt: Fischer.

---

2 Zu Idee und Praxis des »kollektiven Intellektuellen« im Schaffen Bourdieus vgl. Schultheis 2019.
3 Heute: Fachausschuss Kritische Gerontologie der DGGG.

Schultheis, F. (2019). *Unternehmen Bourdieu. Ein Erfahrungsbericht*. Bielefeld: transcript.
Wacquant, L. (1996). Auf dem Weg zu einer Sozialpraxeologie. Struktur und Logik der Soziologie Pierre Bourdieus. In P. Bourdieu & L. Wacquant. *Reflexive Anthropologie* (S. 17–93). Frankfurt am Main: Suhrkamp.

2 Zur historischen Entwicklung der Kritischen Gerontologie

Klaus R. Schroeter

2.1 Vorbemerkungen

›Kritische Gerontologie‹ ist ein Label, das mitunter eingesetzt wird, um einen Unterschied zur ›herkömmlichen‹, ›traditionellen‹ oder ›instrumentellen‹ oder auch ›angewandten‹ Gerontologie zu markieren. Sie wendet sich gegen die Vorstellung, dass die ›Wahrheit‹ über das Altern objektiv zu messen sei, und gegen das Vorhaben, den Prozess des Alterns durch den Erwerb solch eines Wissens zu kontrollieren (vgl. Jamieson & Victor, 1997, S. 177). Sie versteht sich als Antonym zur konventionellen Altersforschung, die einen Beitrag zur Reifikation des Status quo leiste, indem sie nicht nur die Werkzeuge liefere, um menschliches Verhalten vorherzusagen und zu kontrollieren, sondern auch professionelle Interventionen legitimiere und damit Herrschaftsformen in Theorie und Praxis verstärke (vgl. Moody, 1988b, S. 33). Eine solche Sicht hat jedoch ihre Tücken, weil damit eine Grenze zwischen ›kritischer‹ und nicht kritischer oder ›unkritischer‹ Gerontologie gezogen wird. Und so mahnen auch Vertreterinnen und Vertreter der Kritischen Gerontologie davor, unnötige Gräben zu ziehen:

Stephen Katz hat es als einen der Augenöffner in seinem Leben als »selbstcharakterisierter kritischer Gerontologe« (Katz, 2015, S. 30)[4] bezeichnet, als er in der Diskussion zu seinem Beitrag über Gerontologie und kritische Theorie auf einem Symposion von einem Kollegen eindringlich darauf aufmerksam gemacht wurde, dass Gerontologen schon immer kritische Denker gewesen seien und seit Jahrzehnten soziologische Ideen über soziale Ungleichheit und politische Ökonomie in die Gerontologie eingeführt hätten, ohne sich selbst als kritische Gerontologen zu bezeichnen (vgl. ebd., S. 30). Victor Marshall hatte zuvor beklagt, dass Kritische Gerontologen viel Zeit darauf verwenden, andere zu kritisieren und er sich selber nicht als kritischen Gerontologen betrachte, »weil ich die von vielen, die sich selbst so bezeichnen, eingenommene Haltung ablehne, die so viel gute Arbeit kritisiert. Ich schätze Arbeiten, und arbeite an einigen, die von vielen kritischen Theoretikern verurteilt würden, weil sie in den positivistischen Forschungsmodus fallen, Forschungen, die meiner Meinung nach einen Unterschied gemacht haben« (Marshall, 2009, S. 652). Insofern sei die Kritische Gerontologie in den Worten von Holstein und Minkler gut beraten, sich mit der traditionellen Sozialgerontologie in einer »ernsthaften, aber respektvollen Kritik« auseinander-

---

4 Alle in diesem Kapitel vorgenommenen Übertragungen der englischsprachigen Originalzitate ins Deutsche stammen vom Autor.

zusetzen, da »da wir [i.e. Holstein und Minkler, K.R.S.] ähnliche Ziele, aber unterschiedliche Ansätze, Wissensquellen und erkenntnistheoretische Positionen verfolgen« (Holstein & Minkler, 2007, S. 13). In ähnlicher Weise hatte Moody davon gesprochen, dass die Kritische Gerontologie »keine Feindseligkeit oder Polemik fördern (muss), aber sie sollte oppositionell sein und bewusst unbequeme Fragen über die Hegemonie von Theorie und Methoden in der Mainstream-Gerontologie stellen« (Moody, 1993, S. XXI).[5]

Den Ursprung der Kritischen Gerontologie zu finden, ist kein leichtes Unterfangen. Mit etwas Phantasie könnte man ihn auch gleich in der Gründungsphase der Gerontologie suchen, als der kanadisch-amerikanische Biologe Edmund Vincent Cowdry (1888–1975)[6] im Anschluss an die 1937 in Woods Hole, Massachusetts, durchgeführte erste wissenschaftliche Konferenz zum Altern das berühmt gewordene »*Problems of Ageing*« (Cowdry, 1939) herausgab. Cowdry hatte früh erkannt, dass es neben der damals gerade beginnenden Erforschung der »rein physikalischen, chemischen und biologischen Mechanismen des Alterns ... riesige Felder gibt, die noch völlig unerforscht sind« und dass »unsere Unkenntnis über die psychiatrischen, emotionalen und soziologischen Aspekte des Alterns (fast ebenso groß ist)« (Cowdry, 1940, S. 53). In diesem Sinne hatte auch der damals 80-jährige John Dewey in seiner Einleitung zu »*Problems of Ageing*« in durchaus kritischer Sicht darauf hingewiesen, dass die biologischen Prozesse zwar die Wurzeln der Probleme und der Methoden zu ihrer Lösung seien, diese aber in wirtschaftlichen, politischen und kulturellen Kontexten stattfinden und untrennbar mit diesen Kontexten verwoben sind, so dass einer auf den anderen in allerlei komplizierter Weise reagiert (Dewey, 1939, S. xxvi, zit. nach Achenbaum, 1995, S. 72; vgl. Dewey, [1939] 1988).[7]

Heute käme wohl kaum jemand auf die Idee, die Kritische Gerontologie mit den Anfängen der sozialwissenschaftlichen Alternsforschung in Zusammenhang zu bringen, als Anfang der 1940er Jahre das US-amerikanische *Committee on Social Adjustment* des *Social Science Research Council* einen Unterausschuss zum Alter *(Subcommittee on Social Adjustment in Old Age)* bildete (vgl. Young, 1941; Pol-

---

5 Mit Mainstream-Gerontologie oder instrumenteller Gerontologie bezeichnet Moody (1988b, S. 33) einen »Bereich der konventionellen sozialwissenschaftlichen Forschung, der zur Reifizierung des Status quo und der Bereitstellung neuer Werkzeuge zur Vorhersage und Kontrolle menschlichen Verhaltens dient. Die Hegemonie der instrumentellen Gerontologie dient auch dazu, professionelle Interventionen zu legitimieren, die ein Herrschaftsmuster sowohl in der Theorie als auch in der Praxis des bürokratischen Staates verstärken.«
6 Zur Rolle Cowdrys bei der Entstehung des wissenschaftlichen Feldes der Gerontologie vgl. Achenbaum, 1995, S. 64–75; Katz, 1996, S. 93–103; Park 2008.
7 »There is a problem and one of scope having no precedent in human history. Biological processes are at the roots of the problems and of the methods of solving them, but the biological processes take place in economic, political, and cultural contexts. They are inextricably interwoven with these contexts so that one reacts upon the other in all sorts of intricate ways. We need to know the ways in which social contexts react back into biological processes as well as to know the ways in which the biological processes condition social life. This is the problem to which attention is invited.« (Dewey, 1939, xxvi, zit. nach Achenbaum, 1995, S. 72)

lak, 1948) und unter der Leitung von Ernest W. Burgess und Robert J. Havighurst – freilich im Duktus des damals vorherrschenden Funktionalismus – die ersten Studien dazu entstanden (vgl. Cavan et al., 1949). Das würde heute vermutlich niemand unter dem Begriff der Kritischen Gerontologie fassen, es war aber zu dieser Zeit ein durchaus kritischer Beitrag, in dem die Interaktionsformen und Anpassungsprobleme an das späte Leben analysiert wurden. Cavan et al. hatten immerhin herausgearbeitet, dass soziale Phänomene den Status der Älteren beeinflussen – unabhängig von ihrem biologisch-physischen Zustand. Und in damals kritischer Weise plädierten sie dafür, dass die Sozialwissenschaften ihre eigenen Instrumente zur Erforschung des Alters zu entwickeln und sie nicht bei den biomedizinischen Wissenschaften zu entlehnen hätten. Das klingt heute weniger kritisch, zumal wenn man weiß, wie sich aus diesen Forschungen im Weiteren ein Eck-Konzept der idealisierten Aktivität in der Altersforschung entwickelte (vgl. Katz, 2000, S. 137–139). Aber diese frühen sozialwissenschaftlichen Antworten auf die biologischen und medizinischen Erkenntnisse waren die ersten Meilensteile einer sozialen Gerontologie, die sich dann jedoch einer zunehmenden Kritik aus den eigenen Reihen zu stellen hatte und den Vorwurf gefallen lassen musste, dass ihre herkömmlichen theoretischen Perspektiven eine normative Voreingenommenheit zur Anpassung alternder Menschen an die Gesellschaft widerspiegelt, die durch die methodischen Vorbehalte der meisten Gerontologen verstärkt würde (Marshall und Tindale, 1979, S. 163).

2.2 Von der Radikalen Gerontologie ...

Nicht zuletzt vor dem Hintergrund der weltweiten wirtschaftlichen Rezession nach dem sog. Ölpreis-Schock 1974 und der damit einhergehenden politischen und sozialen Verwerfungen entwickelte sich seit den späten 1970er und frühen 1980er Jahren ein Strang innerhalb der Gerontologie, der alsbald unter dem Namen der ›Kritischen Gerontologie‹ bekannt wurde.[8] Ein früher Beitrag dazu sind die Überlegungen von Marshall und Tindale (1978) zur ›Radikalen Gerontolo-

---

8 Wann genau das Label ›Kritische Gerontologie‹ erstmals auftrat und von wem es gewissermaßen in geistiger Urheberschaft erstmals eingeführt wurde, ist mir nicht bekannt. Frühe Überlegungen dazu wurden gewiss von Marshall und Tindale (1978) in ihrem Beitrag zur Radikalen Gerontologie formuliert. Auch bei Estes (1979) ist bereits im Vorwort von *Aging Enterprise* davon die Rede, dass die Autorin derzeit an zwei weiteren Büchern zu »critical perspectives on gerontology« arbeite, der Begriff ›critical gerontology‹ tritt dort aber nicht auf. Noch bevor Phillipson und Walker (1987), Moody (1988b) und Baars (1991) ihre ersten Einsichten in die Kritische Gerontologie formulierten, hatte Sally Gadow (1983) den Begriff ›kritische Gerontologie‹ bereits im Titel ihres Beitrages über die Entwicklung eines Curriculums für einen Kurs ›Philosophie und Altern‹ für Studierende der Gerontologie an der University of Florida geführt, ohne dabei allerdings näher zu explizieren, was Kritische Gerontologie genau sei.

gie‹. Sie kritisieren die Erhebungsmethodik der Gerontologie und deren Betonung der psychologischen Dispositionen in der Umfrageforschung, die die Aufmerksamkeit von den strukturellen Bedingungen ablenkt, die das Leben im Alter beeinflussen. Sie sehen die herkömmliche Gerontologie als ein sich auf den Einzelnen konzentrierendes »Bastelhandwerk« *(tinkering trade)*, das darauf ausgerichtet sei, die Einzelnen an das bestehende System anzupassen (Marshall & Tindale, 1978, S. 165). Demgegenüber würde eine Radikale Gerontologie »die individualistischen und Anpassungsvorurteile vermeiden und anerkennen, dass das Leben in der Gesellschaft von Konflikten, Verhandlungen und Kompromissen über politisch-ökonomische und andere Interessen gekennzeichnet ist« (ebd., S. 163). Marshall und Tindale (ebd., S. 168) setzen die Radikale Gerontologie in Kontrast zur bisherigen angewandten Gerontologie und beziehen sich dabei auf die von Gouldner (1968) gezogene Differenzierung zwischen radikaler und liberaler Soziologie.[9] Dementsprechend würde eine Radikale Gerontologie im Gegensatz zur angewandten Gerontologie positivistische Formulierungen ablehnen und eine »radikale Methodik« anwenden, wie sie u. a. im symbolischen Interaktionismus und in der phänomenologischen Gerontologie und Ethnomethodologie, aber auch in der marxistischen Soziologie diskutiert wird (Marshall & Tindale, 1978, S. 168). Dazu haben sie insgesamt neun Prämissen formuliert, von denen sich die ersten sechs auf eine kritische bzw. radikale Soziologie und die letzten drei auf die radikale Gerontologie beziehen (ebd., S. 167f.):

1. Ein Verständnis des Alterungsprozesses müsse ein Bewusstsein für den historischen Kontext einschließen, in dem der Einzelne alt geworden ist.
2. Dieser historische Kontext schließe soziale, politische und wirtschaftliche Realitäten ein, die individuelles und kollektives Handeln formen.
3. Soziale Prozesse seien nicht durch eine innere Tendenz zur Ausgeglichenheit gekennzeichnet.
4. Interaktionen zwischen Individuen, Gruppen und Klassen beruhen auf Interessenunterschieden, was zu Verhandlungen, Konflikten und Kompromissen führe und die Stabilität der Beziehungen zwischen Individuen und makroökonomischen Einheiten prekär mache.
5. Es könne nicht von einer unvermeidlichen Harmonie von Individuum und Gesellschaft und einem allgemeinen Wertekonsens ausgegangen werden.
6. Dementsprechend würde jede Sozialisation oder ›Anpassung‹ zu einer verzerrten Vorstellung von Wirklichkeit führen.
7. Alter und Altern sollen nicht durch theoretisch vorgegebene Kategorien betrachtet, sondern durch das Verständnis des Alterungsprozesses aus den Perspektiven und der Realität der Alten selbst abgeleitet werden.

---

9 Gouldner (1968, S. 111) argumentiert, dass sich ›radikale‹ Soziologen von ›liberalen‹ Soziologen dadurch unterscheiden, dass sie zwar den Standpunkt des Underdogs einnehmen, ihn aber auf die Untersuchung von Overdogs anwenden. Während die liberalen Soziologen ihren Fokus auf die Underdogs und Opfer und deren bürokratische Verwalter legen, geht es den radikalen Soziologen um die Untersuchung der Machtelite.

8. Wenn die Interessen der Älteren in Konflikt mit den Interessen und Realitäten des sozialen, politischen und wirtschaftlichen Kontextes geraten, dann sollte die radikale Gerontologie sich der Frage zuwenden, wie dieser gesellschaftliche Kontext an das alternde Individuum anzupassen wäre und nicht, wie das alternde Individuum an den gesellschaftlichen Kontext angepasst werden kann.
9. Gerontologen sollten sich explizit mit den Forschungsdilemmata auseinandersetzen, die sich aus der Diskrepanz zwischen der professionellen und unterstützenden Gruppe und der Gruppe der Forschungs-»Subjekte« – den alten Menschen – ergeben.

Marshall und Tindale (1978, S. 169) kritisieren, dass es in der herkömmlichen angewandten positivistischen Gerontologie vor allem Studien gibt, die (angeblich) *für* und nicht *mit* den älteren Menschen durchgeführt würden. Sie plädieren stattdessen für »mehr Forschung über die zwischenmenschliche Interaktion in face-to-face-Situationen« und für »die Verortung des Individuums in Bezug auf eine historisch verstandene Umwelt«. Zudem seien »mehr Studien über die politische Ökonomie des Alterns erforderlich, die unserem Verständnis des Lebens der heutigen Alten wieder einen Sinn für den Kontext geben und uns insbesondere über die sozioökonomischen Kräfte informieren, die die psychologischen Prozesse des Alterns beeinflussen« (ebd., S. 169f.).

2.3 ... zur Politischen Ökonomie des Alterns

Auf der makrosoziologischen Ebene wurde das Alter unter der von Marshall und Tindal eingeforderten Perspektive der *Political Economy of Ageing* in den USA und Kanada vor allem von Caroll L. Estes, Meredith Minkler, John Myles, Laura Katz Olson und Jill Quadagno und in Europa insbesondere von Peter Townsend, Alan Walker und Chris Phillipson in England sowie in Frankreich von Anne-Marie Guillemard verstärkt in den Blick genommen.[10] Sie alle haben mit ihren Studien wertvolle Pionierarbeit der Kritischen Gerontologie geleistet. Dabei ging es weniger um die Ausarbeitung einer eigenständigen Alternstheorie als vielmehr um die Nutzung des allgemeinen theoretischen Rahmens der Politischen Ökonomie, innerhalb dessen das Alter in einen unmittelbaren gesellschaftlichen Bezug und vor allem in den Kontext der Analyse sozialer Ungleichheiten und sozialer Klassenstrukturen gesetzt wurde.

---

10 Vgl. u. a. Estes (1979), Guillemard (1977, 1983), Minkler & Estes (1984, 1991), Myles (1980, 1984), Phillipson (1982), Phillipson & Walker (1986), Quadagno (1984, 1988), Townsend (1979, 1981), Townsend & Wedderburn (1965) sowie Walker (1980, 1981); weitere Referenzen für die theoretische Arbeit zu Alter und Staat finden sich u. a. bei Estes (2001a, S. 19ff.).

In der Politischen Ökonomie des Alters wird das Alter vor allem unter dem Aspekt der ›sozialen Konstruktion von Armut und Abhängigkeit‹ (Walker, 1980, 1981) oder im Kontext der Theorie der ›strukturierten Abhängigkeit‹ (Townsend, 1979, 1981) als Produkt sozialer Strukturkräfte bzw. als Produkt des Marktes und der Ruhestand als »Euphemismus für Arbeitslosigkeit« (Townsend, 1981, S. 10) gesehen. Sowohl Townsend als auch Walker führen die Abhängigkeit älterer Menschen auf den erzwungenen Ausschluss älterer Menschen aus der Erwerbstätigkeit und auf die damit verbundenen Armutserfahrungen zurück.[11] Die strukturelle Grundlage dafür sei die Abhängigkeit aller Arbeit vom Kapital, wobei die älteren Menschen besonders benachteiligt werden, weil ihnen – u. a. durch die Veränderungen in den Berufen und in der Arbeitsorganisation, in den industriellen Prozessen und technischen Entwicklungen und durch die Umstrukturierungen des Kapitals – der Zugang zu vielen Arbeitsplätzen verwehrt wird und sie auf eine Beschäftigung mit niedrigem Status beschränkt (Walker, 1981, S. 89).

Ein anderes prominentes Beispiel der Politischen Ökonomie des Alters ist die von Carroll L. Estes (1979, 1993) in den USA vorgelegte Forschung zum *aging enterprise*. Damit lenkt Estes die Aufmerksamkeit auf all die Organisationen und Institutionen, die im Gefolge des 1965 verabschiedeten ›Older American Act‹ entstanden und ein »Konglomerat von Programmen, Organisationen, Bürokratien, Interessengruppen, Wirtschaftsverbänden, Anbietern, Industrien und Fachleuten« umspannen, das auf der einen Seite zwar den »alten Menschen in der einen oder anderen Funktion dien[t]«, auf der anderen Seite aber auch als Beleg dafür steht, »wie die Alten in unserer Gesellschaft oft als Ware behandelt werden« (Estes, 1979, S. 2). Im Rekurs auf einen Beitrag über die Soziologie der Armut von Coser (1965) beschreibt Estes das Paradoxon des *aging enterprise* als wachsende Dienstleistungsindustrie, die sich der Erhaltung und dem Schutz der Unabhängigkeit und Normalität alter Menschen widmet, zugleich aber deren Abhängigkeit und Marginalität zum Überleben benötigt (Estes, 1979, S. 25).

In diesem Rahmen wurden in der Politischen Ökonomie des Alterns die Wechselbeziehungen zwischen Politik, Wirtschaft und Gesellschaft auf verschiedenen Ebenen – a) finanzielles und postindustrielles Kapital und seine Globalisierung, b) Staat, c) Sex-/Gender-System,[12] d) Öffentlichkeit und Bürger, e) medizinisch-industrieller Komplex, f) aging enterprise – untersucht (Estes 1999, 2001a). Dabei stehen vor allem das *aging enterprise* und der ›medizinisch-industrielle Komplex‹ (Estes et al., 2001a, 2001c; Estes & Binney 1989) als neu entstandene institutionelle Akteure, die zur Kommodifizierung von Gesundheit beigetragen und die Gesundheitsversorgung und Bedürfnisse älterer Menschen zu Wirtschaftsprodukten und gewinnbringenden Gütern transformiert haben, im Fokus der Betrachtung (vgl. Estes, 2001a, 2001c).

---

11 Wie sehr solche Lesarten von den historisch-kontextuellen Rahmungen abhängen, zeigt sich u. a. daran, dass in Deutschland eine Vorruhestandsregelung mit weitaus größerer Bereitschaft angenommen wurde als etwa in Großbritannien (vgl. Kohli, 1988, S. 375ff., S. 391 Anm. 41).

12 Die Ebene des Sex-/Gender-Systems wurde von Estes erst in einer späteren Version hinzugefügt (Estes, 2001c).

2.4 ... und ihrer weiteren Entwicklung

In Ergänzung zu diesen politisch-ökonomischen Ansätzen entwickelte sich aus einer ›humanistischen Perspektive‹ (u. a. Cole et al., 1992, 1993; Cole & Gadow, 1986; Moody, 1988a, 1988b) ein zweiter Strang der Kritischen Gerontologie, der in den Worten von Minkler (1996, S. 470) »dem Altern und Älterwerden ein menschliches Gesicht – und einen menschlichen Körper und Geist – gibt« und die Fragen nach der Bedeutung oder Sinnlosigkeit im Leben älterer Menschen bzw. nach dem ›guten Leben‹ im Alter in den Fokus gerückt hat (ebd.). Sie sieht im *Empowerment* das verbindende Konzept, das die verschiedenen Stränge innerhalb der Kritischen Gerontologie zusammenführt (ebd., S. 471; vgl. ähnlich King & Calasanti, 2006). Phillipson (1998, S. 23ff.) schlug vor, dem humanistischen Pfad der Kritischen Gerontologie auch noch die ›biographisch-narrative Perspektive‹ (vgl. u. a. Gubrium, 1993, 1995; Ruth & Kenyon, 1996; Kenyon et al., 2001) hinzuzufügen und Katz (2003, S. 19; 2005, S. 90; 2014) ergänzt dann auch noch all die Ansätze der *Age Studies* und *Cultural Gerontology*.[13]

Nach Estes et al. (2001b, S. 24) speist sich die ›kritische Perspektive‹ der Gerontologie aus vier theoretischen Perspektiven: Konflikttheorien, Kritische Theorien, feministische Theorien und Theorien der Kulturwissenschaften. Lynott und Lynott (2002) sehen vor allem die Theoriestränge der Kritischen Theorie, der Politischen Ökonomie und der Sozialen Phänomenologie als relevant für die Kritische Gerontologie, für Baars (1991, S. 230ff.) sind es diejenigen, die sich aus der klassischen Kritischen Theorie (Adorno, Horkheimer), der interpretativen Tradition (Husserl, Schütz), der politischen Ökonomie (Marx, Neo-Marxismus) und dem poststrukturalistischen Ansatz (Foucault) herleiten (vgl. zum Ansatz von Baars ▶ Kap. 3).

Jüngst unterschieden Doheny und Jones (2020, S. 4f.) bei den theoretischen Herleitungen der Kritischen Gerontologie zwischen politisch-ökonomischen, lebenslauftheoretischen, humanistischen und kulturalistischen Ansätzen, die sie wie folgt verorten: a) die Eckpfeiler der ›politisch-ökonomischen Perspektive‹ im Anschluss an Marx' Analysen der Wirkung der Ökonomie auf soziale Klassenstrukturen und Max Webers Ausführungen zu sozialem Status und politischer Macht, b) die ›Lebenslaufperspektive‹, die den individuellen Lebenslauf in einen sozialen und historischen Kontext setzt und die Zusammenhänge zwischen Kohorte, Kultur und Altern fokussiert, c) die ›humanistischen Ansätze‹, die auch konstruktionistische, hermeneutische und feministische Ansätze umspannen und Sinnfragen im Leben älterer Menschen behandeln sowie d) die ›kulturalistischen

---

13 Vgl. in diesem Zusammenhang auch Cohen (1994). Cohen ordnet seinen ›geroanthropologischen‹ Beitrag über »*Old Age: Cultural and Critical Perspectives*« selbst der Kritischen Gerontologie zu und schlägt drei Richtungen vor, in denen sich die Anthropologie kritisch mit der Erforschung des Alters befassen soll: »einen phänomenologischen Fokus auf Erfahrung, Verkörperung und Identität; einen kritischen Fokus auf die Rationalitäten und Hegemonien, durch die das Altern erfahren und repräsentiert wird; und einen interpretativen Fokus auf die Untersuchung der Relevanz des Alters des Ethnographen für die Formen des produzierten Wissens« (Cohen, 1994, S. 151f.).

Ansätze‹, die sich mit den Themen der Identität und Gouvernementalität und dem kulturellen Raum befassen.

Ähnliche Rubrizierungen finden sich auch in der deutschsprachigen Rezeption der Kritischen Gerontologie, so z. B. bei van Dyk (2015, S. 61ff.), mit dem Unterschied, dass sie neben den Pfaden der *Cultural, Humanistic, Narrative* und *Foucauldian Gerontology*, speziell für Deutschland auch die von Saake (2002) und Schroeter (2000a, 2000b, 2007) im Anschluss an Luhmann, Bourdieu und Elias vorgelegten Entwürfe der Kritischen Gerontologie zuordnet (van Dyk, 2015, S. 83–87).

2.5 Was ist Kritische Gerontologie?

All diese Ansätze stützen sich auf unterschiedliche Kritikdiskurse und »sind von heterogenen kritischen Traditionen inspiriert« (Baars, 1991, S. 220). Damit wird der Kanon dessen, was unter Kritischer Gerontologie zu fassen ist, zunehmend unübersichtlich und diffus. Es bleibt der Eindruck, dass sich unter dem Label der Kritischen Gerontologie all die verschiedenen Ansätze vereinen, die in einer halbwegs gemeinsamen Opposition gegen die sog. ›Mainstream-Gerontologie‹ mit ihrem »positivistischem Paradigma als dem dominierenden Ansatz in der Forschung über das Altern, das spätere Leben und ältere Menschen« (Moody und Sasser, 2018, S. 36) stehen und »eine gemeinsame Front gegen ein theoretisches Selbstverständnis der Gerontologie (bilden), das von einem idealisierten Konzept der Naturwissenschaft als Vertreterin des ›objektiven‹ Wissens dominiert wird« (Baars, 1991, S. 220).

Insofern mag man die Kritische Gerontologie als einen Ober- oder Sammelbegriff sehen, »der die philosophischen Grundlagen, epistemologischen Annahmen und sozialen Einflüsse zum Gegenstand hat, auf denen die Sozialgerontologie aufgebaut ist« (Holstein & Minkler, 2007, S. 13) oder als »Denkraum«, in dem sich Gedanken sammeln, konvergieren, und Disziplinen und Traditionen überschreiten (Katz, 2005, S. 86; 2003, S. 16) und weniger als ein klar abgegrenztes Feld oder eine eindeutig definierte Ausrichtung innerhalb der sozialen Gerontologie (Doheny & Jones, 2020).

Auch der Hinweis von Ray auf die notwendige Rolle der Kritischen Gerontologie, auf der Grundlage kritischer Theorien »einen kritischen Blick auf die Gesellschaft und das Feld der Gerontologie selbst zu werfen« und »die Strukturen, Annahmen und Praktiken der Mainstream-Gerontologie sowie die soziopolitischen Umfelder, in denen wir altern, mit einem Blick sowohl nach innen als auch nach außen zu kritisieren (Ray, 2008, S. 97), gibt noch keine zufriedenstellende Antwort auf die Frage, was denn Kritische Gerontologie nun wirklich ist.

Wenn Kritische Gerontologie mehr sein soll als ein *umbrella term*, unter dem sich eine oder mehrere Strömungen der Gerontologie *ex negativo* vom Mainstream konventioneller Gerontologie abgrenzt bzw. abgrenzen, dann muss sie ihren Gegenstandsbereich – ihr *proprium* – deutlich machen und möglicherweise auch noch stärker konturieren und in Beziehung zur *gerontological imagination* (Ferraro, 2018) setzen.[14] Das allerdings bleibt ein schwieriges Unterfangen, solange innerhalb der Gerontologie noch immer heftig über Profil und Status des Faches (oder der Disziplin?) gestritten wird (vgl. Schroeter, 2021). Ein Vorschlag zur näheren Bestimmung der Kritischen Gerontologie findet sich bei Amann und Kolland:

> »Was heißt nun Kritische Gerontologie? Kritische Gerontologie heißt zunächst, dass das ›Problem des Alterns‹ weniger als ein individuell erzeugtes und zu beeinflussendes gesehen wird, sondern als ein ›Problem‹, welches sozialstrukturell bestimmt ist. Kritisch heißt weiters, dass die Frage gestellt wird, welche Annahmen sich hinter den empirischen Aussagen […] befinden. Eine kritische Perspektive zeigt weniger individuelle Unterschiede auf als solche, inwiefern ältere Menschen in einem bestimmten Kontext (Gruppen, Organisationen) sich in einer benachteiligten Lebenssituation befinden, keine ausreichende soziale Partizipation aufweisen bzw. an politischen Entscheidungsprozessen teilnehmen können. Es geht um eine Visibilisierung von sozialer Ungleichheit und Exklusion.« (Amann & Kolland, 2014, S. 18f.)

Aber der Kritischen Gerontologie geht es um mehr als um die Sichtbarmachung von Ungleichheit und Exklusion im Alter. Das wissen auch Amann und Kolland, wenn sie darauf verweisen, dass sich eine Kritische Gerontologie »primär an den Einschränkungen und Möglichkeiten der *Emanzipation* alter Menschen« (ebd., S. 19, eigene Hervorhg.) orientiert, wie zuvor bereits von Moody (1988b) formuliert. Ihr geht es nicht nur um Visibilisierung, sondern auch um Kritik und Veränderung. So sahen bereits Phillipson und Walker eine zentrale Aufgabe der Kritischen Gerontologie darin, »Annahmen zu provozieren und in Frage zu stellen und radikale Kritik aus anderen Zweigen der Sozialwissenschaft, z. B. der feministischen Analyse, einzubeziehen« und schlugen, »einen *wertorientierteren Ansatz* für die soziale Gerontologie vor – eine Verpflichtung, die soziale Konstruktion des Alterns nicht nur zu verstehen, *sondern sie zu verändern*« (Phillipson & Walker, 1987, S. 12, eigene Hervorhg.). Das klingt wie eine auf das Alter zugespitzte Reformulierung der berühmten elften Feuerbachthese von Marx (»Die Philosophen haben die Welt nur verschieden *interpretiert*, es kommt darauf an, sie zu *verändern*«, Marx, [1845] 1978, S. 7; Hervorhg. im Original). Ähnlich lautet es bei Estes, die rückblickend erklärt, dass sie sich als »kritische Gelehrte und […] Intellektuelle sowohl wissenschaftlich als auch normativ verpflichtet« fühlt, »Unterdrückung in allen Formen und Facetten zu erkennen und daran zu arbeiten, sie zu beseitigen« (Estes, 2018, S. 25).

In diesem Kontext sieht Moody die Kritische Gerontologie als ein *emancipatory enterprise* (Moody 1988b, S. 36) und plädierte bereits frühzeitig für einen stärkeren Einbezug der Geisteswissenschaften in die Gerontologie, um sowohl die

---

14 Mit dem Terminus *gerontological imagination* ist im weitesten Sinne ein Ideengerüst oder ein gerontologisches Paradigma in *statu nascendi* gemeint, das nach Ferraro (2006, 2018) insgesamt sieben Grundsätze – oder Axiome – des gerontologischen Denkens umfasst, die als allgemeine Merk- oder Lehrsätze zu lesen sind: 1. Altern und Kausalität, 2. Altern als vielschichtige Veränderung, 3. Genetische Einflüsse auf das Altern, 4. Altern und Heterogenität, 5. Altern und Lebensverlaufsanalyse, 6. Altern und kumulative Benachteiligung, 7. Altern und Ageismus.

Widersprüche als auch die emanzipatorischen Möglichkeiten des späten Lebens einzufangen (ebd., S. 19). Für ihn ist die Kritische Gerontologie ein vor allem durch die Tradition der Kritischen Theorie der Frankfurter Schule inspirierter Ansatz der Altersforschung, der sich insbesondere mit der Emanzipation älterer Menschen von allen Herrschaftsformen befasst (Moody, 1993, S. VI; ▶ Kap. 4.4).

Anders als das auf das Wohl der älteren Menschen ausgerichtete Zusammenspiel von Forschung, Praxis und Politik der Mainstream-Gerontologie bietet die Kritische Gerontologie nach Moody auch eine Kritik an der Ideologie und an den verborgenen Interessen dieser Mainstream-Gerontologie und versucht, die hinter dieser oberflächlichen Harmonie der Ideen stehenden Konflikte und Widersprüche aufzudecken. Insofern bietet die Kritische Gerontologie nach Moody zwar eine nachhaltige Kritik an der instrumentellen Vernunft, wenn sie darauf abzielt, den Zusammenhang zwischen Wissen und Herrschaft aufzudecken und aufzuzeigen, wie das soziale Phänomen Alter mit einer verdeckten Strategie der sozialen Kontrolle verbunden ist. Aber es fehle ihr eine ›positive Vision‹ davon, »wie die Dinge anders sein könnten« bzw. eine »rational vertretbare Vision eines ›guten Alters‹« (Moody, 1993, S. XVII).

In ähnlicher Form kritisieren auch Dannefer et al., dass man in der Kritischen Gerontologie selten Forschungen finde, »die eine positive Bewegung hin zu emanzipatorischem Wandel reflektieren« (Dannefer et al., 2008, S. 101) und dass die meisten aktuellen Analysen aus einer »Komfort-Zone« heraus vorgenommen würden und ihre Analysten »sich damit begnügen, analytisch zwingende Kritik an einem bestimmten Problem zu üben« (ebd., S. 102). Sie verweisen darauf, dass die Verbindung von Theorie und Praxis ein Grundprinzip der kritischen Theorie sei und fordern »jenseits der Komfortzone« eine Integration von Kritik und Aktion: »Die Probleme, die von der politischen Ökonomie und Ideologiekritik beleuchtet werden, sind Probleme der realen Welt, und die Anwendung der kritischen Theorie auf diese Probleme setzt voraus, dass man von der kritischen Analyse an sich zu ihrer Anwendung im realen Leben übergeht.« (Dannefer et al., 2008, S. 104)

Kritische Gerontologie heißt in diesem Zusammenhang, über die bloße Theoriekritik oder abstrakte Theorie-Dekonstruktion hinauszugehen und »einen Prozess der praktischen Weltkonstruktion durch die Verbesserung der Möglichkeiten« (ebd., S. 107) einzuleiten.[15] Kritische Gerontologie heißt also »mehr als nur kritisch zu sein. Sie bedeutet die Mobilisierung eines kritischen Diskurses mit Hilfe einer Erzählung, die gleichzeitig die Notwendigkeit von Veränderungen aufzeigt und soziale Akteure motivieren kann, diesen Wandel herbeizuführen« (Doheney & Jones, 2020, S. 3f.).

> »Letztlich sollte eine kritische Theorie des Alterns nicht nur danach streben, unterdrückende Strukturen und ideologische Theorien zu entlarven, sondern auch ein Verständnis dafür zu artikulieren, wie man einen Angriff auf das durch menschliche Ignoranz und Ungerechtigkeit erzeugte ›überschüssige Leiden‹ mit der Erkenntnis in Einklang bringen kann, dass körperliches und anderes persönliches Leiden und Verlust letztlich

---

15 Vgl. dazu auch die von Moody (2010) vorgestellten Organisationen des *New Ageing Enterprise*.

nicht nur unvermeidlich sind, sondern auch eine Quelle menschlicher Weisheit, Stärke, Wachstum und Lernen sein können.« (Dannefer, 2006, S. 115)

2.6 Fazit

Die Kritische Gerontologie versteht sich nicht nur als bloße Negation der ›instrumentellen Gerontologie‹, sie will vielmehr mit der expliziten Einbeziehung der Geistes- und Kulturwissenschaften in den gerontologischen Diskurs eine erweiterte Alternsperspektive einnehmen und neue heuristische, kritische und praktische Erkenntnisse gewinnen. Ihr geht es um die Anerkennung und Verortung der widersprüchlichen Eigenarten des Alters. Da auch in der Gerontologie die ›sozialen Fakten‹ immer interpretierenden Bedeutungsmustern unterliegen, sind im Verständnis der Kritischen Gerontologie sowohl die gewonnenen empirischen Daten als auch die theoretischen Begrifflichkeiten zu problematisieren. So fordert Moody (1988b, S. 32) mit der Interpretation (a) theoriegeleiteter Begriffe und empirischer Beobachtungen in der Alternsforschung, (b) vorreflexiver Altersverständnisse in der Alltagswelt und (c) der selbstreflexiven Interpretation des eigenen Alterns die Einbindung einer ›dreifachen Hermeneutik‹ in die Alternstheorien. Und weil eine Kritische Gerontologie niemals wertneutral sein kann, muss sie nicht nur ein emanzipatorisches Ideal enthalten, das Altern als ein Fortschreiten in Richtung Freiheit jenseits von Beherrschung begreift, sondern sie muss auch ein solches Freiheitskonzept ins Zentrum der Alternstheorien stellen. In diesem Sinne erklärt Estes (2018, S. 30) die »unerschütterliche Untersuchung von Herrschafts- und Widerstandsdiskursen« zum »Prüfstein für die Kritische Gerontologie.«

Literatur

Achenbaum, W. A. (1995). *Crossing Frontiers: Gerontology Emerges as a Science*. Cambridge: Cambridge University Press.
Amann, A. & Kolland, F. (2014). Kritische Sozialgerontologie – Konzeptionen und Aufgaben. In A. Amann & F. Kolland (Hrsg.). *Das erzwungene Paradies des Alters? Weitere Fragen an eine Kritische Gerontologie* (S. 1–28). (2. Auflage). Wiesbaden: Springer.
Baars, J. (1991). The Challenge of Critical Gerontology: The Problem of Social Constitution. *Journal of Aging Studies, 5*(3), 219–243.
Cavan, R. S., Burgess, E. W., Havighurst, R. J. & Goldhamer, H. ([1949] 1979). *Personal adjustment in old age*. New York: Arno Press.
Cohen, L. (1994). Old Age: Cultural and Critical Perspectives. *Annual Reviews of Anthropology, 23*, 137–158.
Cole, Th. R., Achenbaum, W. A., Jakobi, P. L. & Kastenbaum, R. (1993). *Voices and Visions of Aging: Towards a Critical Gerontology*. New York: Springer.
Cole, Th. R. & Gadow, S. A. (Hrsg.). (1986). *What Does It Mean to Grow Old? Views from the Humanities*. Durham, NC: Duke University Press.
Cole, Th. R., Van Tassel, D. D. & Kastenbaum, R. (Hrsg.). (1992). *Handbook of Aging and the Humanities*. New York: Springer.

Coser, L. A. (1965). The Sociology of Poverty: To the Memory of Georg Simmel. *Social Problems 13(2)*, 140–148.
Cowdry, E. V. (Hrsg.). (1939). *Problems of Ageing*. Baltimore, MD: Williams & Wilkins Co.
Cowdry, E. V. (1940). We grow old. *Scientific Monthly, 50(1)*, 51–58.
Dannefer, D. (2006). Reciprocal Co-Optation: The Relationship of Critical Theory and Social Gerontology. In J. Baars, D. Dannefer, Ch. Phillipson & A. Walker (Hrsg.), *Aging, globalization, and inequality. The new critical gerontology* (S. 103–120). Amityville, NY: Baywood.
Dannefer, D., Stein, P., Siders, R. & Patterson, R. S. (2008). Is that all there is? The concept of care and the dialectic of critique. *Journal of Aging Studies, 22(2)*, 101–108.
Dewey, J. ([1939] 1988). Introduction to Problems of Aging. In J. Dewey, *The Later Works of John Dewey. Vol. 14: 1939–1941. Essays, Reviews, and miscellany*. Hrsg. v. Ann Boydson (S. 341–350). Carbondale: Southern Illinois Press.
Doheny, S. & Jones, I. R. (2020). What's so critical about it? An analysis of critique within different strands of critical gerontology. *Ageing & Society*, 1–21. https://doi.org/10.1017/S0144686X20000288.
Dyk, S. van (2015). *Soziologie des Alters*. Bielefeld: transcript.
Estes, C. L. (1979). *The aging enterprise. A critical examination of social policies and services for the aged*. San Francisco: Jossey-Bass.
Estes, C. L. (1993). The aging enterprise revisited. *The Gerontologist, 33(3)*, 292–298.
Estes, C. L. (1999). Critical gerontology and the new political economy of aging. In M. Minkler & C. L. Estes (Hrsg.), *Critical gerontology. Perspectives from political and moral economy* (S. 17–35). Amityville: Baywood.
Estes, C. (2001a). Political Economy of Aging. A Theoretical Framework. In C. Estes et al. (Hrsg.), *Social policy & aging: A critical perspective* (S. 1–22). Thousand Oaks: Sage.
Estes, C. (2001b). Crisis of the Welfare State and Aging. Ideology and Agency in the Social Security Privatization Debate. In C. Estes et al. (Hrsg.), *Social policy & aging: A critical perspective* (S. 95–117). Thousand Oaks: Sage.
Estes, C. L. (2001c). Sex and Gender in the Political Economy of Aging. In C. Estes et al. (Hrsg.), *Social policy & aging: A critical perspective* (S. 119–135). Thousand Oaks: Sage.
Estes, C. L. (2018). First-Generation Critic Comes of Age Revisited: Reflections of a Critical Gerontologist. In Ch. Wellin (Hrsg.), *Critical Gerontology Comes of Age. Advances in Research and Theory for a New Century* (S. 19–34). New York: Taylor & Francis.
Estes, C. L. & Binney, E. A. (1989). The Biomedicalization of Aging: Dangers and Dilemmas. *The Gerontologist, 29(5)*, 587–596.
Estes, C. L., Harrington, Ch. & Pellow, D. N. (2001a). The Medical-Industrial Complex and the Aging Enterprise. In C. Estes et al. (Hrsg.), *Social policy & aging: A critical perspective* (S. 165–185). Thousand Oaks: Sage.
Estes, C. L., Linkins, K. W. & Binney, E. A. (2001b). Critical perspectives on aging. In C. Estes et al. (Hrsg.), *Social policy & aging: A critical perspective* (S. 23–44). Thousand Oaks: Sage.
Estes, C., Wallace, S. P., Linkins, K. W. & Binney, E. A. (2001c). The Medicalization and Commodification of Aging and the Privatization and Rationalization of Old Age Policy. In C. Estes et al. (Hrsg.), *Social policy & aging: A critical perspective* (S. 45–60). Thousand Oaks: Sage.
Ferraro, K. F. (2006). Imagining the Disciplinary Advancement of Gerontology: Whither the Tipping Point? *The Gerontologist, 46(5)*, 571–573.
Ferraro, K. F. (2018). *The Gerontological Imagination. An Integrative Paradigm of Aging*. New York: Oxford University Press.
Gadow, S. A. (1983). Toward a critical gerontology: curriculum design in philosophy and aging. *Gerontology and Geriatrics Education, 4(1)*, 67–74.
Gouldner, A. W. (1968). The Sociologist as Partisan: Sociology and the Welfare State. *The American Sociologist, 3(2)*, 103–116.
Gubrium, J. F. (1993). Voice and context in a new Gerontology. In Th. R. Cole, W. A. Achenbaum, P. Jakobi & R. Kastenbaum (Hrsg.), *Voices and visions of aging. Toward a critical gerontology* (S. 46–63). New York: Springer.

Gubrium, J. F. (1995). Voice, Context, and Narrative in Aging Research. *Canadian Journal on Aging, 14(S1),* 68–81.
Guillemard, A.-M. (1977). A Critical Analysis of Governmental Policies on Aging from a Marxist Sociological Perspective: The Case of France. Paris: Centre for Study of Social Movements.
Guillemard, A.-M. (Hrsg.). (1983). *Old age and the welfare state.* Beverly Hills: Sage.
Holstein, M. B. & Minkler, M. (2007). Critical gerontology: reflections for the 21st century. In M. Bernard & Th. Scharf (Hrsg.), *Critical Perspectives on Ageing Societies* (S. 13–26). Bristol: Policy Press.
Jamieson, A. & Victor, Ch. (1997). Theory and concepts in social gerontology. In A. Jamieson, S. Harper & Ch. Victor (Hrsg.), *Critical approaches to ageing and later life* (S. 175–187). Milton Kenynes: Open University Press.
Katz, S. (1996). *Disciplining old age: The formation of gerontological knowledge.* Charlottesville, NC, London: University Press of Virginia.
Katz, S. (2000). Busy Bodies: Activity, aging, and the management of everyday life. *Journal of Aging Studies, 14(2),* 135–152.
Katz, S. (2003). Critical gerontological theory: Intellectual fieldwork and the nomadic life of ideas. In S. Biggs, A. Lowenstein & J. Hendricks (Hrsg.), *The need for theory: Critical approaches to social gerontology* (S. 15–31). Amityville, NY: Baywood.
Katz, S. (2005). Cultural Aging. Life Course, Lifestyle, and Senior Worlds. Peterborough, Ont.: Broadview.
Katz, S. (2014). What is Age Studies? *Age, Culture, Humanities, 1,* 17–23.
Katz, S. (2015). Five eye-openers in my life of critical gerontology. *International Journal of Ageing and Later Life, 10(1),* 21–34.
Kenyon, G. M., Clark, Ph. & Vries, B. de (Hrsg.). (2001). *Narrative Gerontology. Theory, Research, and Practice.* New York, NY: Springer.
King, N. & Calasanti, T. (2006). Empowering the Old: Critical Gerontology and Anti-Aging in a Global Context. In J. Baars, D. Dannefer, Ch. Phillipson & A. Walker (Hrsg.), *Aging, globalization, and inequality. The new critical gerontology* (S. 139–157). Amityville, NY: Baywood.
Kohli, M. (1988). Ageing as a challenge for sociological theory. *Ageing and Society 8(4),* 367–394.
Lynott, R. & Lynott, P. P. (2002). Critical gerontology. In D. J. Ekerdt (Hrsg.), *Encyclopedia of Aging,* Vol. 1 (S. 301–307). New York u. a.: Gale.
Marshall, V. (2009). What is new about critical gerontology? *Ageing and Society, 29(4),* 651–653.
Marshall, V. W. & Tindale, J. A. (1978). Notes for a radical gerontology *International Journal of Aging and Human Development, 9(2),* 163–175.
Marx, K. ([1845] 1978). Thesen über Feuerbach. In K. Marx & F. Engels, Werke Bd. 3: Die deutsche Ideologie. Kritik der neuesten deutschen Philosophie in ihren Repräsentanten Feuerbach, B. Bauer und Stirner, und des deutschen Sozialismus in seinen verschiedenen Propheten (S. 5–7). Berlin: Dietz.
Minkler, M. (1996). Critical perspectives on ageing: new challenges for gerontology. *Ageing and Society, 16(4),* 467–487.
Minkler, M. & Estes, C. L. (Hrsg.). (1984). *Readings in the political economy of aging.* Amityville, NY: Baywood.
Minkler, M. & Estes, C. L. (Hrsg.). (1991). Critical perspectives on aging: the political and moral economy of growing old. Amityville, NY: Baywood.
Moody, H. R. (1988a). Abundance of Life: Human Development Policies for an Aging Society. New York: Columbia University Press.
Moody, H. R. (1988b). Toward a critical gerontology: The contribution of the humanities to theories of aging. In J. E. Birren & V. L. Bengtson (Hrsg.), *Emergent theories of aging* (S. 19–40). New York: Springer.
Moody, H. R. (1993). Overview: What is Critical Gerontology and Why is It Important? In Th. Cole, W. A. Achenbaum, P. Jakobi & R. Kastenbaum (Hrsg.), *Voices and visions of aging: Toward a critical gerontology* (S. XV–XLI). New York: Springer.

Moody, H. R. (2010). The New Ageing Enterprise. In D. Dannefer & Ch. Phillipson (Hrsg.), *The SAGE Handbook of Social Gerontology* (S. 483–494). Los Angeles u. a.: Sage.

Moody, H. R. & Sasser, J. R. (2018). Critical Questions for Critical Gerontology (and Critical Gerontologists). In Ch. Wellin (Hrsg.), *Critical Gerontology Comes of Age. Advances in Research and Theory for a New Century* (S. 35–45). New York: Taylor & Francis.

Myles, J. (1980). The Aged, the State, and the Structure of Inequality. In J. Harp & J. Hofley (Hrsg.), *Structural Inequality in Canada* (S. 317–342). Toronto: Prentice Hall.

Myles, J. (1984). *Old age in the welfare state: The political economy of public pensions.* Boston: Little, Brown.

Park, H. W. (2008). Edmund Vincent Cowdry and the Making of Gerontology as a Multidisciplinary Scientific Field in the United States. *Journal of the History of Biology, 41(3)*, 529–572. DOI 10.1007/s10739-008-9152-1.

Phillipson, Ch. (1982). *Capitalism and the construction of old age.* London: Macmillan.

Phillipson, Ch. (1998). *Reconstructing old age: New agendas in social theory and practise.* London, Thousand Oaks: Sage.

Phillipson, Ch. & Walker, A. (Hrsg.). (1986). *Ageing and social policy: A critical assessment.* Aldershot, Brookfield: Gower.

Phillipson, Ch. & Walker, A. (1987). The case for a critical gerontology. In S. Di Gregorio (Hrsg.), *Social gerontology: new directions* (S. 1–15). London: Croom Helm.

Pollak, O. ([1948] 1993). Social Adjustment in Old Age: A Research Planning Report. *Sociological Practice, 11(1)*, Art. 5. Zugriff am 18.05.2021 unter http://digitalcommons.wayne.edu/socprac/vol11/iss1/5.

Quadagno, J. (1984). Welfare capitalism and the social security act of 1935. *American Sociological Review, 49*, 632–647.

Quadagno, J. (1988). *The transformation of old age security: Class and politics in the American welfare state.* Chicago: University of Chicago Press.

Ruth, J.-E. & Kenyon, G. (1996). Biography in adult development and aging. In J. E. Birren, G. Kenyon, J.-E. Ruth, J. J. F. Schroots & T. Svensson (Hrsg.), *Aging and Biography: Explorations in Adult Development* (S. 1–20). New York: Springer.

Ray, R. E. (2008). Foreword: Coming of age in critical gerontology. *Journal of Aging Studies, 22(2)*, 97–100.

Saake, I. (2002). Wenig Neues vom Alter: Ein systemtheoretischer Ausweg aus gerontologischen Denkschleifen. In U. Dallinger & K. R. Schroeter (Hrsg.), *Theoretische Beiträge zur Alternssoziologie* (S. 275–296). Opladen: Leske + Budrich.

Schroeter, K. R. (2000a). Alter(n) in Figurationen – Figurative Felder im Alter. In G. M. Backes (Hrsg.), *Soziologie und Alter(n)* (S. 109–138). Opladen: Leske + Budrich.

Schroeter, K. R. (2000b). Die Lebenslage älterer Menschen im Spannungsfeld zwischen ›Später Freiheit‹ und ‚sozialer Disziplinierung‹. In G. M. Backes & W. Clemens (Hrsg.), *Lebenslagen im Alter* (S. 31–52). Opladen: Leske + Budrich.

Schroeter, K. R. (2021). Auf der Suche nach Interdisziplinarität – ›per aspera ad astra‹ oder ein Weg in den Zaubergarten wissenschaftlicher Illusionen? In J. Hahmann, K. Baresel, M. Blum & K. Rackow (Hrsg.), *Gerontologie gestern, heute und morgen: Multigenerationale Perspektiven auf das Alter(n)* (S. 15–57). Wiesbaden: Springer VS.

Townsend, P. (1979). *Poverty in the United Kingdom.* Harmondsworth: Penguin.

Townsend, P. (1981). The structured dependency of the elderly: A creation of social policy in the twentieth century. *Ageing and Society, 1*, 5–28.

Townsend, P. & Wedderburn, D. (1965). *The Aged in the Welfare State.* London: Bell.

Walker, A. (1980). The social creation of poverty and dependency in old age. *Journal of Social Policy, 9(1)*, 49–75.

Walker, A. (1981). Towards a political economy of old age. *Ageing and Society, 1(1)*, 73–94.

Young, D. (1941). Memorandum on suggestions for research in the field of Social Adjustment. *American Journal of Sociology, 46(6)*, 873–886.

3 Zu den Prämissen Kritischer Gerontologie

Kirsten Aner

Eine Verständigung darüber, was in der vorliegenden Einführung unter Kritischer Gerontologie zu verstehen sein soll, bedürfte streng genommen zunächst sowohl einer Auseinandersetzung mit Erkenntnis- und Wissenschaftstheorie als auch mit diversen Theorie-Perspektiven, darunter mit der sog. Kritischen Theorie. Beides kann an dieser Stelle nicht geleistet werden. Um dennoch unsere Auswahl der in diesem dritten Kapitel vorgestellten Ansätze nachvollziehbar zu begründen, greifen wir bereits hier auf ein Schlüsseldokument zurück: »*The Challenge of Critical Gerontology: The Problem of Social Constitution*« (Baars, 1991). In diesem Text wird ein erkenntnis- und wissenschaftstheoretischer Blick auf die Altersforschung geworfen.[16] Mit Hilfe dieser Ausführungen wird verständlich, worin eine wesentliche Gemeinsamkeit der ›kritischen‹ Ansätze besteht (▶ Kap. 1 u. ▶ Kap. 2).

3.1 Erkenntnis- und Wissenschaftstheorie im Kontext der Gerontologie

Ein Ausgangspunkt der Überlegungen von Baars (1991) ist zum einen die Beobachtung, wie mit dem Wissen über das biologische Altern, das jeden Menschen betrifft, der nur lange genug lebt, zugleich das Wissen darüber wuchs, wie diese Prozesse historisch, kulturell und sozial beeinflusst werden. Zum anderen geht Baars davon aus, dass aus eben diesem Wissen eine besondere Verantwortung zur Reflexion des eigenen Beitrags der Gerontologie zu diesen Bedingungen erwächst. Schließlich könne die Gerontologie als Teil dieser Bedingungen verstanden werden; im Gegensatz etwa zur Astronomie, die die Bewegung der Sterne und Planeten nur beschreibt, könne diese Wissenschaft über Änderungen des Laufs der Dinge diskutieren und mitentscheiden, könne z. B. Lebenswelten monopolisieren, in dem – explizit oder auch nur implizit – eine spezifische Form des Alterns zum Maßstab erhoben würde (ebd., S. 219f.).

---

16 In einem weiteren Teil des Textes versucht sich der Autor an einer Systematisierung der bis dato entstandenen Ansätze Kritischer Gerontologie. Diese Systematisierung ist eine unter vielen (▶ Kap. 2) und für unseren Zweck weniger interessant, weshalb sie hier nur kurz erwähnt werden wird.

Das Problem der sozialen Konstitution

Vor diesem Hintergrund hätten kritische Fragen die Entwicklung der Gerontologie begleitet (vgl. dazu auch ▶ Kap. 2) und seien in den 1970er und 1980er Jahren diverse Fragen und Zugänge zur Kritischen Gerontologie entwickelt worden – und dies als Opposition zur »konventionellen« Gerontologie.

In dieser konventionellen Gerontologie seien sowohl eine Reihe von Fragestellungen als auch bestimmte Analysen ausgeschlossen worden, denn ihr Selbstverständnis sei geprägt von einer Idealisierung der Naturwissenschaften, die ihr als Repräsentanten eines »objektiven Wissens« gelten. Aus dieser Perspektive heraus sei nur Kritik akzeptabel, die auf die methodologische Verbesserung des »objektiven« Wissens ziele. Hingegen würden alle kritischen Fragen nach der Bedeutung und Nutzung, den Zielen und materiellen Interessen, die mit dem produzierten Wissen verbunden sind, ausgeklammert. Dieses Selbstverständnis, das in manchen Bereichen der Naturwissenschaften akzeptabel erscheinen möge, bediene jedoch eine internalistische[17] Ideologie, die für die Gerontologie als angewandte Sozialwissenschaft problematisch sei (ebd., S. 220f.).

Kritische Gerontologie hingegen nehme methodische Probleme ernst, ohne ihre Kritik darauf zu reduzieren. Sie nehme in ihre kritische Analyse auf, was die konventionelle Mainstream-Gerontologie für nur »kontextuell« bedeutsam hält: normative Fragen, materielle Interessen und die Funktion(-sweise) der Gerontologie selbst (ebd., S. 221). Diese Argumentation untermauert Baars mit Beispielen dafür, wie solche Kontexte für alte Menschen problematisch oder auch privilegierend wirken können. Eine tiefere Analyse vieler Probleme der Alten führe unweigerlich zu verschiedenen Formen struktureller und lebensweltlicher sozialer Ungleichheit (Verteilung materieller und kultureller Ressourcen, negatives Image des Alterns, Diskriminierung von Frauen und ethnischen Minderheiten) (ebd.). Nach Rosenmayr (1983) könnten die negativen Effekte bei bestimmten Gruppen von Alten »kumulieren« oder nach Dannefer (1987) zu einem Matthäus-Effekt führen (Baars, 1991, S. 221).

Die für das Alter(n) konstitutive soziale Ungleichheit nur als nicht unmittelbar relevanten Kontext zu betrachten (wie Baars es der konventionellen Gerontologie unterstellt; K.A.), sei nicht nur kurzsichtig, sondern verschärfe Probleme. Schließlich könnten »Sozialsysteme« (*social systems*), die für viele der Probleme verantwortlich seien, gerontologische Forschung als Legitimation benutzen. So wie jede Gerontologin und jeder Gerontologe eine alternde Person sei, sei die Gerontologie ein Teil der sozialen Beziehungen, die für viele Probleme der Alten verantwortlich seien. Die materiellen und kulturellen Ressourcen, die die Geron-

---

17 Baars schreibt der »konventionellen« Gerontologie eine »internalistische« Perspektive, sogar eine »internalistische« Ideologie zu. Dieser Begriff spielt in der Philosophie eine Rolle und wird hier in diversen Bezügen differenziert verwendet. Bei Baars steht er offensichtlich für die Auffassung, dass ein Prozess (hier das Altern) innerhalb einer Sache/eines Bereiches (hier des Alterns selbst) verursacht wird. Die gegenteilige Auffassung, dass äußere Ursachen (für das Altern) maßgeblich seien, wäre eine »externalistische« Perspektive.

tologie speisten, bänden sie zugleich an die Materie, die sie »objektiv« untersuchen will (ebd., S. 222). Deshalb, so Baars, sei eine fundamentale Kritik nur möglich, wenn Gerontolog/-innen zunächst einmal ihre disziplinären Verstrickungen hinter sich lassen.

Um – darüber hinaus – Gemeinsamkeiten und Differenzen der verschiedenen Ansätze, die bei dieser Kritischen Gerontologie verfolgt werden, verstehen zu können, müssten sich Gerontolog/-innen zudem befreien von speziellen Traditionen kritischer Wissenschaft, mit denen sie sich identifizieren. Einzig mit der »breiten westlichen Tradition« von Kritik im klassischen Sinne einer verantwortlichen Reflexion der »Konstitution«[18] ihrer intellektuellen Tätigkeit dürften sie sich identifizieren (ebd.).

Im Folgenden löst Baars zunächst die Forderung nach einer fundamentalen Revision ein, indem er – ohne alles abzulehnen, was aus den idealisierten Normen der Naturwissenschaften herrührt – das Zusammenbrechen (*collapse*) der »internalistischen« Perspektive nachvollzieht.

Der Kollaps der internalistischen Perspektive

Baars unterstellt der »internalistischen Gerontologie«, dass sie von der Hoffnung lebe, dass das Sammeln riesiger Mengen von Daten irgendwann einmal – per se – ein schlüssiges Bild des Alternsprozesses liefere (ebd., S. 223). Diese »kanonische« Sichtweise sei von Maddox und Campbell (1985) im *»Handbook of Aging«* formuliert worden (ebd., Anm. 3):

> »Wir sind in den Anfangsstadien eines Prozesses zur Datengewinnung, der schließlich einmal interkulturell, intertemporär und für alle Altersstufen vergleichbare Daten über das gesamte Leben oder wenigstens über große Teile kompletter Lebensläufe mit ergänzenden Zeitreihendaten auf der Makroebene liefern wird. Zweifellos wird die Form, die diese Datensets annehmen, teilweise motiviert durch die theoretischen Interessen derjenigen, die sie erheben, aber viele der Daten werden aus einem mehr oder weniger zufälligen Prozess administrativer oder akademischer Interessen resultieren.« (Maddox & Campbell, 1985, zit. nach Baars, 1991, S. 238)

Dies sei, so Baars, jedoch ein methodisch naives Echo auf die traditionelle positivistische Hoffnung, dass alle Disziplinen durch fortgesetzte logische und empiri-

---

18 Der Begriff der Konstitution sei dem der Konstruktion vorzuziehen, weil Konstruktion suggeriere, dass es sich dabei um ein konzises Vorhaben handle, welches bewusst verfolgt wird. Solche Konstruktionen seien zwar nicht auszuschließen, doch anzunehmen, dies sei im Allgemeinen so, könne man als ein modernistisches Missverständnis bezeichnen. Die Möglichkeit der freien Wahl und Konstruktion könne man zwar anstreben, sie sei jedoch nichts, von dem man annehmen könne, dass es immer zu realisieren sei. Mit dem Begriff der Konstitution des Alterns werde ein kritischer Blick geworfen auf die Tendenz, Alternsprozesse, die einen soziokulturellen Ursprung haben, zu behandeln, als ob sie lediglich natürliche oder biologische Prozesse wären (und folglich »natürlich« und daher ebenso »unveränderbar« wie unsere körperliche Konstitution). In diesem Sinne ziele der Begriff »soziale Konstitution« direkt darauf, diese Alternsphänomene zu kritisieren, die als gegeben hingenommen werden, in Wirklichkeit aber Einschränkungen der verschiedenen Möglichkeiten älterer Menschen sind (ebd., S. 223).

sche Verfeinerung schließlich kumulatives und komplementäres Wissen über ihr Thema, in diesem Fall Altern, erlangen werden (ebd., S. 223).

Dass diese Hoffnung unberechtigt sei, begründet Baars im Folgenden, indem er die beiden tragenden Säulen des traditionellen »positivistischen«[19] Ansatzes betrachtet. Eine sei die erkenntnistheoretische Annahme, dass die modernen Naturwissenschaften die glaubwürdigste Form empirischen Wissens, nämlich »objektives Wissen« lieferten, was durch ihre technologische Effektivität praktisch bewiesen sei. Die andere sei die Annahme, dass eine »objektive Realität« existiere, als ein und dasselbe zu allen Zeiten und an allen Orten und diese unabhängig von theoretischen Konstruktionen ist, sodass sie als objektiver Prüfstein für die Wissenserweiterung dienen könne, weshalb wiederum der Prozess der »methodologischen Klärung« (*methodological purification*) letztlich das wahre Wissen der Realität produzieren könne (ebd., S. 224). Der Prozess, in dem die Idee eines nicht kontaminierten »objektiven« Wissens zu bröckeln begann, ließe sich zurückverfolgen bis zu Poppers »Logik der wissenschaftlichen Erkenntnis« (1968 [1934]). Popper hätte lange an der Idee einer »objektiven Realität« festgehalten, während er gleichzeitig die fundamentale Bedeutung der Intersubjektivität in der Wissenschaft bestätigte (Baars, 1991, S. 226).[20] Die Ergebnisse wissenschaftlicher Arbeit müssten von der wissenschaftlichen Community überprüft werden. Jede Überprüfung (*falsification*) setze aber eine Theorie voraus, die die Falsifikation selbst erst möglich macht. Dieser Theorie würde eine logische Priorität eingeräumt und dies einzig durch eine Entscheidung – und nicht etwa, weil festgestellt wurde, dass diese Theorie die »objektive« Realität repräsentiert. Es könne daher keine Grundaussage geben, die unabhängig ist von einer sie umschließenden Theorie (*enveloping theory*), die man selbst nicht überprüfen kann. Solche Theorien könnten auch als Modelle, Standards oder nach Wittgenstein (1953) als »Paradigmen« bezeichnet werden (Baars, 1991, S. 226). Die Entscheidung für ein Paradigma sei also nicht rational zu begründen und seine orientierende und interpretative Funktion reiche weit über die Grenzen dessen hinaus, was empirisch festgestellt worden ist. In der Folge sei es auch unmöglich, methodische Regeln und soziale Faktoren streng voneinander zu trennen (ebd.). Es sei folglich Misstrauen gegenüber »rationalen« wissenschaftlichen Standards angesagt, das aber keineswegs in ein »*anything goes*« münden dürfe (ebd., S. 227). Mit anderen Worten: Es gelte, weder nach der absoluten Wahrheit zu fahnden noch der absoluten Indifferenz zu erliegen, sondern nach besseren Wegen für gerontologische Arbeit zu suchen. Der Disput über die relative Qualität von Erkenntnis(-prozessen) könne dabei jedoch nicht allein auf der methodischen Ebene entschieden werden (ebd.), wie Baars im Folgenden ausführlich begründet.

---

19 Seine historische Entstehung und die damit seit dem 18. Jahrhundert verbundenen Erwartungen, die zur dominanten Stellung dieser Sichtweise im Wissenschaftssystem und darüber hinaus führten (vgl. Baars, 1991, S. 224), können und müssen hier nicht thematisiert werden.
20 Hier fänden sich, so Baars, die Anfänge der Einsicht in den sozialen Charakter von Wissenschaft. Zum sozialen Kontext der Entstehung wissenschaftlicher Erkenntnisse vgl. auch Fleck (1980 [1935]), Kuhn (1996).

Die soziale Konstitution der Gerontologie und des Alterns

Baars betont, dass die Naturwissenschaften zwar keine unsinnigen, willkürlichen Konstrukte produzierten und das experimentelle Vorgehen korrekte Interpretationen nicht ausschließe. Gleichwohl sei »eine pluralistische Interpretation von Objektivität in dem Bewusstsein der involvierten konstitutiven [sozialen; K.A.] Faktoren« (ebd., S. 228) notwendig. Doch auch wenn dies geschehe, bleibe eine entscheidende Differenz zwischen Natur- und Sozialwissenschaften bestehen: Ein sozialer Untersuchungsgegenstand würde eben nicht bloß von den Wissenschaftler/-innen, sondern auch von den Untersuchungsteilnehmer/-innen interpretiert. Die erlangte Information sei von ihnen beeinflusst, weshalb von einer doppelten Konstitution der Sozialwissenschaft(en) zu sprechen sei (ebd.).

Auf der Seite der Wissenschaftler/-innen sieht Baars folgende Faktoren als konstitutiv an: die direkte Interaktion zwischen den Untersuchenden in personenbezogenen Kooperationsnetzwerken; Zitationskartelle/-cluster und einzelne herausragende Gerontolog/-innen, die die Richtung der Theoriebildung und Forschung beeinflussen; Organisationsstrukturen von nationalen Förderprogrammen über Universitäten bis hin zu Herausgeberkreisen; politische-ökonomische Strukturen und Präferenzen und schließlich – und am umfassendsten – das historisch entstandene Selbst- und Organisationsverständnis wissenschaftlicher Arbeit (ebd., S. 228f.). Auf der Seite der soziokulturellen Konstitution von Altern, also des Gegenstands der Gerontologie, sieht Baars das Altern wie folgt konstituiert: auf der Ebene der direkten Beziehungen zwischen Menschen; auf der Ebene von Organisationen, die den Lebenslauf durch ihre altersbezogenen Strategien entscheidend mitbestimmen (als Garanten von Ruhestandsregimes oder als Hilfsorganisationen für ältere Menschen); auf der Ebene der politischen und ökonomischen Prozesse und Strukturen, die wiederum in hohem Maße die Möglichkeiten dieser Organisationen bestimmen, darüber hinaus durch nationale Traditionen der Organisation von Pflege, die sich mit historisch veränderlichen Traditionen im Bereich Altern, Sterben und Tod vermengen (ebd., S. 229).

Insbesondere in entwickelten Ländern beeinflusse diese [komplexe doppelte; K.A.] soziale Konstitution der Gerontologie die soziale Konstitution des Alterns, da die Ergebnisse gerontologischer Forschung die Interpretation und Strukturierung des Alternsprozesses veränderten; man denke nur an die zahlreichen Statistiken, die für Planungen benutzt würden – der medizinischen Versorgung, von Pflegeheimen, Sozialleistungen, Wohnungen, Renteneintrittsalter etc. (ebd.).

Kritik, Konstitution und Gerontologie

Die Übereinstimmung der verschiedenen kritisch-gerontologischen Ansätze sieht Baars (1991, S. 230) darin, dass sie sensibel für die soziale Konstitution gedanklicher Arbeit und ihrer Gegenstände sind (und deshalb vom internalistischen Diskurs ausgeschlossen werden). Allerdings fokussierten sie je unterschiedliche Probleme, Aspekte oder Stufen des Prozesses der sozialen Konstitution. Dies – und die Tendenz, einander nicht gelten zu lassen – liege an divergierenden Traditionslinien der gerontologischen Ansätze, die Baars im Folgenden identifiziert: die klassische kritische Theorie (Adorno, Horkheimer) – die interpretative Tradition (Husserl, Schütz) – Strukturalismus und politische Ökonomie (Marxismus, Neo-Marxismus) – Poststrukturalismus (Foucault). Im Anschluss arbeitet Baars die Grundzüge dieser vier Traditionslinien heraus (ebd., S. 230ff.).

Abschließend versucht Baars, eine Perspektive zu entwickeln, auf welchem Wege die zuvor skizzierten Ansätze miteinander in Beziehung gesetzt werden können und seiner Meinung nach sollten. Er konstatiert, dass sich der generelle Trend in den Kritischen Theorien gewandelt habe: Die großen historischen Perspektiven und Ideen radikalen gesellschaftlichen Wandels seien weniger präsent, hingegen richte sich die Aufmerksamkeit nach wie vor auf die Kritik von Prozessen der Macht (vgl. auch Amann & Kolland, 2014, S. 19). Verschieden artikuliert gehe es um die Art und Weise, in der soziale Systeme und Strukturen Menschen disziplinieren, ihre Körper normalisieren (Foucault), ihre Lebenswelt kolonisieren (Habermas), ihre intersubjektive Kommunikation objektivieren (interpretativer Ansatz) oder soziale Abhängigkeit produzieren (strukturfunktionaler Ansatz) (ebd., S. 235).

Für unseren Zweck, kritisch gerontologische Ansätze auszuwählen, vorzustellen und zu vergleichen, lässt sich zunächst mit Baars (1991) Folgendes festhalten: Die verschiedenen Ansätze kritischer Gerontologie fokussieren – je nach Wissenschaftstradition – unterschiedliche Probleme, Aspekte oder Stufen des Prozesses der sozialen Konstitution. Ihre Gemeinsamkeit liegt in ihrer Sensibilität für die soziale Konstitution ihres Gegenstands und der (Alterns-)Wissenschaft selbst.

3.2 Kritische Gerontologie und Gesellschaft

Mit dem Ziel, kritisch gerontologische Ansätze identifizieren und – über die Zuordnung zu diversen Traditionslinien »externalistischer« Wissenschaft hinaus – miteinander vergleichen zu können, scheint es sinnvoll, stärker noch als Baars ihren Gesellschaftsbezug zu betrachten. Die Forderung nach der Berücksichtigung des gesellschaftlichen Kontextes ist bei Baars zwar angelegt, jedoch nur ansatzweise ausgeführt. Die Spanne kann aus seiner Perspektive grundsätzlich von der bloßen Wahrnehmung des gesellschaftlichen Kontextes über die explizite Thematisierung sozialer Ungleichheit bis hin zur gesellschaftsverändernden Utopie reichen.[21]

---

21 Er selbst plädiert im Kontext der Studien zu Alter und Altern zum einen dafür, die Bedeutung der Spannungen zwischen der interpersonellen Lebenswelt und den Systemen als grundlegend zu betrachten (Baars, 1991, S. 235f.) und den Lebensweltansatz mit einer Theorie sozialer Systeme im Sinne der späten Arbeiten von Habermas (1987) zu verbinden. Zum anderen müsse eine kritische Analyse die materiellen Interessen, Funktionen und Effekte spezifischer Formen der gerontologischen Theorie oder Praxis

3.2 Kritische Gerontologie und Gesellschaft

Zur Begründung einer Weiterführung können wir zunächst auf eine Feststellung von Margret Kuhn zurückgreifen. In einem offenen Brief an die Zeitschrift »*The Gerontologist*« hatte die damalige Vorsitzende der 1970 gegründeten *Grey Panthers* Folgendes festgestellt: Eine Gerontologie, die alte, arme und stigmatisierte Menschen zu Objekten ihrer Forschung mache, sie als Problem für die Gesellschaft betrachte statt als Personen, die gesellschaftliche Probleme erleben, suche unweigerlich nach Wegen der Anpassung der Menschen an die Gesellschaft statt nach Wegen, die Gesellschaft so zu humanisieren, dass sie den Bedürfnissen der alten Menschen entspricht (vgl. Kuhn, 1978, S. 422ff.). Folgt man der Forderung von Horkheimer (1988 [1937]), dass ›kritische‹ Wissenschaft sich sowohl des eigenen sozialen Entstehungszusammenhangs als auch ihres praktischen Verwendungszusammenhangs permanent zu vergewissern habe, muss man den offenen Brief dieser politischen Aktivistin ernst nehmen und über die rein methodische Berücksichtigung des Subjektstatus der alten Menschen in der Forschung hinausgehen. Radikal interpretiert läuft ihr Anspruch darauf hinaus, dass alle Gerontolog/-innen politische Intellektuelle werden, die sich mit sozialen Bewegungen verbinden. Jenseits der erkenntnistheoretischen und methodologischen Implikationen einer ›kritischen‹ Wissenschaft hat genau diese Frage nach dem normativen Verhältnis zu sozialen Kämpfen bereits in Horkheimers Zeitschriftenartikel aus dem Jahr 1937 eine Rolle gespielt und die Frankfurter Schule jahrzehntelang begleitet. Ihre Virulenz lässt sich auch in der historischen Entwicklung der Kritischen Gerontologie erkennen (▶ Kap. 2). Sie kommt zugespitzt in der Position von Dannefer et al. (2008) zum Ausdruck, dass die von der Kritischen Gerontologie – ob auf politisch-ökonomischer oder ideologiekritischer Basis – thematisierten Probleme real existieren und die Anwendung der kritischen Theorie auf diese Probleme voraussetze, »dass man von der kritischen Analyse an sich zu ihrer Anwendung im realen Leben übergeht« (Dannefer et al., 2008, S. 104).

Will man also kritisch gerontologische Ansätze miteinander vergleichen, sind diese auch daraufhin zu befragen, ob und mit welcher Radikalität Gesellschaft in den Blick genommen und welche Rolle Wissenschaftler/-innen dabei zugedacht wird. Zwar kann man grundsätzlich davon ausgehen, dass Kritische Gerontologie immer mehr als die Beschreibung von ›Realität‹ im Sinne einer Ordnungswissenschaft ist, denn in der Tradition kritischer Gesellschaftstheorien stehend will sie gesellschaftliche Verhältnisse nicht nur beschreiben, sondern verstehen *und* auf dieser Basis zum Besseren verändern. Dieses Festhalten an der Möglichkeit der Veränderung durch Kritik kann man auch als notwendiges utopisches Moment Kritischer Gerontologie bezeichnen. Konkret ist jedoch darüber hinaus zu fragen, *wie* die einzelnen Ansätze zur Emanzipation Älterer von bestehenden Macht- und Herrschaftsstrukturen beitragen wollen und welche Rolle dabei die Produktionsverhältnisse spielen – mit anderen Worten: ob sie radikal kapitalis-

---

in den Blick nehmen. Keinesfalls dürfe sie die Möglichkeit leugnen, eine bewusste Reflexion zu artikulieren (ebd., S. 236). Eine solche kritische Gerontologie sei zudem die Voraussetzung für interdisziplinäre Verständigung und von praktischer Relevanz, um nicht die Organisationen, die gerontologische Expertise nachfragen, ohne kritische Distanz mit Daten zu bedienen (ebd., S. 237f.).

muskritische Sichtweisen auf die Realität alternder Gesellschaften einnehmen (Köster, 2012) und welche Alternativen sie dabei ggf. entwerfen (▶ Kap. 4.9).

> **Schlüsseldokument**
>
> Baars, J. (1991). The Challenge of Critical Gerontology: The Problem of Social Constitution. *Journal of Aging Studies, 5(3)*, 219–243.

Literatur

Dannefer, D., Stein, P., Siders, R. & Patterson, R. S. (2008). Is that all there is? The concept of care and the dialectic of critique. *Journal of Aging Studies, 22(2)*, 101–108.

Fleck, L. (1980 [1935]). *Entstehung und Entwicklung einer wissenschaftlichen Tatsache. Einführung in die Lehre von Denkstil und Denkkollektiv.* Frankfurt: Suhrkamp.

Köster, D. (2012). Thesen zur Kritischen Gerontologie und die Wertefrage des Alter(n)s. *Zeitschrift für Gerontologie und Geriatrie, 7*, 603–607.

Kuhn, M. (1978). Open letter. *The Gerontologist, 18(5)*, 422–424.

Kuhn, Th. S. (1996). *The Structure of scientific revolutions* (3rd edition). Chicago u. a.: Univ. of Chicago Press.

4 Zu ausgewählten Ansätzen der Kritischen Gerontologie

4.1 Political Economy of Aging

Marina Vukoman & Ann-Christin Heming

Kurzdefinition

Der Ansatz der *Political Economy of Aging* wurde Ende der 1970er-/Anfang der 1980er Jahre im angloamerikanischen Raum entwickelt. Als wesentliche Vertreter/-innen sind Caroll L. Estes und Meredith Minkler in den USA, Peter Townsend, Alan Walker und Chris Phillipson in Großbritannien sowie John Myles in Kanada und Anne-Marie Guillemard in Frankreich zu nennen (vgl. Estes, Swan & Gerard, 2009, S. 58; Amann & Kolland, 2014, S. 18). Die Vertreter/-innen der Political Economy of Aging wollten mit ihrem Ansatz u. a. eine Kritik am kapitalistischen und liberalen Wohlfahrtsregime zum Ausdruck bringen.[22] Im deutschsprachigen Raum ist dem Ansatz aufgrund anderer sozialstaatlicher Strukturen erst sehr viel später Aufmerksamkeit zuteilgeworden (vgl. Amann & Kolland, 2014). Die zu der Zeit vorherrschenden individualistischen Theorien des Alter(n)s sowie die damit legitimierten politischen Implikationen und Maßnahmen standen im Zentrum der Kritik: Diese ließen, so die Vertreter/-innen, gesellschaftliche und (wohlfahrts-)staatliche Ursachen sozialer Ungleichheit außer Acht. Die Gerontologie habe sich bis dato überwiegend mit den biologischen Abbauprozessen des Alter(n)s beschäftigt und eine auf Verhaltensänderung der Individuen fokussierte Sozialpolitik begünstigt. Damit gehe eine »Medikalisierung des Alters« (Estes et al., 2009, S. 55) einher, die Alter als (zu behandelnde) Krankheit begreife. Intersektionalität (das Zusammenwirken verschiedener Benachteiligungskategorien) würde dabei weitgehend ausgeblendet und die Verantwortung für (nicht-)gelingendes Alter(n) bei den Menschen und ihren Verhaltensweisen gesehen. Eine *Political Economy of Aging* berücksichtige hingegen Überschneidungen verschiedener Diskriminierungsfaktoren, insbesondere Klasse und Alter. Die Vertreter/-innen gehen also ganz grundsätzlich davon aus, dass die Probleme älterer Menschen nicht indi-

---

[22] Deutschland hingegen wird als konservatives Wohlfahrtsregime klassifiziert (vgl. Esping-Andersen, 1990), in dem die Absicherung sozialer Risiken mehrheitlich über die Sozialversicherung organisiert wird. Neoliberale Entwicklungen sind erst seit Ende der 1990er Jahre in Deutschland zu verzeichnen.

viduell, sondern strukturell bedingt seien. Es gelte, sowohl die gesellschaftlichen Konstruktionen des Alter(n)s zu analysieren als auch die gesellschaftlichen Rahmenbedingungen für das Alter(n) zu verbessern.

Als Schlüsseldokument zur Beschreibung des Ansatzes verwenden wir den Beitrag »*The Political Economy of Aging*« von Carroll L. Estes, Karen W. Linkins und Elizabeth A. Binney, der 1996 im Sammelband »*Handbook of Aging and the Social Sciences*« in der 4. Auflage erschien (Estes, Linkins & Binney, 1996).

Kurzportrait der Autorin

Carroll L. Estes[23], Jahrgang 1938, studierte an der *Standford University* sowie der *Southern Methodist University* in Dallas und promovierte in San Diego an der *University of California*. Sie hat einen Ehrendoktortitel in *Human Letters* des *Russell Sage College* in New York. Estes ist Professorin Emerita für Soziologie an der *University of California* in San Francisco.[24] Hier gründete und leitete sie das *Institute for Health and Aging*. Sie ist Mitglied der *National Academy of Medicine* und war Präsidentin folgender Gesellschaften: *Gerontological Society of America (GSA American Society on Aging (ASA) and Association for Gerontology in Higher Education (AGHE)*.

Kernaussagen im Schlüsseldokument

Grundannahmen/Ausgangspunkt

Vertreter/-innen der *Political Economy of Aging* gehen davon aus, dass die Lebensbedingungen im Alter, beispielsweise im Hinblick auf Einkommen, Gesundheit oder sozialrechtliche Ansprüche, maßgeblich durch die Sozialpolitik bedingt seien. Die (Sozial-)Politik sei ihrerseits Ausdruck gesellschaftlicher Machtverhältnisse, die sich darüber hinaus in der Ökonomie und in soziokulturellen Prozessen im jeweiligen soziohistorischen Kontext manifestieren würden. Eine Grundannahme ist somit, dass die Probleme des Alters sozial konstruiert seien und auf bestimmten sozialen Konzepten vom Alter(n) basierten. Sie könnten daher auch nicht losgelöst von den gesellschaftlichen Strukturen betrachtet werden. Um zu verstehen, wie das Alter innerhalb einer Gesellschaft definiert und der Prozess des Alterns beeinflusst werde, seien die gesellschaftlichen Rahmenbedingungen zu untersuchen. Zudem betrachtet die *Political Economy of Aging* Klasse, ethnische Zugehörigkeit und Geschlecht als wesentliche Einflussfaktoren auf die Lebensbedingungen im Alter.

---

23 Carroll L. Estes ist zwar nicht alleinige Urheberin des strukturalistischen Ansatzes der *Political Economy of Aging*, hat ihn aber in der amerikanischen Gerontologie durch ihr 1979 erschienenes Buch »*The Aging Enterprise*« populär gemacht und ist dessen bekannteste Vertreterin; daher wird nur sie im Folgenden kurz portraitiert.

24 Profilseite von Carroll L. Estes auf der Homepage der University of California in San Francisco: https://profiles.ucsf.edu/carroll.estes (Zugriff am 27.11.2020).

Argumentation

Estes und ihre Kolleginnen beginnen im Schlüsseldokument mit einer theoretischen Einbettung des Ansatzes (Estes et al., 1996, S. 346ff.). Die Perspektive der *Political Economy of Aging* nehme Bezug auf unterschiedliche sozial- und politikwissenschaftliche Theorien:

> »Although the political economy approach treats the organization of the economy as a central concern, it does not postulate a ›one-variable causal model‹ (Kelman, 1975), in which capitalism or the economic mode of organization is seen as the simple causal explanation of policy and aging.« (Estes et al., 1996, S. 347)

Vielmehr sehe der Ansatz vier Theorien als wesentlich für die Analyse der gesellschaftlichen Rahmenbedingungen an, um die Sozialpolitik und damit die Kontexte des Alter(n)s zu erklären: Liberalismus-, Pluralismus-, Elite- sowie Klassentheorien. Diese ließen sich zwei theoretischen Grundkonzepten zuordnen, dem Konflikt- sowie dem Konsensansatz. Während dem Konsensansatz die Annahme zugrunde liege, dass soziale Ordnung über kollektiv akzeptierte und geteilte Werte hergestellt werde, gehe der Konfliktansatz davon aus, dass soziale Ordnung über hegemoniale Herrschaftsverhältnisse hergestellt werde, also einer dominierenden Position gegenüber anderen. Der *Political Economy of Aging* liege letztere Annahme zugrunde: Die sich durchsetzenden Interessen und Ideologien konstruierten eine soziale Wirklichkeit, die es zu analysieren gelte. Der Staat diene in dem Sinne als Reflexionsfolie dieser Herrschaftskonflikte (ebd.).

Im weiteren Verlauf gehen die Autorinnen zunächst näher auf das Konstrukt des Staates mit Fokus auf das Wohlfahrtssystem ein. Der Staat stelle in der Gesellschaft das mächtigste Instrument dar, welches, wenn es um die Sicherung der sozialen Ordnung und Aufrechterhaltung der Ökonomie gehe, im Sinne Max Webers auch ein Gewaltinstrument sei (ebd., S. 348). Die Autorinnen beschreiben einige Kernmerkmale kapitalistischer Gesellschaften, die im Wesentlichen am Wachstum der Wirtschaft (auf Kosten der Mehrheitsgesellschaft und der Umwelt) interessiert seien, und verweisen auf dessen problematische Auswirkungen für demokratisch organisierte Staaten am Beispiel Amerikas. Daraus entstünden zwei zentrale Aufgaben des kapitalistischen Staates: Der Staat müsse zum einen für gute ökonomische Bedingungen sorgen, da mit dem Wachstum des privaten Kapitals auch ein Anwachsen des nationalen Kapitals verbunden sei, zum anderen müsse er die größten Probleme, die aus der Marktwirtschaft entstünden und zu sozialen Unruhen führen könnten, zu lindern versuchen (ebd.).

Durch staatliches Handeln werde eine Sozialstruktur (re-)konstruiert, die für das Alter(n) problematisch sein könne. Aus feministischer Perspektive zeige sich dies zum Beispiel an dem Umstand, ob Sorgearbeit in der Gesellschaft ökonomisch honoriert werde oder nicht. (ebd., S. 348f.). Für die *Political Economy of Aging* habe die Verteilung der öffentlichen Ausgaben aber nicht nur eine nominelle Relevanz, sie sei Ausdruck gesellschaftlicher Machtverhältnisse und »constantly subject to political, social, and economic struggle« (ebd., S. 349). Nach Myles (1984) sei es ein zentrales Dilemma, ob es dem Staat gelinge bzw. gelingen kann, beide Ansprüche zugleich zu bedienen:

»Can the state jointly advance the interests of private capital by ensuring private profit and the interests of a democratic society with its pressures for equality and redistribution resulting from the social dislocation and inequities created by the market-based economy?« (Estes et al., S. 349)

Zur Bewertung der Sozialpolitik sei es letztlich maßgeblich, was als Problem und was als Ursache definiert werde, sowie die Frage, wer von den politischen Entscheidungen profitiere. Eine Besonderheit altersbezogener Sozialpolitik sei vor diesem Hintergrund, dass sie Familien adressiere, sich also mit jungen ebenso wie alten Menschen, ihren Generationenbeziehungen, sowie mit der Gestaltung von Lebensverläufen auseinandersetze, also der Frage wie *altern* in Gesellschaft möglich ist. Bei der Analyse der sozial(-politischen) Verhältnisse müsse der jeweilige historische und örtliche Kontext ebenso wie Intersektionalität zwischen den Kategorien Alter und ethnischer Zugehörigkeit, Klasse sowie Geschlecht Berücksichtigung finden. Nicht zuletzt gehe es der *Political Economy of Aging* darum, die normative Prägung politischen Handelns (hier bezogen auf das Alter bzw. ältere Menschen) sichtbar zu machen (ebd.).

Im Weiteren gehen die Autorinnen auf einen ihrer Ansicht nach Kernpunkt der *Political Economy of Aging* ein, die soziale Konstruktion des Alters.[25] Für die sozial konstruierten »Probleme« des Alter(n)s würden Lösungen, z. B. in Form von Gesetzen, konstituiert. Dabei sei die Definitionshoheit darüber, was als Problem bewertet und welches Mittel zur Bekämpfung als wirksam erachtet werde, ebenso wie das Ausmaß, inwieweit es schließlich in der Öffentlichkeit und der Gesetzgebung Berücksichtigung finde, abhängig von gesellschaftlichen Machtverhältnissen (ebd.). Zudem spiele der Verweis auf vermeintlich objektive Fakten, wie z. B. generelle Abbauprozesse im Alter, bei der Erzeugung gesellschaftlicher Altersbilder eine zentrale Rolle, unabhängig davon, ob sie empirisch belegt seien oder nicht (ebd., S. 349 f.). Ein wiederkehrendes Motiv in der Sozialpolitik, das auch bezogen auf das Alter Anwendung finde, sei das der Krise, denn Krisen erforderten staatliches Handeln. Die soziale Konstruktion einer solchen diene vor allem der Legitimation von Kürzungen sozialer Unterstützungsleistungen wie auch dem Umbau des Wohlfahrtsstaates (ebd., S. 350).

Die Entwicklung der Alterspolitik in den USA wird von den Autorinnen anhand von vier Analyseebenen des Ansatzes der *Political Economy of Aging* nachvollzogen: (1) Gerontologische Theorien, (2) Einkommen und Ruhestand, (3) Gesundheit und Pflege sowie (4) soziale Dienstleistungen und Altern.

Mit Blick auf gerontologische Theorien (1) wird konstatiert, dass eine Uneinigkeit darüber bestehe, wie Alter definiert werden könne, was als »erfolgreiches«

---

25 Die Autorinnen beziehen sich in ihren Ausführungen auf den Sozialkonstruktivismus nach Peter L. Berger und Thomas Luckmann (2003 [1966]). Demnach wird Wirklichkeit sowohl objektiv im Sinne einer immer schon vorgegebenen institutionalisierten Gesellschafts- und damit Wirklichkeitsordnung als auch subjektiv über Sozialisationsformen hergestellt. Es sei darauf hingewiesen, dass es sich dabei *nicht* um eine radikale Form des Konstruktivismus handelt, der davon ausgeht, dass beobachtungsunabhängige Realitäten nicht existieren. Vielmehr ist hier die Rede von gesellschaftlichen Deutungen der Welt, die Wirklichkeiten (mit-)konstruieren und somit beobachterunabhängige, nämlich biologische Wirklichkeiten, voraussetzen.

Alter(n) zu bewerten und welche gesellschaftlichen Rahmenbedingungen dafür notwendig seien (ebd., S. 350f.). Viele gerontologische Theorien, insbesondere psychologischen oder biologischen Ursprungs, fokussierten individuelle bzw. medizinische Aspekte des Alterns und vernachlässigten strukturelle und soziale Verhältnisse. Das gelte zum Beispiel für die Disengagement-Theorie, die Aktivitätsthese, Theorien des Lebenslaufs und interaktionistische Theorien (ebd., S. 351). In der Konsequenz führe dies dazu, dass sich auch die Politik nicht ausreichend mit strukturellen Rahmenbedingungen befasse, Alter auf einen individuellen (Abbau-)Prozess reduziere und die Heterogenität älterer Menschen nicht ausreichend adressiert werde. Die sich in den 1980er Jahren entwickelnde sozialwissenschaftliche Debatte um die Makro- und Mikroperspektive sowie die Betrachtung und Erforschung ihrer Interdependenzen seien jedoch weiterführend (ebd.).

Auf der Analyseebene Einkommen und Ruhestand (2) führen die Autorinnen ihre Analyse der amerikanischen Sozialpolitik der 1980er Jahre anhand mehrerer Beispiele fort. Das Konstrukt des Ruhestands sei ihrer Ansicht nach besonders geeignet, ökonomische Interessen zu identifizieren. Der systematische Ausschluss aus dem Arbeitsleben im Zuge der (Früh-)Verrentung, durch welchen auf dem Arbeitsmarkt Platz für neue bzw. junge Arbeitskräfte geschaffen werden solle, werde durch den Aufbau staatlicher Sicherungssysteme forciert (ebd., S. 352). Dieser Ausschluss Älterer aus dem Arbeitsleben diene insbesondere der Wirtschaft. Sozialleistungen, Fördergelder und Renten sollten Anreize für ältere Berufstätige darstellen, ihren Arbeitsplatz frühzeitig zu verlassen und machten sie zu legitimen Empfänger/-innen wohlfahrtsstaatlicher Leistungen *(legitimate recipients of welfare state spending)* (ebd.). Sich im Ruhestand dagegen weiter beruflich zu betätigen, werde durch die damit verbundenen Abschläge in den Bezügen politisch sanktioniert (ebd.). Die Autorinnen konstatieren jedoch: »Although the assurance of retirement is an important function of labor-market maintenance by the state [...], the aged cannot be written off entirely as participants in that market.« (Ebd.)

Die Leistungen älterer Menschen seien zum einen der Entwicklung der Reallöhne unterworfen, zum anderen abhängig von der gesamtwirtschaftlichen Verfassung des Staates, wie mit Blick auf die Finanzkrisen in den 1980er und 1990er Jahren in den USA erörtert wird (ebd., S. 353). Es sei im Zuge der neoliberalen Sozialpolitik der Reagan-Ära[26] unter anderem zu drastischen Kürzungen der Sozialausgaben und der Privatisierung öffentlicher Aufgaben gekommen, so die Autorinnen. Ein anderes Beispiel analysieren sie mit Blick auf die gesellschaftliche Konstruktion der Rolle von Frauen, die sich auf ihre Einkommensverhältnisse auswirke. Die Abhängigkeitsbeziehung von Frauen werde bedingt durch familialistische Systeme mit traditionellen Rollenverteilungen. Auch die Frage der gesellschaftlichen Anerkennung von Pflegearbeit sei mit Blick auf diese Abhängigkeitsbeziehungen relevant (ebd.). Auf die feministische Perspektive des Ansatzes gehen wir im Abschnitt »Ergänzungen« näher ein.

---

26 Ronald W. Reagan war republikanischer Politiker und von 1981 bis 1989 Präsident der USA.

Auf der Analyseebene *Gesundheit und Pflege (2)* kommen die Autorinnen auf die bereits angesprochene Finanzkrise in den 1980er Jahren zurück.

> »Economic crisis is used to justify the imposition of cost-containment policies in health care that have shifted costs from the state to individuals (including the elderly, – particularly the disadvantaged among them – women and minorities) and transferred an increasing amount of funding from public and nonprofit health provider organizations to for-profit enterprise in the 1980s.« (Ebd.)

Die Finanzkrise als Legitimation habe die Gesundheits- und Alterspolitik sowohl unter der Präsidentschaft Reagans als auch derjenigen von Bush[27] zu einer marktwirtschaftlichen Ausrichtung des amerikanischen Gesundheitssystems geführt, in Folge dessen es (a) nur in Anspruch nehmen könne, wer auch in der Lage sei es zu bezahlen, (b) zu einer unkontrollierten Erhöhung der staatlichen Kosten für das Gesundheitssystem gekommen sei und (c) dies den älteren Menschen angelastet würde (ebd., S. 354). Das Beispiel des Gesundheitssystems zeige die Komplexität der verschiedenen Ansprüche und Interessen des Staates, der staatliche Kosten im Blick behalten, Leistungen gewähren und deren Erbringung sicherstellen müsse, zugleich aber auch das Wachstum der Marktwirtschaft forcieren möchte. Letztlich fielen die Kosten, die dadurch entstünden, dass Bürger/-innen von dem privatwirtschaftlichen Gesundheitssystem abgehängt und nicht versichert seien, auf den Wohlfahrtsstaat zurück (ebd.). Forthin analysieren die Autorinnen die Reformierung des Gesundheitswesens unter der Präsidentschaft Clintons, durch welche eine Staatskrise abzuwenden versucht worden sei. Die anhaltende Ignoranz des Staates, sich um eine nachhaltige Lösung der Probleme in der Langzeitpflege zu sorgen, spiegele sich in der politischen Strategie der Informalisierung der Pflege wider (der Großteil der Pflege werde durch unbezahlte Pflegekräfte geleistet). Von Frauen (besonders den älteren) werde nach wie vor gefordert, ungeachtet ihrer Stellung im Berufsleben, unentgeltlich Pflege zu leisten (ebd., S. 355).

Die letzte Analyseebene im Schlüsseltext widmet sich dem Thema Soziale Dienstleistungen und Altern (4). Am Beispiel der historischen Entwicklung der sozialen Dienstleistungen für Ältere in den USA werde deutlich, wie wichtig Politik und Ökonomie für die Lebensbedingungen älterer Menschen seien. Die Autorinnen verweisen auf das Ausmaß der Kürzungen von Sozialausgaben: Nach Erhebungen von Koff und Park (1993) seien Leistungen für ältere Menschen in Höhe von fast einem Drittel beschnitten worden (Estes et al., 1996, S. 355). Mit Blick auf Ökonomisierung sozialer Dienstleistungen zeige sich:

> »Social services are likely to be less attractive to for-profit enterprise than medical services because public and private financing sources reimburse them on a much more limited basis, and most often eligibility is assured largely for those who are poor.« (Ebd.)

Eine besondere Herausforderung sehen die Autorinnen zudem darin, dass der Nutzen einiger sozialer Dienstleistungen, wie beispielsweise der Sozialen Arbeit mit älteren Menschen, aufgrund ihrer Multidimensionalität und ihrer verzöger-

---

27 George H. W. Bush war ebenfalls republikanischer Politiker und als Nachfolger von Reagan von 1989 bis 1993 Präsident der USA.

ten Wirkungen im Vergleich zu medizinischen Produkten bzw. Behandlungen schwerer zu erfassen sei. Der gesellschaftliche Glaube an die Validität und an »harte Fakten« wirke sich auf den Bereich der sozialen Dienstleistungen, die ihre Wirkung weniger gut erheben und darzustellen vermögen, daher nachteilig aus (ebd., S. 355f.). Der »›hard‹ science bias« (ebd., S. 356) spiegele sich auch in der dominanten Definition des Älterwerdens als biologischer, physiologischer und kognitiver Abbauprozess wider. Dies begründe auch die dominierende Vorstellung, dass der geeignetste »Behandlungs- oder Dienstleistungsbereich« (*treatment or service domain*) eher ein medizinischer als ein sozialer sei. Daher sei zwischen den sozialen und medizinischen Dienstleistungen keine Partnerschaft auf Augenhöhe möglich. Resultierend aus der Dominanz des medizinischen Modells würden soziale Dienstleistungen als förderungsunwürdig betrachtet, familiärer Verantwortung zugeschrieben und letztlich in Zeiten ökonomischer Krisen von Kürzungen betroffen sein (ebd.).

Beispielhaft für das beschriebene Problem stehe die Politik der 1960er und 1970er Jahre, konkretisiert im *Older American Act*, eine staatliche Initiative zur Systematisierung der sozialen und medizinischen Dienstleistungen für die ältere Bevölkerung. In dem Zuge hätten sich eine Menge Probleme im System der sozialen Dienstleistungen manifestiert, mit denen sich Estes an anderer Stelle bereits intensiv beschäftigt hat (vgl. Estes, 1979). Soziale Ungleichheiten blieben im *Older Americans Act* in Bezug auf Klasse, ethnische Zugehörigkeit und Geschlecht weitestgehend unberücksichtigt und somit aufrechterhalten (Estes et al., 1996, S. 356 f.). Die Autorinnen problematisieren die Annahme, dass das »Konsumieren« (*consumption*) von sozialen Leistungen die Probleme älterer Menschen löse, ohne dass dabei die Ursachen dieser Probleme in den Blick genommen würden (ebd., S. 357). Basierend auf der sozialen Konstruktion, Alter(n) sei ein individuelles Problem, habe die amerikanische Sozialpolitik zu dieser Zeit dazu geführt, dass sich die Kontrolle über ältere Menschen erhöht habe, während ihre Bedarfe, zunehmend als Wirtschaftsgüter behandelt, weitestgehend unadressiert blieben und schließlich Abhängigkeiten des Alters eher gefördert und verfestigt als gemildert würden (ebd., S. 356f.).

Schlussfolgerungen und Summarisches

Der Ansatz der *Political Economy of Aging* erlangte in seiner Entstehungszeit in den USA und England eine vergleichsweise große Aufmerksamkeit. Aus Sicht der Autorinnen des Schlüsseldokuments ist dies zu erklären mit der Enttäuschung von wissenschaftlichen Aktivist/-innen (*activist scholars*), »who became dissatisfied with the inability of fragmented and separate social science disciplines to anticipate or explain the revolutionary social changes of the 1960s and 1970s« (ebd., S. 357).

Die Limitationen der eigenen Theorien seien zum Kernthema der Sozialwissenschaften geworden. Zudem fiel die Entstehung des Ansatzes mit der ›Blütezeit‹ der Wissenssoziologie zusammen, welche die vorherrschenden wissenschaftlichen Ansprüche, wie z. B. Wertfreiheit und Objektivismus, sowie die ›ideologischen‹

Grundannahmen des Positivismus infrage stellte (ebd.). Gleichzeitig entwickelte sich eine feministische Kritik an den genannten erkenntnistheoretischen Ansätzen sozialwissenschaftlicher Disziplinen (ebd.). Die *Political Economy of Aging* habe vor diesem Hintergrund eine Forschungsagenda entwickelt, die in offen kritischer, reflexiver und multidisziplinärer Haltung der bisherigen Struktur der Sozialwissenschaften vollkommen entgegenstehe (ebd., S. 358). Der Fokus der *Political Economy of Aging* gelte dabei der Erforschung gesellschaftlicher Rahmenbedingungen des Alter(n)s und der darauf bezogenen Sozialpolitik, der Krisen und Transformationen sowie der zugrundeliegenden gesellschaftlichen Ideologien (ebd.). Geprägt von der Kritischen Theorie der Frankfurter Schule seien die Ziele dabei sowohl eine kritisch inspirierte Forschung als auch die Verbesserung der Lebensbedingungen älterer Menschen. Der Ansatz rege vor diesem Hintergrund eine Auseinandersetzung mit der sozialen und kulturellen Konstruktion von Alter(n), den gerontologischen Theorien und strukturell bedingten Anteilen der (Re-)Produktion von Ungleichheiten des Alter(n)s an (ebd.).

Ergänzungen

Neben Carroll L. Estes in den USA waren zu Beginn der 1980er Jahre in Großbritannien vor allem Peter Townsend und Alan Walker zwei der wichtigsten Vertreter der *Political Economy of Aging*. Townsend und Walker lenkten den Blick insbesondere auf die gesellschaftliche Bedeutung des Arbeitsmarktes und deren Auswirkungen auf die soziale Konstruktion des Alters (vgl. Townsend, 1981; Walker, 1981). So wird konstatiert, dass nicht etwa das chronologische Alter den Renteneintritt bestimme, sondern im Gegenteil: Die gesellschaftliche Institutionalisierung des Erwerbssystems und Renteneintrittsalters bestimme einerseits die Art und Weise, wie das Alter konstruiert und wahrgenommen werde, und habe andererseits maßgeblichen Einfluss auf die Lebenslagen und damit auf die steigende Armut im Alter. Nach Walker (1981) habe somit vor allem die Sozialpolitik ihren Auftrag verfehlt, da sie den Ruhestand als eigenständige Phase mit Problemlagen konstruiere, wie z. B. einem geringen Einkommen und Verlust der sozialen Statusposition, und paradoxerweise genau davor absichere. Hinzu komme, dass der Umstand, dass vor allem Ältere in Armut leben, gesellschaftlich akzeptiert erscheint und also als etwas, woran die älteren Menschen sich anzupassen hätten (*and therefore something to which elderly people must ›adjust‹*) (Walker, 1981, S. 74). Diese Akzeptanz wiederum werde gestützt und legitimiert durch die vorherrschenden individualistischen und funktionalistischen Alterstheorien (ebd.), die auch Estes et al. 1996 kritisierten. Die inhärente Annahme, dass Ältere einer sozialstrukturell isolierten, eigenständigen Gruppe zugehörig seien, sei maßgeblicher Grund für die geringe Beachtung der Auswirkungen gesellschaftlicher Prozesse auf das Alter(n) und mögliche Probleme wie z. B. Altersarmut. Gleichzeitig seien Stereotype, die die Älteren als homogene Gruppe mit den gleichen, spezifischen Bedürfnissen zeichnen, mitverantwortlich für die mangelnde Wahrnehmung der Verortung älterer Menschen in ökonomischen und sozialen Strukturen (ebd., S. 74f.).

Auch Peter Townsend (1981) argumentiert in ähnlicher Weise, wenn er kritisiert, dass nicht etwa Fragen zur Entstehung von Problemlagen im Alter, sondern zur Milderung dieser im Vordergrund stünden und damit das Alter selbst als Problem definiert werde:

> »[...] many scientists, scholars and practitioners have asked only how can people adjust to retirement, or how can the burden for relatives or the state be lightened, or how can the administration of institutional care be made more efficient? The inexorable process by which the status of older people has been lowered, or rather, defined at a lowly level in the course of the development of the industrial societies, has been largely ignored.« (Townsend, 1981, S. 5f.)

Stärker als Walker stellt er die determinierenden Funktionen des Ruhestands heraus und setzt diese Lebensphase mit dem Status der Arbeitslosigkeit gleich (ebd., S. 10). Er versteht den Ruhestand als eine Phase der Abhängigkeit und als Mechanismus der Ausgliederung von Individuen aus der Gesellschaft und eben nicht, wie oftmals betont, als soziale Errungenschaft (*social achievement*) (ebd., S. 10f.). Kritische Stimmen, insbesondere aus der deutschen Gerontologie, halten dieser Argumentation entgegen, dass der Ruhestand auch eine »späte Freiheit« (Rosenmayr, 1983), darstelle und Abhängigkeitsverhältnisse bereits im Erwerbsleben vorzufinden seien (vgl. Kohli, 1994, S. 237). Diese Kritik kann als Aufforderung verstanden werden, den gesamten Lebenslauf unter sozialstrukturellen Bedingungen in den Blick zu nehmen und nicht nur die Phase des Ruhestands.

Carroll L. Estes selbst hat Jahre nach Entstehung des Ansatzes stärker aus einer feministischen Perspektive argumentiert und diesen auf diese Weise erweitert (Estes, 2004). Sie geht davon aus, dass die Sozialpolitik dazu beitrage, dass vor allem ältere Frauen stärker in eine »staatliche Abhängigkeit« geraten (ebd., S. 10). Diese Abhängigkeit entstehe durch verschiedene soziale und strukturelle Determinanten, wie beispielsweise familialistische Systeme mit traditionellen Rollenverhältnissen (*male-breadwinner-model*). Diese mündeten sodann in Maßnahmen sozialer Sicherung, die solche Ungleichheiten reproduzierten (ebd., S. 11f.). So werden etwa Familien sozial besser abgesichert als Alleinlebende und finanziell abhängige besser als unabhängige Ehepartner/-innen. Frauen seien geradezu gezwungen, solch eine finanziell abhängige Ehepartnerschaft einzugehen (ebd., S. 13). Zudem werde der Erwerbsarbeit der Männer in patriarchalen und kapitalistischen Gesellschaften eine höhere Bedeutung beigemessen als der Reproduktionsarbeit der Frauen, was sich im Lebensverlauf bis ins hohe Alter zeige und damit besonders ältere Frauen treffe: So wird die informelle Sorgetätigkeit von Frauen im Gegensatz zur »Produktivarbeit« des Mannes nicht vergütet und führe dazu, dass Frauen im Alter (auch aufgrund von Verwitwung) in Armut oder an der Armutsgrenze leben müssen (ebd., S. 12). Eine wichtige Erweiterung des Ansatzes gegenüber dem zu Beginn der 1980er Jahre ist der Bezug auf die so genannten neoliberalen Entwicklungen, wie z. B. die Privatisierung der sozialen Sicherung (vgl. ebd., S. 17ff.), und warum diese besonders für Frauen verheerend seien (vgl. ebd., S. 20). Damit geht die Autorin über eine ausschließliche Analyse der Verhältnisse hinaus und positioniert sich politisch.

Grenzen und offene Fragen

Insgesamt kann die *Political Economy of Aging* insbesondere mit Blick auf die historischen und kulturellen Gegebenheiten der Entstehungszeit verstanden werden. Der Ansatz wurde Ende der 1970er Jahre in den USA entwickelt, in einer Zeit, die geprägt war von generalisierenden Alterstheorien, wie der Disengagement-Theorie, Aktivitätsthese und biomedizinischen Ansätzen, die das Alter vor allem als Anpassungsproblem an soziale Gegebenheiten thematisierten. Gegen diese einseitige und verengte Sichtweise versuchten die Vertreter/-innen der *Political Economy of Aging* strukturalistisch zu argumentieren.

War der hier vorgestellte Ansatz in den 1980er Jahren für die amerikanische Gerontologie noch recht innovativ, besteht heute in weiten Teilen eine allgemeine Übereinstimmung darüber, dass sozialstrukturelle Bedingungen das Altern (mit-)bestimmen. Diese Bedingungen werden in wissenschaftlichen Untersuchungen auch verstärkt in den Blick genommen. Studien mit intersektionaler Perspektive, die explizit das Alter als Kategorie sozialer Ungleichheit zum Ausgangspunkt ihrer Betrachtung nehmen, sind zwar nach wie vor unterrepräsentiert (vgl. Richter, 2020), lassen sich aber in jüngster Zeit vermehrt in der gerontologischen bzw. alternssoziologischen Forschungslandschaft finden.

Dennoch wurde der aus dem angloamerikanischen Raum kommende Ansatz insbesondere zu seiner Entstehungszeit kritisiert: Zum einen aufgrund eines vermeintlichen strukturalistischen Reduktionismus (vgl. Baars, 1991; Jackson, 1994) und der Annahme, dass ältere Menschen ausschließlich von Strukturen determiniert würden. Die Vertreter/-innen zeichneten ein Bild passiver Subjekte, die keinerlei Einfluss haben auf ihre Lebensrealität (Powell, 2006, S. 52). Auswirkungen der biologischen und individuellen Alternsprozesse würden in dieser Betrachtung zudem vernachlässigt bzw. als nicht relevant markiert (McMullin, 2000, S. 521f.). Zum anderen wurde dem Ansatz eine pauschale Kritik an sozialstaatlichen Maßnahmen unterstellt (vgl. Cutler, 1980). Dies scheint allerdings eher auf Missverständnisse zurückzuführen zu sein. Die Vetreter/-innen hatten nicht die Absicht, auf einen Abbau sozialstaatlicher Leistungen hinzuwirken, sondern ganz im Gegenteil auf eine »Sozialpolitik, die entscheidend dazu beitragen könnte, die Verteilung von Ressourcen zugunsten von alten Menschen oder bestimmten Klassen alter Menschen zu verschieben« (vgl. Estes et al., 2009, S. 55).

Der Ansatz hat nicht an Aktualität verloren und regt auch heute noch zu einer kritischen Auseinandersetzung mit dem (Wohlfahrts-)Staat, seinen Institutionen und seiner (Alters-)Sozialpolitik an und eröffnet damit eine sehr wertvolle Perspektive für die gerontologische Forschung. Für die Disziplin und Profession Sozialer Arbeit, eingebettet in gesellschaftliche und politische Verhältnisse, bietet der Ansatz ebenfalls eine kritische Reflexionsfolie in Bezug auf das Alter(n). Da die Analysen und Annahmen sich aufgrund der bestehenden gesellschaftlichen und kulturellen Unterschiedlichkeiten nicht ohne Weiteres auf Deutschland übertragen lassen, ist eine vergleichende Perspektive verschiedener Wohlfahrtstaaten aus unserer Sicht gewinnbringend (vgl. etwa Auth, 2017).

Schlüsseldokument

Estes, C. L., Linkins, K. W. & Binney, E. A. (1996). The Political Economy of Aging. In R. H. Binstock & L. K. George (Hrsg.), *Handbook of Aging and the Social Sciences* (S. 346–361). (4. Auflage). San Diego: Academic Press.

Ergänzende und vertiefende Texte

Estes, C. L. (1979). *The aging enterprise*. San Francisco: Jossey-Bass.
Estes, C. L. (2004). Social Security privatization and older women: A feminist political economy perspective. *Journal of Aging Studies, 1*, 9–26.
Estes, C. L., Swan, J. H. & Gerrad, L. E. (2009). Dominierende und konkurrierende gerontologische Paradigmen: Für eine politische Ökonomie des Alterns. In S. van Dyk & S. Lessenich (Hrsg.), *Die jungen Alten. Analysen einer neuen Sozialfigur* (S. 53–68). Frankfurt: Campus.
Townsend, P. (1981). The Structured Dependency of the Elderly: A Creation of Social Policy in the Twentieth Century. *Ageing and Society, 1*, 5–28.
Walker, A. (1981). Towards a Political Economy of Old Age. *Ageing and Society, 1*, 73–94.

Literatur

Amann, A. & Kolland, F. (2014). Kritische Sozialgerontologie – Konzeptionen und Aufgaben. In A. Amann & F. Kolland (Hrsg.), *Das erzwungene Paradies des Alters? Weitere Fragen an eine kritische Gerontologie* (S. 1–28). (2. Auflage). Wiesbaden: Springer VS.
Auth, D. (2017). *Pflegearbeit in Zeiten der Ökonomisierung. Wandel von Care-Regimen in Großbritannien, Schweden und Deutschland*. Münster: Westfälisches Dampfboot.
Baars, J. (1991). The challenge of critical gerontology: The problem of social constitution. *Journal of Aging Studies, 3*, 219–243.
Berger, P. L. & Luckmann, T. (2003 [(1966)]). *Die gesellschaftliche Konstruktion der Wirklichkeit* (19. Auflage). Frankfurt am Main: Fischer.
Cutler, N. E. (1980). The Aging Enterprise. *The Gerontologist, 2*, 117–120.
Esping-Andersen, G. (1990). *Three worlds of welfare capitalism*. Princeton: Princeton University Press.
Jackson, W. A. (1994). The economics of ageing and the political economy of old age. *International Review of Applied Economic, 1*, 31–45.
Kohli, M. (1994). Altern in soziologischer Perspektive. In P. B. Baltes, J. Mittelstraß & U. M. Staudinger (Hrsg.), *Alter und Altern. Ein interdisziplinärer Studientext zur Gerontologie* (S. 231–259). Berlin u. a.: De Gruyter.
McMullin, J. A. (2000). Diversity and the State of Sociological Aging Theory. *The Gerontologist, 5*, 517–530.
Powell, J. L. (2006). *Social Theory and Aging*. Lanham: Rowman & Littlefield.
Richter, A. S. (2020). Altern aus intersektionaler Perspektive. Vorschläge zu einer mehrdimensionalen Konzeptualisierung intersektionaler Alternsforschung. *Zeitschrift für Gerontologie und Geriatrie, 3*, 205–210.
Rosenmayr, L. (1983). *Die späte Freiheit. Das Alter, ein Stück bewußt gelebten Lebens*. Berlin: Severin & Siedler.

4.2 Alter als Stigma

Kai Brauer

Kurzdefinition

Ob ältere Menschen stigmatisiert werden, ist sicher keine Frage, die sich emotionslos beantworten lässt. Jemanden zu kennzeichen, im eigentlichen Wortsinn ›mit einem Mal zu versehen‹, ist zweifellos ein grausamer Akt. Da in Wissenschaften, die Verhältnisse präzise erklären und neutral verstehen wollen, Sichtweisen und Begriffe von moralischen, wertenden Positionen unterschieden werden müssen, scheint eine Diagnose von Stigmata an sich problematisch. Diese Distanz wurde zuerst durch Erving Goffman 1963 überwunden und dadurch ›Stigma‹ zu einem anerkannten Begriff in der Soziologie (Przyborski & Wohlrab-Sahr 2020; von Engelhardt 2010). Dies war ihm durch die Beobachtung von Interaktionen von vorgeblich ›Gesunden‹ mit ›mental Kranken#‹ gelungen. Indem er die Struktur der wechselseitigen Zuschreibungen aufzeigte, die dafür sorgt ›Kranke‹ als ›Kranke‹ erkennen zu können, konnte er ableiten, welche Wirkungen spezifische Formen stigmatisierender Zuschreibungen für Interagierende haben. Dies lässt sich auch außerhalb des Krankheitsschemas anwenden, wenn eine Äußerlichkeit zur Bildung von Gruppen und deren Abwertung genutzt wird. Sind nun diese von Goffman umrissenen Strukturen auch auf Ältere anzuwenden? Wird über das ›Altersstigma‹ die besondere Rolle von alten Menschen in der Gesellschaft beschrieben, ihre Isolation erklärt, werden Altersbilder verständlich und Diskriminierungen als solche fassbar? Dies wird im hier vorzustellenden Schlüsseldokument von Jürgen Hohmeier (1978) »Alter als Stigma« behandelt. Dabei wird der Begriff ›Stigma‹ von Hohmeier eigenständig und mit Bezug auf deutsche alterswissenschaftliche Diskussionen entwickelt.

Kurzportrait des Autors

Jürgen Hohmeier wurde 1967 promoviert, er hatte zuvor an verschiedenen Orten Soziologie, Sozialpsychologie, Publizistik und Neuere Geschichte studiert. Bis 1974 war er gleichzeitig Assistent an der neu gegründeten Universität Bielefeld und Mitarbeiter an einem damals bekannten Forschungsinstitut, sein Themenschwerpunkt lag dort in der Untersuchung der Behinderung und Ausgrenzung benachteiligter Menschen. Danach wurde er Professor für »Allgemeine Heilpädagogik und Sozialpädagogik« an der PH Rheinland in Köln und damit der zweite Soziologe auf einer solchen Stelle in Deutschland (Cloerkes et al., 2014, S. 65). 1979 kehrte er an die Universität Münster zurück, nun als Inhaber der Professur für Sozialpädagogik mit dem Schwerpunkt »Soziale Sicherung und Rehabilitation« am Institut für Sozialpädagogik, Weiterbildung und empirische Pädagogik. Seine dort behandelten Themen sind anwendungsbezogen und auf die sozialen Hilfen für Menschen mit Behinderungen und ihre Familien ausgerichtet, er wird bekannt durch Publikationen zur damals noch so genannten Behindertenarbeit (Hohmeier 1997, 2000), damit auch zu einem maßgeblichen Förderer der Inklusion in Deutschland. Er kann heute zu den wichtigsten soziologischen Vordenkern der modernen Disability Studies gezählt werden (Kastl, 2017, S. 5).

Kernaussagen im Schlüsseldokument

Grundannahmen/Ausgangspunkt

Der hier vorzustellende (Schlüssel-)Text von Jürgen Hohmeier (1978), »Alter als Stigma«, wurde in dem von ihm selbst zusammen mit Hans Joachim Pohl herausgegebenen Band »Alter als Stigma – oder – Wie man alt gemacht wird« veröffentlicht. Hohmeiers Anspruch ist es, das von Tews beklagte »Stadium der Unterentwicklung« (Tews, 1971. S. 1) der Theorie zum Alter verlassen zu helfen (Hohmeier, 1978, S. 10). Mit seinem Ansatz zum Stigma sollte es möglich sein, »den sozialen Tatbestand ›Alter‹ schärfer zu fassen und insbesondere die Folgen der gesellschaftlichen Etikettierung als ›alt‹ genauer in den Blick zu nehmen« (ebd., S. 11). Da Hohmeier in den fünf inhaltlichen Kapiteln den titelgebenden Stigma-Ansatz auf nur zweieinhalb Seiten, danach Altersstereotype auf dreieinhalb Seiten, »Altenrolle und Selbstbild« auf fünf Seiten, zudem »Altenrolle und gesellschaftliche Institutionen« auf weiteren drei Seiten abhandelt und dies schließlich mit einer vierseitigen Übersicht über die Alterstheorien abschließt, darf dort keine detailreiche Erzählung zum Begriff des Stigmas erwartet werden. Erving Goffmans epochales Werk »*Stigma: Notes on the Management of Spoiled Identity*« war 1963 in den USA erschienen, die deutsche Übersetzung war seit 1967 erhältlich. Keines von beiden (auch kein anderes Werk Goffmans) findet sich in der Literaturliste des Schlüsseldokumentes. Die breite Replikation von Goffman wird von kundigen Kommentatoren auch erst auf die Zeit nach seinem Tod 1982 gelegt (von Engelhardt, 2010, S. 123). Dies gilt vor allem für die Diskussion um seine theatralische Rollentheorie (Goffman, 1959), aber auch für seine Publikation zur Rahmenanalyse, zum Stigma und zur »Totalen Institution« (Goffman, 1961), ein Begriff, der im Schlüsseldokument erwähnt wird (Hohmeier, 1978, S. 24).

Eine erste Definition zum Begriff Stigma von Hohmeier findet sich in seinem Aufsatz von 1975 »Stigmatisierung als sozialer Definitionsprozeß«, der hier hinzugezogen wird:

> »Für Stigmata ist charakteristisch, daß einmal das vorhandene Merkmal in bestimmter negativer Weise definiert wird und daß zum anderen über das Merkmal hinaus dem Merkmalsträger weitere ebenfalls negative Eigenschaften zugeschrieben werden, die mit dem tatsächlich gegebenen Merkmal objektiv nichts zu tun haben. Die Wahrnehmung des Merkmales ist dann mit Vermutungen über andere vorwiegend unvorteilhafte Eigenschaften der Person gekoppelt. Es findet eine Übertragung von einem Merkmal auf die gesamte Person, von den durch das Merkmal betroffenen Rollen auf andere Rollen der Person, den tatsächlich eingenommenen wie den potentiell einzunehmenden statt. Diese Zuschreibung weiterer Eigenschaften kennzeichnen Stigmatisierungen als Generalisierungen, die sich auf die Gesamtperson in allen ihren sozialen Bezügen erstrecken.« (Hohmeier, 1975, S. 7f.)

Hohmeier möchte in dem hier vorzustellenden Schlüsseldokument diese Perspektive, die sich für andere »Randgruppen« als »fruchtbar erwiesen« habe, auch auf das Alter übertragen (Hohmeier, 1978, S. 10). Sein Ziel ist dabei offenbar ein Beitrag für die Sozialpolitik:

> »Schließlich wird die Situation alter Menschen auch in unserer Gesellschaft in zunehmendem Maße als ›soziales Problem‹ gesehen, dessen Bewältigung wohl sozialpolitische wie auf den Einzelnen gerichtete sozialfürsorgerische Maßnahmen notwendig macht.« (Ebd.)

Der Begriff des Stigmas erscheint ihm dabei besonders ertragreich, weil damit der Gegenpart zu biologischen Engführungen deutlicher würde und gesellschaftliche Definitionsprozesse des Alters in den Blick kämen.

Argumentation

(1) Alter als Stigma

Dieser erste Absatz ist titelgebend für den gesamten Aufsatz und beginnt mit dem Postulat, dass Alter nicht durch »gewisse Merkmale der äußerlichen Erscheinung oder des Verhaltens«, sondern erst durch die damit verbundenen »Vorstellungen und Meinungen« erkennbar sei (ebd., S. 11f). Alter sei keine dem Individuum anhaftende Qualität, sondern werde »erst in einem komplexen sozialen Prozess der Interpretation und Bewertung zugeschrieben« (ebd., S. 12). Eine Person wird damit über die mit einem erkennbaren Merkmal verbundenen Eigenschaften identifiziert, andere individuelle Eigenschaften treten demgegenüber zurück. Stigma ist somit hier als Zuordnung von Personen zu einer als homogen gedachten Gruppe zu verstehen, die über äußere Anzeichen erkennbar ist. Stigma ist bei Hohmeier negatives Merkmal und damit Anlass von Ausgrenzungen aufgrund vorherrschender Einstellungen. Es wird daher im Folgenden weniger um die Konstruktionsprozesse (stigmatisierender) Realität in alltäglichen Interaktionssequenzen gehen (wie bei Goffman), sondern um die Wirkung bereits vorhandener »vorherrschender Werte und Normen« (Hohmeier, 1978, S. 12).

Für Hohmeiers Ansatz ist es zentral, die für das »Alter und Altsein stattfindenden Definitionsprozesse« (ebd.) als *abwertende* Stigmatisierungen festzulegen, da die »Bewertungen fast immer negativ sind« (ebd.). Alt zu sein, werde zum negativen Stigma, weil es Merkmale älterer Menschen hervorhebt, die den vorherrschenden Werten und Normen widersprechen. Träger/-innen von Altersmerkmalen würden auf die damit verbundenen Defizite reduziert, was in letzter Konsequenz zur Ausgrenzung führe. Stigma könne wirken, weil es zur »Einordnung, Deutung und Bewertung einer Vielzahl individuell sehr unterschiedlich bedingter Erscheinungen dient« (ebd.), die auf negative Normabweichungen reduziert werden. Damit seien ältere Menschen denselben Stigmata ausgesetzt wie andere »soziale Randgruppen (z. B. von Behinderten, Nichtsesshaften oder Kriminellen)« (ebd., S. 13). Das Stigma ›Alter‹ habe mit diesen gemein, dass die mit dem negativen Merkmal verbundene Abweichung von der Norm als Gesamteinschätzung der Person und als Beleg derer (Un-)Fähigkeit zur Selbstversorgung gilt. Auch wenn dies von der praktischen Realität weit entfernt sei, bilde die Stigmatisierung ein in sich geschlossenes und sich selbst bestätigendes System »innerhalb dessen es auf alle Fragen eine Antwort gibt«, die zudem eine »beträchtliche Suggestivwirkung« haben und eine »Tendenz zur Generalisierung« aufweisen (ebd.). Das Stigma Alter ordne alle anderen Eigenschaften nach, werde »zu einem ›master status‹, der – meist in unzulässiger Weise – die gesamte Identität eines Menschen festlegt« (ebd.).

(2) Altersstereotyp und gesellschaftliche Normen

Hohmeier richtet nun seinen Blick auf allgemeine gesellschaftliche Einstellungen zu älteren Personen in Deutschland. Er setzt bei Befunden der deutschen Alterspsychologie, insbesondere bei Ursula Lehr (1971), an (Hohmeier, 1978, S. 14). Nachgewiesen und beklagt würden dort Altersbilder, die einfache Klischees bedienen: »Alte Menschen gelten als gebrechlich, anfällig, [...] verbittert und isoliert.« (Ebd.) Hohmeier weist auch auf Verbreitungswege überkommener und klar abwertender Altersbilder durch maßgebliche Institutionen, zum Beispiel die Schule, hin. In einer Studie zu Schullesebüchern (Viebahn, 1971) wurden 92% Übereinstimmungen mit dem Altersstereotyp gefunden, in dem alte Menschen als »kränklich, hilflos, [...] und einsam beschrieben« (Hohmeier, 1978, S. 15) werden.[28] Hohmeier beklagt zudem die berufliche Ausgliederung als repressive Bedingung, die das negative Abweichen von der zentralen Norm der »Leistungsgesellschaft« (ebd., S. 16) unterstreiche und verfestige. Altsein wird bei Hohmeier dann zum Stigma, wenn es als Abweichung von einer geltenden Norm allgemein angenommen werde, wobei die gängigen Normen »sich sämtlich am jungen Erwachsenen« (ebd.) orientierten. Vor diesem Hintergrund träten einseitig die Defizite der Älteren als Maßstäbe ihres Charakters hervor und verstellten damit den Blick auf alle anderen »individuellen und sozialen Unterschiede« (ebd.).

(3) Altenrolle und Selbstbild alter Menschen

Hohmeier geht davon aus, dass Stereotype, »so falsch sie auch sein mögen« (ebd., S. 17), die Rollen bestimmen, die Älteren in der Gesellschaft zugewiesen werden. Im Unterschied zum vereinfachenden Stereotyp könne aber nicht von einer einheitlichen Altersrolle ausgegangen werden, die sich durch gesellschaftliche Funktionen auszeichnen müsse. Es seien weniger »positiv formulierte Erwartungen als vielmehr vage negative Vorschriften« (ebd., S. 18), über die das Verhalten in der Altenrolle definiert sei. Deren inhaltliche Bezüge seien, denen der Rolle von Kranken sehr ähnlich, durch geringe Erwartungen an Leistungen und hohen Unterstützungsbedarf gekennzeichnet. Die Möglichkeiten der Individuen, der Stigmatisierung zu entgehen, seien davon abhängig, ob andere Rollen als die Altersrolle zur Verfügung stünden, die es ermöglichen, »die Aufmerksamkeit der

---

28 Interessanterweise zeigen neuere Studien immer noch ganz ähnliche Ergebnisse (vgl. Amrhein et al., 2014).

Umwelt auf seine anderen Eigenschaften zu lenken und seine Identität um andere Merkmale als sein ›Alter‹ zu organisieren« (ebd., S. 19). Die Chancen dazu seien »insbesondere in der Unterschicht gering« (ebd.). Für die meisten bedeute Altern mit dem Berufsausstieg der Übergang in eine »rollenlose Rolle«. Diese Rollenübernahme werde in einem Sozialisationsprozess langsam eingeübt, indem Konformität mit der Altersrolle belohnt und »nicht altersgemäßes Verhalten durch Ablehnung betraft« werde. Von besonderer Bedeutung sei dabei die Zeit zwischen dem 50. Lebensjahr und dem Eintritt in den Ruhestand, weil dort die subjektiv wahrnehmbaren Veränderungen der Person »mit immer größerer Plausibilität im Rahmen des Altersstereotyps interpretiert« (ebd.) würden, wobei »Ärzten als Zuschreibungsspezialisten« (ebd., S. 20) eine besondere Rolle zukomme. Mit Beginn des siebten Lebensjahrzehnts habe das Individuum die Altersrolle weitgehend übernommen, sodass die »Zunahme subjektiver Altersgefühle auch als Verinnerlichung der Altersrolle gedeutet werden kann« (ebd.). Mit zunehmendem Alter trete »die Erfahrung der Stigmatisierung immer stärker in den Mittelpunkt des Lebens und gewinnt [...] steigende Bedeutung für die subjektive und objektive Situation alter Menschen« (ebd.). Diese Übernahme des Selbstbildes ordnet Hohmeier dem sechsstufigen Modell des sozialen Abstiegs von Kuypers und Bengtson (1973) zeitlich zu (ebd., S. 21f.); der Abstieg ende mit dem Resultat der »erlernten Hilflosigkeit«. Das gesellschaftlich produzierte Stigma führe somit zum Rückzug über die Annahme eines defizitären Selbstbildes.

(4) Altenrolle und gesellschaftliche Institutionen

Hohmeier hatte schon im dritten Abschnitt darauf verwiesen, dass der Sozialisationsprozess – »ähnlich wie bei anderen Randgruppen« (ebd., S. 20) – seinen Abschluss im Kontakt mit Behörden, in diesem Fall auch Einrichtungen der Altenhilfe, finde. Folgerichtig geht es im vierten Abschnitt um die Wechselwirkungen zwischen Rollen- und Institutionenhandeln, weil »alte Menschen [...] häufiger als andere Leute Kontakt zu Institutionen«[29] haben, konkret mit Organisationen »wie Behörden und Träger von Hilfemaßnahmen«, wobei die Häufigkeit und Notwendigkeit von individuellen und sozialen Faktoren abhänge (ebd., S. 22f.), also sozial ungleich verteilt sei. Hohmeier zeigt hierbei, wie Behörden und Einrichtungen »der offenen und geschlossenen Altenhilfe [...] mit [...] Amts- und Sachautorität [...] ihren Klienten gegenübertreten« (ebd., S. 22) und diese verunsichern. Ältere sind nach den Maßgaben dieser Institutionen als Bedürftige subalterniert, womit sich jene Altersrollen verfestigten, die sich am defizitären, »einseitig biologisch geprägten Altersstereotyp« (ebd., S. 23) ausrichten. Eklatant und paradigmatisch ist nach Hohmeier schließlich die Wirkung von Altersstereotypen für jene Älteren, die ihre Existenz in Heimen verbringen müssen (ebd.). Erwähnt

---

29 Mit »gesellschaftlichen Institutionen« sind hier nicht interaktionistische oder wissenssoziologische Begriffe (Institution der Ehe, des Lebenslaufes, der Kunst, der Taufe etc.) gemeint, sondern spezifische Typen von Organisationen, die sich durch einen bestimmten Aufbau und starke Kontrolle auszeichnen, was dem Konzept der totalen Institution (Goffman, 1961) nahekommt.

wird dazu eine inhaltsanalytische Studie von Hausordnungen von 526 Altenheimen (Anthes & Karsch, 1975), die an vielen Stellen klare »Aufforderungen zur Unterwerfung enthalten«, die an die Existenz abwertender Stereotype gebunden seien (Hohmeier, 1978, S. 24).

(5) Alter in wissenschaftlichen Theorien

Im fünften und letzten Abschnitt wird eine Übersicht zum Defizit-, Disengagement und Aktivierungsansatz vor dem Hintergrund der Altersstereotype geboten. Hohmeier warnt vor dem Defizitmodell, das von ihm auch »Reduktionsmodell genannt wird, da dieses nicht nur das Altersstereotyp wissenschaftlich aufwerte, sondern zudem »zwei negative Konsequenzen« (ebd., S. 25) nach sich ziehe: die Vergeblichkeit der Maßnahmen der Altenarbeit und -bildung insgesamt sowie eine Stärkung pessimistischer Zukunftsaussichten bei den älteren Menschen selbst, was wiederum zur Verfestigung stereotyper Altersrollen führen dürfte. Die Disengagement-Theorie wird wie der Defizitansatz wegen ihrer biologistischen Grundannahme von Hohmeier als »unhaltbar« (ebd., S. 26) eingeschätzt. Die Aktivitätstheorie sei zwar selber »nicht dem Altersstereotyp verhaftet« (ebd., S. 27), ließe aber Faktoren, »die aus der sozialen Umwelt auf das Individuum (einwirken) […] wie die Definitionen und Zuschreibungen des Altersstigmas und der Altenrolle, gänzlich außer acht« (ebd.). Auf die »Bonner Schule der Altersforschung« wurde im Aufsatz mehrfach Bezug genommen und an dieser Stelle werden ihre Vertreter/-innen, H. Thomae und U. Lehr, ausdrücklich dafür gelobt, sich mit empirischen Belegen wirkungsvoll gegen veraltete Altersbilder zu wenden. Hervorgehoben wird die Eigenständigkeit des Bonner psychologischen Ansatzes und dessen Verdienst, für eine realitätsnähere Ausrichtung der gesellschaftlichen Altersbilder zu wirken, insbesondere gegen »einseitig vom biologischen Standpunkt« (ebd., S. 28) ausgehende Ansichten. Allerdings kritisiert er die fehlende Berücksichtigung der »Schichtvariable« sowie der Wirkung von Stereotyp und Altenrolle, die auch von dem Bonner Ansatz »nicht erfasst werden« (ebd.) würden.

Ergänzungen und offene Fragen

Der Stigma-Ansatz wurde in der Altersforschung, ähnlich wie in anderen Bereichen der Soziologie (vgl. Link & Phelan, 2001), verwendet. Sowohl in der schon erwähnten Diskussion um die Stellung Benachteiligter (Hohmeier, 1982, 1993, 2004; Waldschmidt, 2011; Thimm, 1975; Cloerkes et al., 2014; Kastl, 2017), wie in der Arbeitslosenforschung (vgl. Gurr & Jungbauer-Gans, 2017) als auch in Obdachlosenstudien (Abels & Keller, 1974) wurde mit dem Stigma-Begriff weitergearbeitet. Goffman bzw. Hohmeier wurden bei spezifischen Fragen der Körperbezogenheit des Alters entsprechend rezipiert (Schroeter, 2012, S. 183; Schroeter, 2002). In einigen Übersichten wird Hohmeier ausführlicher besprochen (z. B. bei Saake, 1998, S. 53ff.) und auch bei Aner und Richter (2017, S. 577) erwähnt, er findet somit einen Eingang in gerontologische Diskussionen. Andere theoretische Zugänge, die sich für einen kritischen Blick auf gesellschaftliche Altersbilder ebenso anbieten, blieben bei Hohmeier unerwähnt und sollen daher auch in dieser kurzen Übersicht nicht zusätzlich besprochen werden. Jedoch sind die auffälligen inhaltlichen und theoretischen Überschneidungen zum Labeling Approach (Etikettierungsansatz) kaum zu übersehen (Tannenbaum, 1938; Lemert, 1982; Becker, 1963). Auch wenn diese Ansätze einen kriminal- bzw. devianzsoziologischen Hintergrund haben, könnten die von Hohmeier aufgeführten Zuschreibungsprozesse, die Wirkung sanktionierter Abweichungen von Normen und die Konzepte der damit begründeten Rollenübernahme fast nahtlos angeschlossen werden.

Welchen Bezug hat die Betrachtung des Alters als Stigma von Hohmeier (1978) aber zum Stigma bei Goffman (1963)? Letzterem ging es darum, mit dem Stigma-Begriff die Voraussetzungen von Interaktionsprozessen und die Konstitution des Ich (der Identität) als Resultat von wechselseitigen Verhaltenserwartungen zu verdeutlichen. Daher kann es aus dieser Sicht auch keine ›richtigen‹ oder ›falschen‹ Zuschreibungen geben, sondern nur situationsabhängige Rahmungen, die für die Produktion von Normen in alltäglichen Interaktionen sorgen (von Engelhart, 2010, S. 126; Przyborski & Wohlrab-Sahr, 2020). Diese Mikroebene ist bei Hohmeier auch Thema, aber das Stigma beruht hier schon auf einem bereits feststehenden gesellschaftlichen Normenhintergrund. Dieser wird als Ursache vorausgesetzt und sorgt für die beschriebenen Ausprägungen, Ausformungen und Folgen von Stigmata für Ältere. Die von Hohmeier behandelten Zustände, verstanden als Kritik am diskreditierenden Umgang mit alten Menschen, lassen sich damit einerseits besser als im interaktionistischen Ansatz auf die Makroebene, letztendlich auf Produktionsverhältnisse (»der Leistungsgesellschaft«, Hohmeier, 1978, S. 16) zurückführen. Andererseits müsste eine alterssoziologische Nutzung des interaktionistischen Ansatzes des Stigmas von Goffman doch wieder bei diesem selber ansetzen (von Engelhardt, 2010, S. 130). Wenn auch in der deutschsprachigen Alterssoziologie ein expliziter Rückgriff auf einen solchen Stigma-Begriff selten zu finden ist, so sind umso öfter gesellschaftliche Altersbilder und abwertende Stereotype auf ähnliche Weise wie bei Hohmeier kritisiert worden. Die »Sicht des Alters als gesellschaftliche Last« wurde zum Beispiel von Hans-Joachim von Kondratowitz nur wenige Jahre später auf ähnlich kritische Weise behandelt. Er wies auf gesellschaftspolitische Machtgefüge hin, durch die (die von Hohmeier beklagten) Altersnormen in Deutschland ihre abwertenden Ausrichtungen bekommen haben dürften, die bis in das Unmenschliche reichen (von Kondratowitz, 1988, S. 116ff.). Im gleichen Band finden sich auch Betrachtungen zur Realität von Gewalt in der Altenpflege (Dießenbacher 1988) und der Aufsatz von Haim Hazan zu zwei ethnographischen Feldstudien in Altenpflegeeinrichtungen unter den Titel »Körperbild und sozialer Kontext« (Hazan 1988). Beide Beiträge können als klassische Anwendung des Stigma-Konzepts von Goffman gelten.

Einen fundamentalen und detaillierten Überblick zur, im internationalen Maßstab mittlerweile sehr weit entwickelten, Diskussion zu Stigma und Alter liefern aktuell Cordella und Poiani (2021, insbesondere ab S. 515ff.). Die meisten englischen und amerikanischen Publikationen verbinden dabei Alter als Stigma mit anderen Formen von Altersbildern und Altersablehnung bzw. mit Ageism (aktuell bei Benuto et al., 2020; Buttigieg et al., 2018; Evans, 2018, Day & Hitchings, 2011). Mit der Anklage von Ageism durch Butler (1969, 1975) lag ein weiteres Konzept vor, mit dem ebenso Altersbilder als entscheidendes Element für massive und nicht hinnehmbare Ausgrenzungen verantwortlich gemacht wurden. Insbesondere durch die Erweiterung von Palmore (1990) konnte hierbei besser zwischen Formen der Zuschreibung unterschieden werden, die zum einen auf Opportunismus und zum anderen auf ideologischen Vorurteilen beruhen, sowie sich auf einer weiteren Ebene als altersabwertende Handlungen und ebensolche Einstellungen diagnostizieren und behandeln lassen. In England waren es Bytheway (1990, 1995), Duncan (2003), und Walker & Taylor (1998), die Ageism als stigmatisierenden Grund für die geringe Erwerbsbeteiligung Älterer ausmachten (vgl. dazu auch Brauer & Clemens, 2009; Brauer, 2010). Die mit der englischsprachigen Diskussion um Ageism entwickelten Strategien gegen eine gesellschaftlich verankerte Ausgrenzung älterer Menschen können als pragmatische Antworten zu der Aufgabe gelesen werden, die Hohmeier (1978, S. 29) abschließend aufgegeben hatte: der Ent-Stigmatisierung des Alters.

> **Schlüsseldokument**
>
> Hohmeier, J. (1978). Alter als Stigma. In J. Hohmeier & H.-J. Pohl (Hrsg.). *Alter als Stigma oder Wie man alt gemacht wird* (S. 10–30). Frankfurt am Main: Suhrkamp.

Ergänzende und vertiefende Texte

Goffman, E. (1967). Stigma. Über die Techniken der Bewältigung beschädigter Identität. Frankfurt am Main: Suhrkamp.
Hohmeier, J. (1975). Stigmatisierung als sozialer Definitionsprozeß. In M. Brusten & J. Hohmeier (Hrsg.), *Stigmatisierung 1: Zur Produktion gesellschaftlicher Randgruppen* (S. 5–24). Darmstadt: Luchterhand.
Hohmeier, J. (2005). Ältere Menschen mit Behinderungen – Anfragen an die Leitbilder der Behindertenarbeit. *Sonderpädagogik, 35,* 145–149.
Hohmeier, J. (2000). ›Alt in der Fremde – fremd im Alter?‹ – Probleme und Chancen in der Lebenslage älterer Arbeitsmigranten in der BRD. In G. Breloer (Hrsg.), *Sinnfragen im Alter. Beiträge der Wissenschaft* (S. 41–51). Münster: Waxmann.

Literatur

Abels, H. & Keller, B. (1974). Die Einstellung der Umwelt zu Obdachlosen oder – Die eingeschlossenen Ausgeschlossenen. In H. Abels, (Hrsg.), *Obdachlose* (S. 38–53). Wiesbaden: VS.
Amrhein, L., Backes, G., Harjes, A. & Najork, Ch. (2014). *Alter(n)sbilder in der Schule.* Wiesbaden: Springer.
Aner, K. & Richter, A. (2018). Alter und Altern. In A. Wonneberger, K. Weidtmann & S. Stelzig-Willutzki (Hrsg.), *Familienwissenschaft. Familienforschung* (S. 569–596). Wiesbaden: Springer VS.

Anthes, J. & Karsch, N. (1975). *Zur Organisationsstruktur des Altenheims. Eine Inhaltsanalyse von Heimordnungen*. Köln: KDA.
Becker, H. S. (1963). Outsiders. Studies in the Sociology of Deviance. New York: Free Press.
Benuto L., Duckworth M., Masuda A. & O'Donohue W. (Hrsg.). (2020). *Prejudice, Stigma, Privilege, and Oppression*. Cham: Springer.
Brauer K. (2010). Ageism: Fakt oder Fiktion? In K. Brauer & W. Clemens (Hrsg.). *Zu alt?* (S. 21–60). Wiesbaden: VS.
Brauer, K. & Clemens, W. (2009). Die Arbeitsmarktintegration Älterer aus der Perspektive der Alter(n)ssoziologie. In K. Brauer & G. Korge (Hrsg.), *Perspektive 50plus? Theorie und Evaluation der Arbeitsmarktintegration Älterer* (S. 25–40). Wiesbaden: VS.
Butler, R. (1969). Age-ism: Another form of bigotry. *Gerontologist, 9*, 243–246.
Butler, R. (1975). *Why Survive? Being Old in America*. New York: Harper.
Buttigieg S., Ilinca S., de Sao Jose J. & Larsson A. (2018). Researching Ageism in Health-Care and Long Term Care. In L. Ayalon & C. Tesch-Römer (Hrsg.), *Contemporary Perspectives on Ageism* (S. 493–515). Cham: Springer.
Bytheway, B. (1995). *Ageism*. Buckingham: Open University Press.
Bytheway, B. & Johnson, J. (1990). On defining ageism. *Critical Social Policy, 27*, 27–39.
Cloerkes, G., Felkendorff, K. & Kastl, J. (2014). Nicht in der Spur – Erfahrungen und Analysen über Behinderung aus sieben Jahrzehnten. In J. Kastl & K. Felkendorff (Hrsg.), *Behinderung, Soziologie und gesellschaftliche Erfahrung* (S. 47–119). Wiesbaden: Springer VS.
Cordella, M. & Poiani, A. (2021). The Social Dimension of Older Ages. In M. Cordella & A. Poiani (eds.), *Fulfilling Ageing* (S. 461–632). Cham: Springer nature Switzerland.
Curth, C. (1978). Altern als sozialstrukturelles Problem. In J. Hohmeier & H.-J. Pohl (Hrsg.), *Alter als Stigma oder Wie man alt gemacht wird* (S. 31–53). Frankfurt am Main: Suhrkamp.
Day, R. & Hitchings, R. (2011). Only old ladies would do that: Age stigma and older people's strategies for dealing with winter cold. *Health and Place, 17*, 885–894.
Dießenbacher, H. (1988). Gewalt gegen Alte. In G. Göckenjan & H. v. Kondratowitz (Hrsg.), *Alter und Alltag* (S. 372–385). Frankfurt am Main: Suhrkamp.
Duncan, C. (2003). Assessing Anti-Ageism Routes to Older Worker Re-Engagement. *Work, Employment and Society, 17*, S. 101–120.
Evans S. C. (2018) Ageism and Dementia. In L. Ayalon & C. Tesch-Römer (Hrsg.). *Contemporary Perspectives on Ageism* (S. 263–275). Cham: Springer.
Göckenjan, G. & v. Kondratowitz, H. (Hrsg.). (1988). *Alter und Alltag*. Frankfurt am Main: Suhrkamp.
Goffman, E. (1959). *The presentation of self in everyday life*. New York: Doubleday.
Goffman, E. (1961). Asylums: Essays on the situation of mental patients and other inmates. New York: Doubleday.
Gurr, T. & Jungbauer-Gans, M. (2017). Eine Untersuchung zu Erfahrungen Betroffener mit dem Stigma Arbeitslosigkeit. *Soziale Probleme, 28*, 25–50.
Hazan, H. (1988). Köperbild und sozialer Kontext. In G. Göckenjan & v. Kondratowitz, H. (Hrsg.), *Alter und Alltag* (S. 299–330). Frankfurt am Main: Suhrkamp.
Hohmeier, J. (1982). Bemerkungen zum gegenwärtigen Stand wissenschaftlicher Begriffe von Behinderung. In R. G. Heinze & P. Runde (Hrsg.), *Lebensbedingungen Behinderter im Sozialstaat* (S. 7–23). Opladen: Westdeutscher Verlag.
Hohmeier J. (1993). Von der Anstalt zum Betreuten Einzelwohnen: Leben und Wohnen von Menschen mit einer geistigen Behinderung. In H. Mair & J. Hohmeier (Hrsg.), *Wohnen und soziale Arbeit* (S. 129–146). Wiesbaden: VS.
Hohmeier, J. (1997). Familien mit behinderten Kindern – ihre Situation, ihr Unterstützungsbedarf. In L. A. Vaskovics (Hrsg.), *Familienleitbilder und Familienrealitäten* (S. 347–352). Opladen: Leske + Budrich.
Hohmeier, J. (2004). Die Entwicklung der außerschulischen Behindertenarbeit als Paradigmenwechsel. Von der Verwahrung zur Inklusion. In R. Forster (Hrsg.), *Soziologie im Kontext von Behinderung* (S. 127–141). Bad Heilbrunn: Klinkhardt.

Hohmeier, J. & Veldkamp, B. (2004). Zur Pflegesituation von Familien mit behinderten und chronisch kranken Kindern. Ergebnisse einer empirischen Studie. *Sonderpädagogik*, 4, 227–236.

Kastl, J. (2014). Behinderung in Deutschland. Recherchen über eine Erinnerung von Günther Cloerkes. In J. Kastl & K. Felkendorff (Hrsg.), *Behinderung, Soziologie und gesellschaftliche Erfahrung* (S. 9–54). Wiesbaden: Springer VS.

Kastl, J. (2017). Einführung in die Soziologie der Behinderung. Wiesbaden: Springer VS.

Kuypers, J. & Bengtson, V. (1973). Social breakdown and competence. A model of normal aging. *Human Development*, 16, 181–201.

Lehr, U. (1971). Zur Psychologie des Alterns – Stereotype und Tatsachen. *actuelle gerontologie*, 1, 17–23.

Lemert, E. M. (1982). Der Begriff der sekundären Devianz. In K. Lüderssen & F. Sack (Hrsg.), *Abweichendes Verhalten I – Die selektiven Normen der Gesellschaft* (S. 433–476). Frankfurt am Main: Suhrkamp.

Link, B. & Phelan, J. (2001). Conceptualizing stigma. *Annual Review of Sociology*, 27, 363–385.

Lipp, W. (1975). Selbststigmatisierung. In M. Brusten & J. Hohmeier (Hrsg.), *Stigmatisierung: Zur Produktion gesellschaftlicher Randgruppen* (S. 25–53). Darmstadt: Luchterhand.

Palmore, E. (1990). *Ageism – Negative and Positive*. New York: Springer.

Pohl, H. (1978). Zur Ausgliederung älterer Arbeitnehmer aus dem Berufsleben. In J. Hohmeier & H.-J. Pohl (Hrsg.), *Alter als Stigma oder Wie man alt gemacht wird* (S. 76–101). Frankfurt am Main: Suhrkamp.

Przyborski A. & Wohlrab-Sahr M. (2020). Goffman, Erving – Stigma. In H. L. Arnold (Hrsg.), *Kindlers Literatur Lexikon* (o. S.). Stuttgart: J.B. Metzler.

Saake, I. (1998). *Theorien über das Alter*. Wiesbaden: Springer.

Schroeter, K. (2002). Lebenswelten ohne (soziale) Hinterbühne: Die Lebenslagen stationär versorgter, pflegebedürftiger älterer Menschen unter dem Vergrößerungsglas einer feld- und figurationssoziologischen Betrachtung. In U. Dallinger & K. Schroeter (Hrsg.), *Theoretische Beiträge zur Alternssoziologie* (S. 141–169). Wiesbaden: VS.

Schroeter K. (2012). Altersbilder als Körperbilder: Doing Age by Bodyfication. In F. Berner, J. Rossow & K. P. Schwitzer (Hrsg.), *Individuelle und kulturelle Altersbilder* (S. 153–229). Wiesbaden: VS.

Tannenbaum, F. (1938). *Crime and the Community*. Boston: Ginn.

Tews, H.-P. (1971). *Soziologie des Alterns*. Heidelberg: Quelle & Meyer.

Thimm, W. (1975). Behinderung als Stigma. Überlegungen zu einer Paradigma-Alternative. *Sonderpädagogik*, 5, 149–157.

Viebahn, W. (1971). Das Bild des alten Menschen im westdeutschen Schullesebuch. *actuelle gerontologie*, 1, 711–714.

von Engelhardt M. (2010). Erving Goffman: Stigma. Über Techniken der Bewältigung beschädigter Identität. In B. Jörissen & J. Zirfas (Hrsg.), *Schlüsselwerke der Identitätsforschung* (S. 123–140). Wiesbaden: VS.

von Kondratowitz, H. (1988). Allen zur Last, Niemandem zur Freude. In G. Göckenjan & H. v. Kondratowitz (Hrsg.) *Alter und Alltag* (S. 100–135). Frankfurt am Main: Suhrkamp.

Waldschmidt, A. (2011). Symbolische Gewalt, Normalisierungsdispositiv und/oder Stigma? Soziologie der Behinderung im Anschluss an Goffman, Foucault und Bourdieu. *Österreichische Zeitschrift für Soziologie*, 36, 89–106.

Walker, A. & Taylor, P. (1998). Employers and Older Workers: Attitudes and Employment Practices. *Ageing and Society*, 18, 641–658.

Werner, P., Stein-Shvachman, I. & Heinik, J. (2009). Perceptions of self-stigma and its correlates among older adults with depression: A preliminary study. *International Psychogeriatrics*, 21, 1180–1189.

Wittenberg, R. (1978). Zur Ausgliederung älterer Menschen aus dem Straßenverkehrssystem. In J. Hohmeier & H.-J Pohl (Hrsg.), *Alter als Stigma oder Wie man alt gemacht wird* (S. 124–138). Frankfurt am Main: Suhrkamp.

4.3 Ageism

Katrin Falk

Kurzdefinition

In Anlehnung an das Konzept des *racism*[30] bezeichnete der US-amerikanische Psychiater und Geriater Robert Neil Butler mit dem von ihm im Jahr 1969 eingeführten Begriff des *age-ism* negative Stereotype und diskriminierende Handlungen von Menschen im mittleren Lebensalter gegenüber anderen Altersgruppen sowie deren Verankerung in gesellschaftlichen Institutionen. Dabei verfolgte Butler weniger ein theoretisches als ein praktisches Anliegen: Der Begriff diente ihm als zeitdiagnostisches Instrument, um die systematische Ausgrenzung und Unterdrückung von Menschen aufgrund ihres Alters aufdecken, verstehen und mindern zu können. Mit Blick auf die USA und angelehnt an die »Sündenbocktheorie« als klassischer sozialpsychologischer Erklärung für die Entwicklung von Vorurteilen postulierte Butler, dass Angehörige der gut situierten, weißen Mittelschicht mittleren Alters seiner Zeit die eigene Lebenssituation und den eigenen sozialen Status in zweifacher Weise bedroht sähen: zum einen durch das unvermeidliche Voranschreiten des Alternsprozesses, zum anderen ökonomisch. Um diese Erkenntnis abzuwehren, wendeten sie die erlebte Bedrohung – anstatt sich direkt mit ihr auseinanderzusetzen – in einen Generationenkonflikt, wobei sie sich insbesondere, jedoch nicht nur, gegen die ältere Bevölkerung richteten.[31] Als Gegenmittel schlug Butler u. a. vor, im Rahmen von Maßnahmen zur politischen Bildung über bestimmte, in der Öffentlichkeit kaum thematisierte Aspekte sozioökonomischer Ungleichheitsverhältnisse aufzuklären sowie die Begegnung und politische Partizipation von Angehörigen unterschiedlicher Altersgruppen und sozialer Schichten zu fördern.

Als einführendes Schlüsseldokument wird im Folgenden Butlers Beitrag aus der Dezember-Ausgabe des *Gerontologist* von 1969 zugrunde gelegt (Butler, 1969). Mit dem nur vier Seiten langen Artikel führte der Geriater das Konzept des *age-ism* in den gerontologischen Diskurs ein. Größere, über die Fachöffentlichkeit hinausreichende Bekanntheit erlangte der Begriff durch Butlers Pulitzer-Preis-prämiertes Buch »*Why survive? Growing old in America*«, einer umfangreichen Darstellung der Lebenssituation alter Menschen in den USA, die er zusammen mit politischen Handlungsempfehlungen im Jahr 1975 veröffentlichte.

---

30 Vgl. für einen historischen Abriss zum Konzept des Rassismus bzw. *racism* Fredrickson (2011).
31 Eine solche Interpretation korrespondiert mit der von Coser (1956) in seiner Theorie sozialer Konflikte postulierten Transformation eines »realistischen Konfliktes« in einen »unrealistischen Konflikt« (vgl. ebd., S. 53 sowie Fußnote 5 in diesem Beitrag).

Kurzportrait des Autors

Robert Neil Butler (Jg. 1927) studierte an der *Columbia University* in New York Medizin, wo er 1953 einen MD erwarb. Nach seiner Facharztausbildung an der *University of California*, San Francisco, wechselte Butler im Jahr 1955 in die psychiatrische Forschung an das in Bethesda im Bundesstaat Maryland gelegene *National Institute for Mental Health (NIMH)*. Mehrere Jahre stand er dem Beirat zu Altersfragen des Districts of Columbia vor (Achenbaum, 2015, S. 10). 1976 wurde Butler Direktor des 1974 gegründeten *National Institute on Aging (NIA)*, das wie das NIMH zu den US-amerikanischen Nationalen Gesundheitsinstituten *(National Institutes on Health /NIH)* gehört und das Butler sechs Jahre lang leitete. 1982 wurde Butler zum Leiter der ersten in den USA eingerichteten geriatrischen Abteilung an der *Mount Sinai Medical School* in New York berufen. Als 63-Jähriger war er im Jahr 1990 schließlich an der Gründung des *International Longevity Center (ILC)* in New York beteiligt, das er zwei Jahrzehnte lang in leitenden Funktionen begleitete. Im Jahr 2010 starb Robert Neil Butler 83-jährig in New York.

Kernaussagen im Schlüsseldokument

Grundannahmen/Ausgangspunkt

Ausgangspunkt der Argumentation Butlers im Schlüsseltext sind die Konzepte des Rassismus *(racism)* und der Ausgrenzung aufgrund von Schichtzugehörigkeit *(social class discrimination)*. Während aber diese Formen gesellschaftlich-ökonomischer Unterdrückung und Ausgrenzung von Bevölkerungsgruppen durch die Erfolge der Bürgerrechtsbewegung auch in das Bewusstsein eines größeren Teils der weißen Mittelschicht gerückt seien, erhalte eine weitere, ähnlich gelagerte Bigotterie *(bigotry)* zu wenig Beachtung. Diese von ihm ausgemachte gesellschaftliche »Scheinheiligkeit« definiert Butler als »Vorurteil einer Altersgruppe gegenüber anderen Altersgruppen« *(prejudice by one age group against other age groups)* (1969, S. 243) und bezeichnet sie als Altersdiskriminierung bzw. *age-ism*. Eine solche Voreingenommenheit, so die Annahme Butlers, müsse in einer Gesellschaft wie der US-amerikanischen, in der »Pragmatismus, Handeln, Kraft und Vitalität der Jugend« *(pragmatism, action, power, and vigor of youth)* mehr geschätzt würden als »Abwägung, Reflexion, Erfahrung und Weisheit des Alters« *(contemplation, reflection, experience, and the wisdom of age)*, besonders offensichtlich sein (ebd.).

Anlass der Ausführungen Butlers im *Gerontologist* sind Proteste von Angehörigen der gut situierten und vornehmlich weißen Mittelschicht mittleren Alters – einer Bevölkerungsgruppe, der Butler zu dieser Zeit selbst angehörte – in Chevy Chase, einem bürgerlichen Viertel im Nordwesten von Washington D.C., im Jahr 1969. Die bei öffentlichen Bürgerversammlungen lautstark vorgebrachte Kritik richtet sich gegen das Vorhaben der Gemeinde, durch den Kauf eines Hochhauses in dem Stadtteil öffentlich geförderten Wohnraum für alte Menschen mit geringen Einkommen, darunter viele Schwarze, zu schaffen.³² Butler merkt an, dass mit dem in Rede stehenden Projekt nicht nur angemessen ausgestattete Wohnungen für alte Menschen bereit gestellt, sondern zugleich die bis zu diesem Zeitpunkt bestehende, sozialräumliche Grenze zwischen einer weißen und einer schwarzen Wohngegend verschoben würde (Butler, 1969, S. 243).³³

Die von Butler berichteten Äußerungen der Angehörigen der gegen diese Pläne protestierenden, weißen Mittelschicht umfassen ein breites Spektrum. Dieses reicht von Vorwürfen, mit dem Projekt werde alten Menschen, die keinen Luxus gewohnt seien, ebendieser zur Verfügung gestellt, über Schmähungen und Schuldzuweisungen, die künftigen Bewohner/-innen seien selbst an ihrer Armutslage schuld, bis hin zu einer Ablehnung von sozialem Wohnungsbau und einer Präsenz alter Menschen in der Nachbarschaft nach der Logik des »Not-in-my-backyard«-Arguments (ebd.).

Butler erachtet die Proteste als ökonomisch – nämlich in der Sorge vor sinkenden Grundstückswerten und Steuerverlusten – begründet (ebd.). Zum Tragen kommt seines Erachtens in diesen Protesten jedoch nicht nur das Bangen um den eigenen Geldbeutel, sondern eine gesellschaftlich verankerte Segregation von armen, häufig auch alten und schwarzen Menschen. Butler verweist darauf, dass US-amerikanische Gemeinden »schon immer« *(always)* entlang von »sozialer Schicht«, »Hautfarbe« und »Alter« *([c]lass, color und age)* strukturiert und »Arme« und »Nicht-Weiße« *(the poor and the non-white)* separiert und segregiert worden seien (ebd.).

Argumentation

Butler sieht in dem komplexen Zusammenspiel der Diskriminierung entlang von sozialer Schicht, Hautfarbe und Alter, das er in den Protesten von Chevy

---

32 In seiner Funktion als Vorsitzender des Ausschusses zu Altersfragen des District of Columbia unterstützte Butler diese Pläne (vgl. Brauer, 2008, S. 1356). Das betreffende Gebäude, das *Regency House*, zählt heute (2020) noch immer zum öffentlich verwalteten Wohnungsbestand und wird an – überwiegend in Single-Haushalten lebende – alte Menschen und Menschen mit Behinderung vermietet (vgl. *District of Columbia Housing Authority*, 2020).

33 Diese Grenze lässt sich bereits auf die bei der Gründung und Entwicklung der Gemeinde Chevy Chase seit Ende des 19. Jahrhunderts verfolgte Strategie der damaligen Investoren zurückführen. Deren maßgebliche Protagonisten, Francis Newlands und William Stewart, ersterer ein bekennender Rassist und beide Vertreter im US-Repräsentantenhaus bzw. Senat (vgl. Fisher, 1999), betrieben nicht zuletzt aus ökonomischen Gründen die Segregation der schwarzen Bevölkerung: Deren Diskriminierung und Abwertung einerseits sowie indirekte und direkte juristische Maßnahmen, welche die Niederlassung von Schwarzen (sowie eine Zeitlang auch von Juden) in dem entstehenden Wohngebiet verhindern sollten (vgl. Fisher, 1999), waren die Voraussetzung dafür, dass der Wert von Grundstücken und Eigenheimen auch von der Zusammensetzung der Wohnbevölkerung abhing. Am Beispiel der Gemeinde Chevy Chase lässt sich insofern nicht nur exemplarisch zeigen, wie die Abwertung und Ausgrenzung von Bevölkerungsgruppen und die hierauf aufbauende Spekulation mit Boden und Wohnraum ökonomischen Interessen dient. An den von Butler beobachteten Protesten im Jahr 1969, in denen ebenfalls ökonomische Argumente vorgetragen wurden (siehe unten), zeigt sich nicht zuletzt, wie nachhaltig diese Strategie gesellschaftlich verankert und legitimiert ist.

Chase erkennt, ein Charakteristikum der US-amerikanischen Gesellschaft insgesamt (ebd.). Um die in dem »bürgerlichen Aufruhr« *(aroused citizens)* ans Licht kommenden Vorurteile zu verstehen, stützt er sich auf die »Sündenbocktheorie« *(scapegoat explanation)*. Vorurteile seien als eine unbewusste Anstrengung zu verstehen, eigene Schwächen zu rechtfertigen, indem man sie in »anderen« *(others)* findet.[34] Dies könne durch die Behauptung vermeintlich anderer »Rassen« *(races)*,[35] im Hinblick auf Nationalitäten oder auch religiös begründet werden. Die Basis für Vorurteile und Feindlichkeit gegenüber anderen liege in einer generalisierten persönlichen Unsicherheit (ebd.).

Aus Sicht Butlers beschreibt *age-ism* damit die subjektive Erfahrung des Abstands zwischen Generationen, die sich in Vorurteilen der Menschen mittleren Alters gegenüber alten und jungen Menschen niederschlägt. *Age-ism* reflektiere darüber hinaus auch ein, wie Butler mit drastischen Worten beschreibt,

> »tiefes Unbehagen auf Seiten der Menschen jungen und mittleren Alters« *(a deep seated uneasiness on the part of the young and middle aged)*: »Abscheu und Ekel vor dem Älterwerden, vor Krankheit und Behinderung sowie eine Furcht vor Machtlosigkeit, ›Nutzlosigkeit‹ und schließlich dem Tod« *(a personal revulsion to and distaste for growing old, disease, disability; and fear of powerlessness, ›uselessness‹, and death)* (ebd.).

Solche Gefühle der »Abscheu« und des »Ekels« sieht Butler durch kulturelle, in der US-amerikanischen Gesellschaft weit verbreitete Einstellungen verstärkt. Diese manifestierten sich in so unterschiedlichen gesellschaftlichen Institutionen und Praktiken wie dem gesetzlich vorgeschriebenen Ausscheiden aus dem Erwerbsleben, der Diskriminierung Älterer auf dem Arbeitsmarkt, der ungleichen Zuweisung von Forschungsgeldern, abwertenden Bemerkungen, aber auch in Gewalttaten gegen Ältere (ebd., S. 244).

Butler setzt sich im Schlüsseldokument detailliert mit den im Rahmen der Proteste in Chevy Chase vorgebrachten Einwänden auseinander. Zwar sieht er die Proteste in erster Linie in Vorbehalten aufgrund von Hautfarbe und Schichtzugehörigkeit begründet. Rassismus allein könne den Aufruhr der Menschen mittleren Alters bei den Bürgerversammlungen jedoch nicht erklären (ebd.). Vorurteile und Widerstand, so Butlers im Folgenden implizit verfolgte These, würden sich auch aus einem Mangel an Informationen speisen. Hieraus ergibt sich für Butler – an dieser Stelle im Schlüsseldokument ebenfalls nur implizit durch sein entsprechendes Vorgehen erkennbar –, dass die Orientierung an Tatsachen und die Suche nach und die Verbreitung von Informationen ein wichtiges Mittel sind, um Vorurteile und Ausgrenzung zu bekämpfen. So klärt Butler

---

34 Nach Lewis A. Coser, der nach seiner Emigration aus Deutschland ebenfalls an der Columbia University studierte, besteht das Sündenbockphänomen in der Verschiebung realistischer Konfliktsituationen, in denen es an Mitteln fehlt, diese auszufechten, auf unrealistische Gefühle, die von ihrer eigentlichen Quelle abgelenkt und auf ein anderes Objekt gerichtet werden (vgl. 1956, S. 53). Dieses Verständnis kommt der von Butler beschriebenen Situation am nächsten.

35 Butler hinterfragt den Realitätsgehalt des Konzepts *race* nicht weiter, sondern problematisiert nur die an das Konzept anknüpfenden Ab- und Aufwertungen gesellschaftlicher Gruppen bzw. deren Ausgrenzungen und Privilegierungen.

einige, die Einwände tragenden »Fehlinformationen« *(misinformations)* auf (vgl. ebd.).³⁶

Butler nähert sich dem Konflikt um Chevy Chase schließlich als einem politischen Konflikt, wenn er argumentiert, dass Mittel ungenutzt geblieben seien, die den Konflikt hätten entschärfen und die Aufnahme alter Menschen mit geringen Einkommen im Stadtteil erleichtern können (ebd., S. 245). Maßnahmen »politischer Bildung« *(political education)*, so konzediert Butler, hätten die Zahl derjenigen, die dem Vorhaben kritisch gegenüberstanden, möglicherweise nicht nennenswert reduziert. Deren Proteste wären jedoch durch eine besser informierte und sich deutlich artikulierende Mehrheit übertönt worden. Darüber hinaus hätte sowohl die jugendliche Bevölkerung als auch diejenige mittleren Alters etwas über sich selbst und die Unvermeidlichkeit des eigenen Älterwerdens lernen können (ebd.) – vor dem Hintergrund der von Butler zugrunde gelegten »Sündenbock-Theorie« eine wichtige Voraussetzung für die Verminderung von Stereotypen und Vorurteilen.

Butler betont, dass die Untersuchung der mit *age-ism* einhergehenden »Borniertheit« *(bigotry)* weder die Bedeutung des im Falle von Chevy Chase sichtbar zu Tage tretenden Rassismus noch die offensichtlich schichtbezogene Ausgrenzung bagatellisieren solle. Sein Anliegen ist es, aufzuzeigen, dass Alter sowie einige der mit den absehbaren demografischen Veränderungen potenziell einhergehenden sozialen Problemlagen als bislang unbemerkte Themen in der US-amerikanischen Gesellschaft »schlummerten« (ebd.): »*To explore the bigotry in age-ism is not minimize the more salient features of racial and class discrimination observed in Chevy Chase. But aging is the great sleeper in American life.*« *(Ebd.)*

Vor diesem Hintergrund kritisiert Butler, dass es Einwohner/-innen von Chevy Chase wie auch den US-Amerikaner/-innen an Bewusstsein oder an Willen mangele, Altersarmut als Problem anzuerkennen. Das öffentliche Rentensystem *(Social Security)* und die öffentliche Krankenversicherung für Bürger/-innen ab 65 Jahren *(Medicare)* seien »Beruhigungspillen« *(sops to the conscience)*, wie Butler unter Hinzuziehung von Daten zu den sozioökonomischen Verhältnissen aufzeigt (ebd., S. 245f.):

> »Social Security and Medicare [...] are little more than sops to the conscience. [...] Medicare, Social security, and public housing are examples of tokenism. They are not fundamentally meeting human needs for health care, income, and housing.« (Ebd.)

Schließlich unterzieht Butler auch das von ihm selbst zunächst positiv bewertete Vorhaben, der Schaffung eines öffentlich finanzierten Wohnhauses (nur) für ältere Menschen in einem wohlhabenden Stadtteil, einer kritischen Prüfung: Er stellt die Sinnhaftigkeit von Sonderwohnformen für Ältere grundsätzlich in Frage und plädiert dafür, stattdessen Mietbeihilfen zu leisten oder angemessene Einkommen sicherzustellen, die es der älteren Bevölkerung ermöglichen würden, ihren Wohnort frei in der Stadt zu wählen. Butler plädiert schließlich dafür, eine

---

36 Zwar nimmt dies im Schlüsseldokument breiten Raum ein (vgl. S. 244–245), auf eine ausführliche Darstellung wird hier aufgrund der geringen Bedeutung für die grundlegende Argumentationslinie Butlers jedoch verzichtet.

breite Palette an Alternativen zu bieten – sei doch einer der größten Verluste des hohen Alters derjenige, keine Wahl mehr zu haben (ebd., S. 246): »*Thus, it is probably wisest for a society to provide a range of alternatives. One of the greatest losses of old age is that of choice.*« *(Ebd.)*

All dem fügt Butler die stadtentwicklungspolitische Warnung an, dass eine weitere Beschränkung öffentlich geförderten Wohnungswesens auf bestimmte städtische Gebiete die gesellschaftliche Spaltung noch vertiefen werde (ebd.). Mit dieser institutionellen Form der Ausgrenzung minderten sich jedoch die Möglichkeiten für Angehörige aller Altersgruppen, die Realitäten des hohen Alters oder die Bedeutung ethnischer und sozialer Heterogenität kennenzulernen. Die Diskriminierung von Menschen entlang von Alter, Hautfarbe oder sozialer Schicht stehe der Entwicklung menschlicher Gemeinschaft grundlegend entgegen (ebd.): »*Age, race and social class discrimination are clearly inimical to the developing human community.*«

Zum Ende seiner Ausführungen geht Butler erneut auf das Verhältnis von Rassismus und *age-ism* ein und vermutet, dass letzterer sich parallel zu (und vermutlich nicht anstelle von) Rassismus zu dem großen Thema der nächsten Jahrzehnte entwickeln werde (ebd.). Auch innerhalb von Minderheiten sei *age-ism* zu beobachten. Die Möglichkeit grundlegender Veränderung sieht er (nur) für den Fall gegeben, dass ältere Bürger/-innen als relevante Wähler/-innengruppe entdeckt würden und gemeinsame politische Interessen entwickelten – offenbar über Schicht- oder Klassengrenzen sowie über Grenzen hinweg, die entlang von Hautfarben durchgesetzt werden: »*We don't all grow white or black, but we all grow old.*« *(Ebd.)*

Ergänzungen

Weiterführungen und Fokussierungen des Ansatzes durch Butler selbst finden sich beispielsweise in seinen Rückblicken auf die Geschichte des Konzeptes (1982, 1989 und 2005a).

In seinen späteren Arbeiten adressiert Butler das von ihm unter dem Begriff *ageism* in das öffentliche Bewusstsein gerückte Phänomen weiterhin in den drei von ihm bereits im Schlüsseldokument von 1969 implizit unterschiedenen Dimensionen (1982, 1989, 2005a, 2005b): Auf der individuellen Ebene seien dies altersfeindliche Einstellungen und Stereotype sowie alte Menschen ausgrenzende und abwertende Praktiken. Auf gesellschaftlicher Ebene zeige sich die kulturelle Verankerung von *ageism* in institutionalisierten Ausschlüssen und Abwertungen Älterer in einer Vielzahl von Lebensbereichen wie Arbeit und Berentung, Wohnen, Gesundheitsversorgung, Pflege und Sexualität (vgl. Butler, 1975, 2008; Butler & Lewis 2008).

In »*Why survive? Being old in America*« bezieht sich Butler zudem erneut auf *ageism* als sozialpsychologisches Phänomen. In Ergänzung zu seinen Überlegungen von 1969 und in impliziter Anlehnung an psychoanalytische Theorien führt er aus, dass *ageism* jungen Menschen ermögliche, alte Menschen als von ihnen verschieden zu betrachten.³⁷ Auf diese Weise hörten sie allmählich auf, sich mit ihren Vorfahren als menschliche Wesen zu identifizieren. Butler betont den Charakter von *ageism* als gesellschaftlich tief verankertes Phänomen (vgl. Butler, 2005a, S. 86) und konstatiert eine (nicht nur) in die US-amerikanische Kultur »tief eingebettete Furcht« davor, »alt, krank und abhängig zu werden« und sich dem Tode zu nähern *(the dread and fear of growing older, becoming ill and dependent, and approaching death)* – eine Furcht, die zu grundlegender Ambivalenz führe (vgl. Butler, 2008, S. 43; vgl. ähnlich auch Watermeyer, 2006 und Schulz-Nieswandt, 2012).

Insgesamt bleibt Butlers Anliegen jedoch vor allem ein angewandtes: Den von ihm aufgezeigten Vorurteilen sowie individuellen und gesellschaftlichen Praktiken der Ausgrenzung alter Menschen begegnet er, indem er Informationen über die Vielfalt und Widersprüchlichkeit des Alternsprozesses, die Lebenssituation alter Menschen in der US-amerikanischen Gesellschaft, aber auch über die sozioökonomischen Verhältnisse in den USA zusammenträgt und – auch politisch – vermittelt (vgl. z. B. Butler, 1989). Die aus seiner Sicht notwendige »Transformation der Kultur und Erfahrung des Alterns« erfordere jedoch nicht nur Aufklärung, sondern darüber hinaus die Verabschiedung und Durchsetzung von Gesetzen sowie politisches Empowerment (vgl. Butler, 2005b, xvi).

Eine grundlegende Unterscheidung der Rezeption des Konzepts *ageism* ist denn auch diejenige zwischen der praktisch-politischen und der wissenschaftlichen Resonanz, die es über die Jahrzehnte erfahren hat. Mit Blick auf erstere verdient hier insbesondere die von Maggie Kuhn und anderen im Jahre 1970 gegründete Organisation der »*Grey Panthers*« Erwähnung. Maggie Kuhn bezog sich früh explizit auf den Begriff des *ageism*, später auch auf weitere Werke Butlers, insbesondere »*Why survive?*« und »*Love and Sex after 60*« (vgl. Sanjek, 2009). Unter dem Schlagwort des »New Ageism« thematisierte Richard Kalish im Jahr 1979 die Ausgrenzung von alten Menschen mit Beeinträchtigungen durch deren vermeintliche »Anwält/-innen«. Indem letztere alte, beeinträchtigte Menschen in erster Linie als relativ hilflose und abhängige Individuen betrachteten, vernachlässigten sie bei der Entwicklung von Angeboten, Programmen und Dienstleistungen die Frage, ob ihre Aktivitäten die Entscheidungsfreiheit der Teilnehmer/-innen minderten statt deren volle gesellschaftliche Teilhabe anzustreben (vgl. Cohen, 1988, S. 27f. unter Bezug auf Butler, 1975 und Kalish, 1979).

Wissenschaftliche Arbeiten, die sich auf das Konzept des *ageism* beziehen, versuchen zum einen, den Gegenstand konzeptionell systematisch(er) zu erfassen, sowie zum anderen, das in Rede stehende Phänomen in seiner empirischen Ausprägung und seinen Folgen zu beschreiben, zu messen und zu erklären. In der deutschsprachigen Gerontologie wurde Butlers Ansatz nur vereinzelt aufgegriffen (vgl. Kruse & Schmitt, 2005; Amrhein & Backes, 2007; Brauer, 2008, 2010; van Dyk, 2015, S. 126–132).

---

37 In seinem Werk »*The longevity revolution*« aus dem Jahr 2008 bezieht sich Butler explizit auf Freud und mutmaßt, dass möglicherweise die Unfähigkeit des Unbewussten, den Tod zu akzeptieren, es erschwere, auf gesamtgesellschaftlicher Ebene mit den Herausforderungen des Alterns umzugehen (vgl. Butler, 2008, S. 43).

Eine kritische Würdigung und Zuspitzung des Konzeptes wurde von Bill Bytheway und Julia Johnson im Jahr 1990 vorgelegt, die zwischen einem Set an altersbezogenen Glaubensüberzeugungen einerseits sowie institutionalisierten Handlungen und den resultierenden Ansichten der Einzelnen differenzierten (Bytheway & Johnson, 1990). Bytheway ergänzte dies durch einen schmalen Band, der einen historischen Abriss zu Phänomen und Konzept, eine Analyse zeitgenössischer Erscheinungsformen, eine Kritik an Butlers Definition von *ageism* sowie Handlungsvorschläge zur Minderung von *ageism* bot (1995). Eine Taxonomie des Konzepts inklusive eines konzeptgeschichtlichen Abrisses findet sich auch in einer späteren Kurzdarstellung Bytheways (2005).[38] Häufig rezipiert ist die von Palmore eingeführte Systematisierung, die zwischen der negativen und positiven Ausprägung von Vorurteilen und Diskriminierung unterscheidet (vgl. Palmore, 1999, S. 19–46). Andrew W. Achenbaum, der eine Biographie über Butler vorgelegt hat (2013), weist in seiner Kurzübersicht über Weiterentwicklungen zudem auf die Unterscheidung von »explizitem« und »implizitem *ageism*« sowie auf die Untersuchung von Becca Levy (2001) zu den negativen gesundheitlichen Folgen von letzterem auf Seiten der diskriminierten Älteren hin (Achenbaum, 2013, S. 12). Thomas Iversen, Lars Larsen und Per Erik Solem (2009) bieten einen Vorschlag für eine umfassende Definition von *ageism*, die versucht, unterschiedliche der bislang einbezogenen Dimensionen zu integrieren.[39] Unterscheiden lassen sich zudem ein enges Begriffsverständnis, wie es von Butler vertreten wird, in dem *ageism* die Ausgrenzung alter Menschen beinhaltet, und ein weites Verständnis, bei dem jegliche Differenzierung entlang von Alterskategorien als *ageism* betrachtet wird (vgl. Bytheway, 2005, S. 338). Auch die Verschränkung von *ageism* mit Sexismus sowie mit Schicht- oder Klassenzugehörigkeit wurde im Anschluss an Butler, der selbst immer wieder auf das Ineinandergreifen unterschiedlicher Kategorien der Ausgrenzung hinwies, in einzelnen Arbeiten schon früh zum Gegenstand weiterer Untersuchungen gemacht (vgl. van Dyk, 2015, S. 129f. unter Verweis auf Backes, 1983).

Eine »Verschiebung in der Debatte um *Ageism*« konstatiert Silke van Dyk (2015, S. 127f.) unter Bezugnahme auf das Konzept des »Alters-Imperialismus«. Nach Biggs bestehe letzterer darin, die Ziele, Prioritäten und Agenden einer Altersgruppe den Lebensweisen anderer Altersgruppen überzustülpen (vgl. van Dyk unter Bezug auf Biggs, 2004, S. 104). Die »verbreitete Tendenz zur [vermeintlichen, K.F.] ›Alterslosigkeit‹« werde so »als eine neue Form der der Altersfeindlichkeit« identifiziert (van Dyk, 2015, S. 128 unter Bezug auf Andrews, 1999, S. 309).

---

38 Bytheway unterscheidet zwischen »Diskriminierung«, durch welche Menschen Möglichkeiten und Ressourcen auf Basis ihres Alters verwehrt werden, und »Vorurteilen«, durch welche als »alt« wahrgenommene Menschen stereotyp und negativ gesehen werden. Basis hierfür seien entweder das chronologische Alter oder aber der als alt wahrgenommene Körper (vgl. Bytheway, 2005, S. 338).
39 Iversen, Larsen und Solem unterscheiden die von ihnen als »klassisch« bezeichneten Komponenten »kognitiv, affektiv und verhaltensbezogen«, positive und negative sowie bewusste und unbewusste Aspekte sowie unterschiedliche Ebenen (Mikro-, Meso- und Makroebene), auf denen sich »ageism« manifestieren kann (vgl. 2009, S. 15).

Empirische Arbeiten untersuchen beispielsweise die Situation Älterer auf dem Arbeitsmarkt (vgl. z. B. Brauer & Clemens, 2010; McMullin & Marshall, 2001) oder die Entstehung (vgl. z. B. Nelson, 2005) und Verbreitung (vgl. z. B. Kruse & Schmitt, 2005) von altersbezogenen Einstellungen und Stereotypen. Erdman Palmore (2001) entwickelte ein Instrument zur Erfassung von erlebtem *ageism*.

Grenzen und offene Fragen

In Anlehnung an Brauer kann die Frage gestellt werden, ob Butlers Konzept des *ageism* den Anspruch einlöst, den Schritt vom »Slogan einer Lobbybewegung zu einem analytischen Werkzeug« (Brauer, 2008, S. 1361) zu tun. Wenngleich ein systematischer analytischer Zugriff mit Blick auf Butlers eigene Arbeiten nicht ohne Weiteres bejaht werden kann und Butler gegen Ende seiner Beschäftigung mit dem Konzept die kulturelle Verankerung von Altersfeindlichkeit betonte, so legte er mit der begrifflichen Erfassung des Phänomens doch den Grundstein für die späteren, stärker konzeptionellen Arbeiten. Byteway, Palmore und andere, die versuchten, das in seiner grundlegenden Existenz stets unbestrittene Phänomen konzeptionell stringenter zu fassen und zu typologisieren, sowie eine Vielzahl von empirischen Daten zur gesellschaftlichen Benachteiligung alter Menschen zeigen das analytische wie auch empirische Potenzial des von Butler pragmatisch und in zeitdiagnostischer Absicht populär gemachten Konzepts.

Grenzen liegen in der Anlehnung des Begriffs an Rassismus, Sexismus und den Ausschluss aufgrund von Klassenzugehörigkeit, die noch weitaus stärker als dies bei Butler bereits angelegt ist, in ihren Differenzen, Wechselwirkungen und Überschneidungen Beachtung verdienen. Wenngleich Butler im Schlüsseltext betont, die Bedeutung des Wirkens von Rassismus und der Ausgrenzung aufgrund von Klassenzugehörigkeit im Fall Chevy Chase keinesfalls für geringer erachten zu wollen als die altersbezogene Ausgrenzung, so bringt der Vergleich von Rassismus und *ageism* doch mehr Unterschiede als Gemeinsamkeiten ans Licht. Zwar bezeichnet sowohl das Konzept des »Rassismus« als auch das des *ageism* Phänomene der Ausgrenzung und Unterdrückung einer Bevölkerungsgruppe durch eine andere, die sich auf interindividueller Ebene durch Stereotype und an diese anknüpfende ausgrenzende Handlungen (bzw. Widerstand gegen diese) und auf institutioneller Ebene durch formalisierte Ausschlüsse manifestieren, und bringt diese mit der unterschiedlichen Zuweisung von politischer und ökonomischer Macht in Verbindung. Ausmaß und Art der Gewaltförmigkeit der konkreten Erscheinungsformen von Rassismus sowie die Universalität der Betroffenheit derjenigen, die als schwarz identifiziert werden, sprechen jedoch für eine kategoriale Unterscheidung von Rassismus und *ageism*. Dass Achenbaum (2013, S. 187) Butler gar mit dem Bürgerrechtsaktivisten W. E. B. Du Bois vergleicht, irritiert.

Als ein Mangel des Ansatzes kann angesehen werden, dass sowohl bei Butler als auch in der Rezeption seines Ansatzes Entstehungsgründe und gesellschaftliche Funktion(en) des Phänomens unterbelichtet bleiben, obgleich die Beschäftigung damit bereits im Schlüsseldokument angelegt ist. Dies gilt insbesondere für Cosers

Konflikttheorie und dessen Unterscheidung zwischen »realistischen« und »unrealistischen Konflikten«, auf die Butler implizit wie explizit Bezug nimmt (vgl. Fn. 2, Fn. 6), sowie für psychoanalytische Deutungen. Eine weitergehende Befassung mit ersterer könnte es ermöglichen, Interessengegensätze aufzuzeigen, die aus ökonomischen Ungleichheitsverhältnissen resultieren. So verweist Butler mit seinen Ausführungen im Schlüsseldokument zum »Fall Chevy Chase« implizit auf die Funktion der historisch keineswegs neuen Ausgrenzung und Abwertung ganzer Bevölkerungsgruppen hin, durch die Generierung von Knappheit und Nachfrage Immobilienpreise nach oben zu treiben und so ökonomische Ungleichheitsverhältnisse zu befördern, zu stabilisieren und zu legitimieren. Hierin läge auch eine mögliche Analogie des Phänomens des *ageism* zu Aspekten von Rassismus und Sexismus, wenngleich die oben ausgeführten Hinweise auf die Grenzen der konzeptionellen Anlehnung ihre Berechtigung behalten. Psychoanalytische Deutungen könnten darüber hinaus existenzielle und (sozial-)psychologische Aspekte des Phänomens der Altersfeindlichkeit erhellen und so ebenfalls Ansatzpunkte aufzeigen, um die Verbreitung des Phänomens *ageism* zu vermindern.

Den skizzierten Grenzen und offenen Fragen zum Trotz kommt Robert Butler und denjenigen, die sein Konzept aufgegriffen haben, das Verdienst zu, Dimensionen, Erscheinungsformen und Ausmaße der Ausgrenzung älterer Menschen in Gesellschaften wie der US-amerikanischen erhellt und eine konzeptionelle wie auch empirische Grundlage zu deren Verminderung geschaffen zu haben.

Schlüsseldokument

Butler, R. N. (1969). Age-Ism: Another Form of Bigotry. *The Gerontologist, 9(4)*, 243–246.

Ergänzende und vertiefende Texte

Butler, R. N. (1975). *Why survive? Being old in America*. New York: Harper & Row.
Butler, R. N. (2005). Foreword. In E. Palmore, L. Branch & D. Harris (Hrsg.), *Encyclopedia of Ageism* (S. xv–xvi). London: Routledge.
Butler, R. N. (2005). Ageism: Looking back over my shoulder. *Generations, 29*, 84–86.
Butler, R. N. (2008). *The longevity revolution: The benefits and challenges of living a long life*. New York: PublicAffairs.
Butler, R. N., & Lewis, M. I. (1976). *Love and sex after 60*. New York: Ballantine Books.

Literatur

Achenbaum, A. W. (2013). *Robert N. Butler. Visionary of Healthy Ageing*. New York: Columbia University Press.
Achenbaum, A. W. (2015). A history of ageism since 1969: Ageism predated Robert Butler, and remains in effect to this day. *Generations, 39(3)*, 10–16.
Andrews, M. (1999). The Seductiveness of Agelessness. *Ageing & Society, 19(3)*, 301–318.
Amrhein, L. & Backes, G. M. 2007). Alter(n)sbilder und Diskurse des Alter(n)s: Anmerkungen zum Stand der Forschung. *Zeitschrift Gerontologie Geriatrie, 40(2)*, 104–111.

Backes, G. (1983). *Frauen im Alter. Ihre besondere Benachteiligung als Resultat lebenslanger Unterprivilegierung*. Bielefeld: AJZ.
Biggs, S. (2004). Age, gender, narratives, and masquerades. *Journal Aging Studies, 18(1)*, 45–58.
Brauer, K. (2008). Ageism in Ageing Societies: Ein »natürliches« Phänomen? In K.-S. Rehberg (Hrsg.), *Die Natur der Gesellschaft: Verhandlungen des 33. Kongresses der Deutschen Gesellschaft für Soziologie in Kassel 2006*. Teilbände 1 und 2 (S. 1355–1366). Frankfurt am Main: Campus.
Brauer, K. (2010). Ageism: Fakt oder Fiktion? In K. Brauer & W. Clemens (Hrsg.), *Zu alt? »Ageism« und Altersdiskriminierung auf Arbeitsmärkten* (S. 21–60). Wiesbaden: VS Verlag für Sozialwissenschaften.
Brauer, K. & Clemens, W. (Hrsg.). (2010). *Zu alt? »Ageism« und Altersdiskriminierung auf Arbeitsmärkten*. Wiesbaden: VS Verlag für Sozialwissenschaften.
Bytheway, B. & Johnson, L. (1990). On Defining Ageism. *Critical Journal of Social Policy, 10 (29)*, 27–39.
Bytheway, B. (1995). *Ageism*. Buckingham: Open University Press.
Bytheway, B. (2005). Ageism. In M. L. Johnson (Hrsg.), *The Cambridge Handbook of Age and Ageing* (S. 338–345). Cambridge University Press.
Cohen, E. S. (1988). The Elderly Mystique: Constraints on the Autonomy of the Elderly With Disabilities. *The Gerontologist, 28*, 24–31.
Coser, L. A. (1956). *The functions of social conflict*. New York: The Free Press.
Denninger, T. (2018). *Blicke auf Schönheit und Alter*. Wiesbaden: VS Verlag für Sozialwissenschaften.
District of Columbia Housing Authority (2020). *Regency House*. Zugriff am 25.12.2020 unter https://dchousing.org/property.aspx?id=6K&AspxAutoDetectCookieSupport=1.
Dyk, S. van (2015). *Soziologie des Alters*. Bielefeld: transcript.
Fisher, M. (1999, 15. Februar). Chevy Chase, 1916: For Everyman, a New Lot in Life. *Washington Post*, A1. Zugriff am 25.12.2020 unter https://www.washingtonpost.com/wp-srv/local/2000/chevychase0215.htm.
Fredrickson, G. M. (2011). *Rassismus. Ein historischer Abriß*. Stuttgart: Philipp Reclam.
Iversen, T. N., Larsen, L. & Solem, P. E. (2009). A conceptual analysis of Ageism. *Nordic Psychology, 61(3)*, 4–22.
Kalish, R. A. (1979). The New Ageism and the Failure Models: A Polemic. *The Gerontologist, 19(4)*, 398–402.
Kruse, A. & Schmitt, E. (2005). Ist in der heutigen Gesellschaft eine Diskriminierung des Alters erkennbar? *Zeitschrift Gerontologie Geriatrie, 38(1)*, i56–i64.
Levy, B. R. (2001). Eradication of Ageism Requires Addressing the Enemy Within. *The Gerontologist, 41(5)*, 578–579.
McMullin, J. A. & Marshall, V. W. (2001). Ageism, age relations, and garment industry work in Montreal. *The Gerontologist, 41(1)*, 111–122.
Nelson, T. D. (2005). Ageism: Prejudice Against Our Feared Future Self. *Journal Social Issues, 61(2)*, 207–221.
Neumark, D. (2003). Age Discrimination Legislation in the United States. *Contemporary Economic Policy, 21(3)*, 297–317.
Palmore, E. (1999). *Ageism: Negative and Positive*. New York: Springer Pub. Co.
Palmore, E. (2001). The Ageism Survey. *The Gerontologist, 41(5)*, 572–575.
Sanjek, R. (2009). *Grey Panthers*. Philadelphia: University of Pennyslvania Press.
Schulz-Nieswandt, F. (2012). Der homo patiens als Outsider der Gemeinde: Zur kulturellen und seelischen Grammatik der Ausgrenzung des Dämonischen. *Zeitschrift Gerontologie Geriatrie, 45(7)*, 593–602.
Tornstam, L. (2006). The Complexity of Ageism: A Proposed Typology. *IJAL, 1(1)*, 43–68.
Watermeyer, B. (2006). Disability and psychoanalysis. In B. Watermeyer, L. Swartz, M. Schneider, T. Lorenzo & M. Priestley (Hrsg.), *Disability and social change. A South African agenda*. Cape Town, South Africa: HSRC Press.

4.4 Humanistic Gerontology

Miriam Grates

Kurzdefinition

Für eine Humanistische Gerontologie setzt sich unter anderem der Philosoph Harry R. Moody ein. Er konstatiert ein »Theorie-Problem« und eine Dominanz unkritischer, empirisch-analytischer Wissenschaften in der Gerontologie, was problematische Konsequenzen für die Lebensphase des hohen Alters nach sich ziehe. Er argumentiert, dass die Geisteswissenschaften eine zentrale Rolle in der gerontologischen Theoriebildung und Forschung spielen sollten, und zeigt wie sie selbst dazu beitragen können. Dabei lehnt er seine Argumentation an die Kritische Theorie der sog. Frankfurter Schule an, insbesondere an die Arbeiten von Jürgen Habermas. Die Stärke der Geisteswissenschaften liege in ihrer Selbstreflexivität und ihrem Interesse an geschichtlichen Zusammenhängen, Deutungen, Verständigungen und an der Freiheit des Subjekts. Moodys Ansicht nach kann die geisteswissenschaftliche Perspektive ein alternatives Fundament für gerontologische Theorien darstellen, mit dem es gelingen kann, sowohl die Widersprüche als auch die emanzipatorischen Möglichkeiten des höheren Alters wahrzunehmen (Moody, 1988, S.19).

Als Schlüsseldokument ziehe ich den Aufsatz von Harry R. Moody »*Toward a Critical Gerontology: The Contribution of the Humanities to Theories of Aging*« heran, der 1988 im von James E. Birren und Vern L. Bengtson herausgegebenen Sammelband »*Emergent Theories of Aging*« erschienen ist.

Kurzportrait des Autors

Nach seinem Studium an der *Yale University* in New Haven, USA, promovierte Harry Rick Moody, Jg. 1945, im Jahr 1973 in Philosophie an der *Columbia University* in New York. Er lehrte im Fach Philosophie an der *Columbia University*, am *Hunter College* und der *New York University* in New York sowie an der *University of California* in Santa Cruz. Harry R. Moody leitete die *Academic Affairs* der NGO *American Association of Retired Persons (AARP)* in Washington, DC. Zudem war er Geschäftsführer des *Brookdale Center on Healthy Aging and Longevity* am *Hunter College* in New York. Außerdem war er in der Erwachsenenbildung tätig und engagiert sich im Bereich der biomedizinischen Ethik (Moody & Sasser, 2018; Sasser & Moody, 2018).

Kernaussagen im Schlüsseldokument

Grundannahmen/Ausgangspunkt

Eine Grundannahme von Vertreter/-innen der sozialen Gerontologie ist, dass die soziale Gerontologie von einem Theoriedefizit betroffen sei (Birren & Bengtson, 1988, S. ix), was sich Moodys Ansicht nach weniger in einem Mangel, sondern vielmehr in einer Vielzahl nicht miteinander verknüpfter Theorien unterschiedlichster Perspektiven sowie fehlender Selbstreflexion äußert (Moody, 1988, S. 19). Dies hänge damit zusammen, dass den Geisteswissenschaften als Disziplin eher geringe Bedeutung beigemessen werde. Die empirische Forschung bleibe bruchstückhaft, Theorien und politische Interessenvertretung stießen durch fehlende Selbstkritik und ein lückenhaftes historisches Verständnis an Grenzen, wenn nicht die Geisteswissenschaften stärkeren Eingang in die soziale Gerontologie fänden (ebd.).

Die ›Theorieproblematik‹, der Status und die Rolle der Geisteswissenschaften in der Gerontologie seien also miteinander verwoben, was auch an der Argumentationslinie im Schlüsselwerk deutlich wird.

Argumentation

Das ›Theorie-Problem‹ in der Gerontologie bestehe darin, dass es *die* allumfassende Theorie des Alterns nicht gebe und nicht geben könne, da die Wissenschaft des Alterns wie auch das Altern selbst multidimensional seien.[40] Das heißt, Menschen altern als biologische, als soziale, als psychologische Wesen, etc. Es gebe bisher keine Antwort darauf, wie die einzelnen Dimensionen miteinander zusammenhängen. Die Gerontologie sei – anders als zum Beispiel die Chemie oder Ökonomie – keine alleinstehende Disziplin. »*Rather, it is a multidisciplinary assembly of explanatory schemes, each invoking theoretical terms that simply do not move in the same conceptual universe.*« (ebd., S. 20)

Es handle sich um eine Ansammlung von Erklärungsansätzen verschiedener Disziplinen (u. a. Biologie, Psychologie, Soziologie), die sich auf unterschiedlichen konzeptuellen Ebenen bewegen. Das daraus resultierende Problem der Unvergleichbarkeit von Theorien lässt sich laut Moody keinesfalls lösen, indem weiter empirische Daten angesammelt werden; die Vervielfachung von Daten verschärfe das Problem sogar, da es nicht gelinge, diese Daten einzuordnen (ebd.).

Notwendig sei eine Klärung des Zusammenhangs zwischen theoretischen Prinzipien, konzeptuellen Ebenen und erklärenden Begriffen. Moody beruft sich auf McKee (1982) und fordert eine Aufklärung der philosophischen Grundlagen der Gerontologie, wodurch ein überzeugendes Bild vom Zusammenhang zwischen den verschiedenen Dimensionen und theoretischen Erklärungsebenen ge-

---

40 Die Auffassung, dass es eine umfassende Theorie in der Gerontologie nicht geben kann, haben Busse und Maddox bereits 1986 vertreten (S. 135).

zeichnet werden könne (ebd., S. 21). Worum es in der Theoriedebatte gehe – hier beziehe sich Moody auf Jürgen Habermas (1968, 1979) – sei die Beziehung zwischen Theorie und Praxis, »zwischen dem, was wir wissen oder zu wissen glauben, und dem, wie wir handeln und wählen« (*between what we know, or think, we know, and how we act and choose*) (ebd., S. 21). Soziale Gerontologie und Theorien des Alterns beträfen unser Verständnis davon, was es bedeuten kann, alt zu werden »in einer Welt, in der technische Vernunft die Rahmenbedingungen menschlicher Existenz (Geburt, hohes Alter, Tod, den gesamten Lebensverlauf) zu überwinden versucht« (*in a world where technological reason seeks to overcome or transform the boundary conditions of human existence itself: birth, old age, death, the entire course of human life*) (ebd.).

Moody fragt nun, was die Geisteswissenschaften beitragen können, was sie kennzeichne und welche Art von Erkenntnis sie lieferten. Er beruft sich zunächst auf die Aussage von Frankel (o. J.), wonach Erkenntnisse zu geisteswissenschaftlichen Erkenntnissen werden, wenn nicht nur über eine Behauptung nachgedacht werde, sondern auch über denjenigen, der sie aufgestellt hat, wenn reflektiert werde, *wie* die Erkenntnis zustande gekommen ist, welche Haltung dahintersteckt (ebd., S. 21f.). Dieses Erkenntnisinteresse der Geisteswissenschaften habe das Potenzial, die theoretische Struktur von Wissenschaft, auch die der Alternstheorien, zu transformieren (ebd., S. 22).

Bevor er dies konkret erläutert, geht Moody zunächst noch einmal auf die Theorien des Alterns bzw. das Problem der Theoriebildung in der sozialen Gerontologie ein.[41] Die Theoriekonstruktion in der sozialen Gerontologie reiche von Theorien auf der Makroebene, wie z. B. der Disengagement-Theorie, bis hin zu Theorien der Mikroebene, wie z. B. der Rollen-Theorie. All diese Theorien strebten danach, aktuelle empirische Befunde umfassend zu vereinen, aber de facto »pendeln diese alternativen ›Theorien‹ zwischen Extremen« (*these alternative ›theories‹ oscillate between extremes*) (ebd., S. 23). Auf der einen Seite handle es sich um »globale, ideologische Konstruktionen« (*global ideological constructions*) (ebd.), z. B. Disengagement- vs. Aktivitäts-»Theorie«), bei denen Wertverpflichtungen vorausgesetzt würden; auf der anderen Seite seien es Ableitungen aus grundlegenden Konzepten benachbarter Disziplinen, z. B. »Rolle« in der Mikrosoziologie, bei denen Wertverpflichtungen schlicht ignoriert würden. Eine weitere Schwierigkeit bestehe unter anderem darin, dass diese »Theorien« so gebildet seien, dass sie nicht falsifizierbar sind, was aber eine Grundvoraussetzung dafür sei, um von einer »Theorie« sprechen zu können (ebd.).

Moody gesteht ein, dass es nicht auf der Hand liege, wie eine Lösung aussehen könnte. Er beruft sich auf eine Formulierung von Proust (o. J., zitiert nach De Beauvoir, 1972), der feststellt, das Altern sei eines der Dinge, über die die Menschen am längsten in ihrem Leben nur eine vage Vorstellung hätten, was eine Erklärung für diese Schwierigkeit darstellen könne (ebd.). Dies verdeutliche die Notwendigkeit, ein Verständnis von Altern zu entwickeln, das weniger abstrakt

---

41 Moody bezeichnet die Theorie-»Armut« in sozialer Gerontologie als eine Peinlichkeit für Studierende der Alternswissenschaften. Seiner Ansicht nach blieben die Gründe dafür diskutabel, das Gesamtergebnis jedoch nicht (ebd., S. 23).

sei, sondern »auf gelebter Erfahrung fuße« (*grounded in lived experience*) (ebd.), wofür die Verknüpfung von Theorie und Praxis sowie Selbstreflexion erforderlich seien. Moody fordert, gewagte Hypothesen zu formulieren, die die theoretische Spekulation im Sinne Karl Poppers (1972) wiederbeleben könnten (ebd.). Wichtig sei die Frage, wie die Konstruktion der Theorie in die gelebte Erfahrung des menschlichen Handelns innerhalb einer gemeinsamen sozialen Welt wurzelt (ebd., S. 23f.). Eine solche neue Richtung erachtet Moody aufgrund der philosophischen Krise, die die positivistischen Erklärungsweisen in den Wissenschaften ausgelöst haben, als notwendig.[42] Das Problem der Theoriebildung in der sozialen Gerontologie müsse vor dem Hintergrund aktueller Trends der post-positivistischen Wissenschaftsphilosophie verstanden werden (ebd., S. 24). Zur Veranschaulichung nennt Moody die Anerkennung des »theoriegeladenen« Inhalts empirischer Beobachtungstermini in den Naturwissenschaften.[43] Diese Anerkennung habe im Sinne der post-positivistischen Philosophie zu einer neuen Wertschätzung der Rolle von Interpretationen in wissenschaftlichen Theorien geführt, was Moody begrüßt. Er spricht von einer »erkenntnistheoretischen Verschiebung« (*epistemological shift*) (ebd.), die dazu führe, dass die in der wissenschaftlichen Forschung unterdrückte »hermeneutische Dimension« (s. u.) wiedererlangt werde. Dies könne beispielsweise Befürworter/-innen qualitativer und interpretativer Methoden in der Alternsforschung ermutigen (ebd.).

Dieser Wandel gehe jedoch mit neuen Herausforderungen in der Theoriebildung einher (ebd.). So sei z. B. unklar, wie die interpretative Sozialwissenschaft konkret zu Fortschritten in den Alternstheorien beitragen könne. Weitere Fragen, die Moody nennt, sind: Wie kann der Zusammenhang zwischen quantitativen und qualitativen Methoden, oder zwischen Daten, Instrumenten und Theorien verstanden werden? Anhand welcher Kriterien ist zwischen konkurrierenden Interpretationen zu entscheiden? Wie kann es gelingen, die hermeneutischen und historischen Dimensionen anzuerkennen ohne in Skeptizismus und Relativismus zu verfallen?

Diese Fragen hätten Anfang der 1980er Jahre im Zentrum philosophischer Debatten der Sozialwissenschaften gestanden und könnten aus Sicht der Kritischen Theorie erläutert werden (ebd.). Wegbereiter der Kritischen Theorie sei Max Horkheimer, der den Begriff der Kritischen Theorie in einem Essay im Jahr 1937 einführte und von der »traditionellen Theorie« der empirisch-analytischen Wissenschaften (Natur- und Verhaltenswissenschaften) abgrenzte (ebd.). Demnach folgten Natur- und Verhaltenswissenschaften unreflektiert logischen Regeln und idealtypischen Erklärungsprinzipien, die auf die Vorhersage und Kontrolle

---

42 Positivismus bezeichnet eine philosophische Richtung, die – einfach ausgedrückt – nur das anerkennt, was beobachtbar und bspw. durch Experimente erfassbar ist. Die positivistischen Erklärungsansätze wurden u. a. von Vertreter/-innen der Frankfurter Schule sowie von Karl Popper als einseitig und als nicht umstandslos auf die soziale Praxis übertragbar kritisiert. Diese Gegenströmung wird als Post-Positivismus bezeichnet, eine Haltung, die auch Harry Moody vertritt.
43 Dafür habe unter anderem Thomas Kuhn (1970) in seinem Werk »*The structure of scientific revolutions*« argumentiert, wodurch der Wandel vom Positivismus/Empirismus zum Post-Positivismus eingeleitet worden sei.

von Phänomenen abzielten.⁴⁴ Die »traditionelle Theorie« präsentiere sich als wertneutral, sie könne aber diesem Anspruch nicht gerecht werden, weil sie Fakten als naturgegeben hinnehme und nicht als gesellschaftlich produziert betrachte oder kritisch hinterfrage Die Kritische Theorie hingegen basiere auf Werten und menschlichen Interessen, die unter der traditionellen Theorie verdeckt blieben. Die Kritische Theorie ziele auf die Emanzipation menschlicher Subjekte von beherrschenden und kontrollierenden Formen der fortgeschrittenen Industriegesellschaft (ebd., S. 25).

Für seine Argumentation greift Moody auf das Werk »*Knowledge and Human Interest*« von Jürgen Habermas (1971) (im Original »Erkenntnis und Interesse«, 1968) zurück. Habermas untersuchte, auf welche Weise vielfältige menschliche Interessen die motivierenden und definierenden Elemente darstellen, die verschiedene Wissenschaftsformen auszeichnen (Moody 1988, S. 25). Habermas (1971) unterscheide zwischen drei Wissenschaftskategorien:

1. Empirisch-analytische Wissenschaften, zu denen die Natur- und Verhaltenswissenschaften zählten; prägend sei ein *technisches* Erkenntnisinteresse, d. h. ein Interesse an *Vorhersage und Kontrolle*, an Beherrschung der Natur.⁴⁵
2. Historisch-hermeneutische Wissenschaften, die als Geisteswissenschaften zählten; diese hätten ein *praktisches* Erkenntnisinteresse, welches auf *Kommunikation, intersubjektive Verständigung* und *Interaktion* ziele.
3. Kritisch-orientierte Wissenschaften; diese hätten ein *emanzipatorisches* Erkenntnisinteresse, welches durch kritische Selbstreflexion auf die *Emanzipation des menschlichen Subjekts* ziele.

Habermas vertrete dabei die Ansicht, dass die ersten beiden Formen alleine nicht ausreichen, um die Art von Erkenntnis zu erzielen, die am meisten gewünscht sei – die auf Emanzipation gerichtete Erkenntnis. Diese Ansicht teilt auch Moody (1988, S. 26). Die Anerkennung der dritten Wissenschaftskategorie gelinge erst, wenn erkannt werde, dass eine Erweiterung von Wissen durch technische Mittel nicht notwendigerweise zu mehr Freiheit führe (ebd). Hauptinteresse der emanzipatorischen Erkenntnis sei »das Ziel des Empowerments in der Praxis der Freiheit« (*the aim of empowerment in the practice of freedom*) (ebd.). Dieses Ziel sei jedoch weit entfernt von dem, was in der Organisation von Wissenschaft und Forschung in der sozialen Gerontologie oder anderen akademischen Disziplinen zu sehen sei. Moody warnt davor, dass jede Theorie des Alterns, die nicht eine Form emanzipatorischen Erkenntnisinteresses verfolge, Gefahr laufe, dass gewonnene Erkenntnisse für Zwecke benutzt würden, die nicht zur Freiheit des Subjekts führten, sondern zu neuer »Beherrschung« (*domination*) (ebd.), indem sie in bürokratische Systeme einflößen, wodurch Herrschaft und Kontrolle immer ge-

---

44 Natur- und Verhaltenswissenschaften seien also von einer positivistischen, empiristischen Denkweise geprägt.
45 Moody betont, dass auch die soziale Gerontologie, da sie sich mit menschlichen Handlungen befasse, durchaus die Menschen als *Objekte* der Vorhersage und Kontrolle (1. Kategorie) behandele (ebd., S. 25).

schickter durch professionelle (Verwaltungs-)Fachkräfte und Politiker/-innen ausgeübt würden (ebd.).[46] Moody zieht Parallelen zur Epoche der Aufklärung als Entwicklung einer größeren Herrschaft, die sich unter der Fassade des Wissens und der Freiheit entfaltet habe. In vielerlei Hinsicht sei dieser Prozess eine genaue Beschreibung des Schicksals des Alters in der modernen Welt (ebd.). Die Errungenschaft der instrumentellen Vernunft erlaube es, mithilfe der biomedizinischen Technologie das Leben zu verlängern, »während die verzerrte kommunikative Struktur der heutigen Gesellschaft zu einem allmählichen Verlust der Bedeutung des Alters selbst führt« *(while the distorted communicative structure of contemporary society leads to a gradual loss of the meaning of old age itself)* (ebd.).

Moody mahnt an, dass die Bedeutung, die das hohe Alter *an sich* hat, durch die vorherrschende Dominanz empirisch-analytischer Wissenschaften und darauf fußender biomedizinischer und -technologischer Möglichkeiten schwinde (ebd.).

Moody widmet sich der Frage, welchen Beitrag die Geisteswissenschaften zu Theorien des Alterns leisten können. Dazu erläutert er drei gerontologische Ansätze – dialektische Gerontologie, hermeneutische Gerontologie und kritische Gerontologie –, wobei jede ihren Ursprung in einer der drei zentralen geisteswissenschaftlichen Disziplinen (Geschichte, Literatur, Philosophie) habe.

1. Eine *dialektische Gerontologie* kennzeichne einen Ansatz, der die gegensätzlichen Merkmale des hohen Alters nicht zu beseitigen versucht, sondern sie innerhalb eines historischen Rahmens als Widersprüche erkennt, hervorhebt und auf höherer Ebene in Form einer Synthese aufhebt (ebd., S. 29). Geschichtswissenschaft, die sich der Erforschung menschlicher Handlungen über viele Generationen widmet, spiele hier also eine entscheidende Rolle. Die grundlegende Kategorie sei *Zeit*. Immer wieder habe sich in der Gerontologie eine theoretische Vergegenständlichung der *gelebten* Zeit und eine Vernachlässigung der *historischen* Zeit gezeigt, was sich zum Beispiel in Theorien, die eine zeitlose Abfolge von Lebensstadien postulierten, niedergeschlagen habe, wie bspw. in Eriksons Stufenmodell der psychosozialen Entwicklung. Mittlerweile werde in der sozialen Gerontologie allgemein anerkannt, dass das chronologische Alter praktisch nichts über das Altern eines Menschen aussagt (ebd., S. 30).[47] Von einer »dialektischen Gerontologie« zu sprechen, heiße anzuerkennen, dass es keinen Ausweg aus diesem »historistischen« Dilemma bei der Konstruktion von Alternstheorien gibt. Die Anerkennung eines unabweisbaren Faktors der Zeitlichkeit führe zu einer Aufwertung der Rolle der Geschichte, nicht nur in Alternstheorien, sondern auch in der Art und Weise, wie Daten in der sozialen Gerontologie überhaupt interpretiert werden. Die Geschichtswissenschaft trage dazu bei, jede zeitlose Verallgemeinerung des Al-

---

46 Moody argumentiert hier vor dem Hintergrund von Habermas' Ausführungen zur »Kolonialisierung der Lebenswelt« durch die Systemwelt, wonach bürokratische Steuerungsmedien immer stärker in die Lebenswelt eindrängen (ebd.).
47 Moody verweist in dem Zusammenhang auf die seit den 1980er Jahren verstärkt geführte Diskussion um Alters-, Perioden- und Kohorteneffekte.

terns zu relativieren, und diene damit letztlich dazu, den Lebensverlauf selbst zu relativieren.
2. Was Alternstheorien Moodys Ansicht nach bei ihrer Konstruktion außerdem benötigen, sei eine explizite Anerkennung der *hermeneutischen Dimension* (ebd., S. 31). Empirische Wissenschaft zeige eine unvermeidliche hermeneutische Dimension aufgrund der Beziehung zwischen theoriegeladenen Beobachtungsaussagen und der Bedeutung wissenschaftlicher Ausdrücke, die in größeren theoretischen Paradigmen enthalten sind. Die Beziehung zwischen Beobachtungsaussagen (Daten) und theoretischen Begriffen verlange nach Explikation und Interpretation. In der klassischen Wissenschaft jedoch werde die hermeneutische Dimension vernachlässigt. In der sozialen Gerontologie und in den Sozialwissenschaften bestehe das Problem, dass eine »vorinterpretierte« Welt beschrieben werde (ebd., S. 31f.). Die abstrakte Sprache der Sozialwissenschaften und die Alltagssprache des täglichen Erlebens seien so verknüpft, dass sie Explikation und Interpretation erforderten.

Moody verweist auf die »dreifache Hermeneutik« (*triple hermeneutic*) (ebd., S. 32). Die »einfache Hermeneutik« beziehe sich auf die Wahl, das Verständnis und das Hinterfragen der verwendeten Begriffe (Bsp. »Ruhestand«). »Doppelte Hermeneutik« bedeute, dass ein interpretatives Element nicht nur im Verhältnis von Theorie und Tatsache zu finden sei (wie bei »einfacher Hermeneutik«), sondern auch im Verhältnis von Bedeutung und sozialem Verhalten. Für die Konstruktion von Alternstheorien heiße dies, Vorab-Beurteilungen über das Alter in der Gesellschaft zu verstehen und zu überprüfen. Die für die Alternsforschung relevante »dreifache Hermeneutik« liege in der Erkenntnis, dass Altern nicht etwas ist, das von der eigenen Erfahrung von Zeit und Selbst entfernt ist. Man sei als Wissenschaftler/-in *selbst* in der Zeit und im Altern »verfangen« und »kann daher nicht leugnen, einen Zugang zu besitzen (oder vielleicht verzerrende Vorurteile)« (*therefore cannot deny possessing access (or perhaps distorting bias)* (ebd.). Der Einzelne könne eine verzerrende Voreingenommenheit nicht bestreiten. Es gehe also um eine selbstreflexive Deutung des eigenen Alterns, zu der jeder Mensch einen einzigartigen Zugang habe (ebd.). Moody fordert, alle Formen dieser dreifachen Hermeneutik in Theorien des Alterns zu integrieren, und genau hier besäßen die Geisteswissenschaften, insbesondere die Literaturwissenschaften (Dichtung, Fiktion, Drama, Autobiographie), immense Ressourcen (ebd., S. 33).

3. Der dritte Ansatz, die *Kritische Gerontologie*, komme in Alternstheorien zum Ausdruck, die selbstreflexive Regeln für ihre Konstruktion, Interpretation und Anwendung in der Lebenswelt enthielten (ebd.). Was Kritische Gerontologie bedeutet, könne man am besten verstehen, wenn man sich ihr Gegenteil, die instrumentelle Gerontologie, näher vor Augen führe. Instrumentelle Gerontologie als Domäne der konventionellen sozialwissenschaftlichen Forschung diene dazu, den Status quo zu vergegenständlichen und neue Instrumente zur Vorhersage und Kontrolle menschlichen Verhaltens bereitzustellen. Die Vorherrschaft der instrumentellen Gerontologie diene auch dazu, staatliche Interventionen zu legitimieren, die das Muster der Dominanz sowohl in der Theo-

rie als auch in der Praxis des bürokratischen Staates verstärken (ebd.).
Neben der Ideologiekritik müsse die Kritische Gerontologie auch ein positives Ideal der menschlichen Entwicklung bieten, das heißt Altern als Bewegung in Richtung Freiheit jenseits der Herrschaft. Er nennt Begriffe wie Autonomie und Weisheit (ebd.). Ein unverfälschtes Verständnis dessen, was es bedeutet, alt zu werden, umfasse sowohl positive als auch negative Elemente, sowohl Freude als auch Leid (ebd., S. 34). Die Geisteswissenschaften lieferten Interpretationsprinzipien, um die Erkenntnisse der empirischen Wissenschaften mit der Lebenswelt zu verbinden. Die grundlegende Kategorie einer Kritischen Gerontologie bleibe jedoch die Idee der menschlichen Entwicklung selbst, auf die Moody im Folgenden eingeht (ebd.).

Wenn die Kategorie der »emanzipatorischen Erkenntnis« (*emancipatory knowledge*) (ebd.) nicht inhaltlich leer oder rein utopisch sein soll, müssten einige ihrer Merkmale bereits in der Lebenswelt, in unserer praktischen Erfahrung dessen, was Altwerden bedeuten könnte, verfügbar sein. Dieser »vorreflektierende Standard« (*prereflective standard*) (ebd.), den man mit Weisheit, Freiheit oder Selbstverwirklichung betiteln könne, diene als Kriterium für die Konstruktion von Alternstheorien mit emanzipatorischer Intention. Eine emanzipatorische Sicht auf den Lauf des Lebens sei von einem allgemeinen menschlichen Interesse an Entwicklung selbst bestimmt, d. h. von einer fortschreitenden und kumulativen Entfaltung der Fähigkeiten (ebd.).

Moody merkt an, dass es eine normative Frage sei, was als »Entwicklung« gelte. Das Konzept »Entwicklung« setze gewisse Werte und Deutungen voraus. In der modernen Welt werde »Entwicklung« unkritisch, von der technischen Vernunft getrieben, als eine Ausweitung von Energie und Handlungsfähigkeit und als das Gegenteil von Altern und Endlichkeit verstanden. Moody warnt, dass diese Sichtweise ernste Probleme verursache, wenn es darum gehe sich vorzustellen, was Entwicklung im Alter bedeuten könne (ebd.).

Jegliche Interpretation des Selbst stelle zugleich eine Abgrenzung von anderen dar. Fehle diese Abgrenzung, sei dies ein Scheitern, eine Umgehung der Wahl und damit das Versäumnis jeglicher Entwicklungsmöglichkeiten. Als Entwicklung eines Erwachsenen zähle zum Beispiel das, was in der letzten Lebensphase als »Weisheit«, »Kreativität« oder »Selbstverwirklichung« angesehen werde (ebd., S. 34f.).

Moody plädiert dafür, dass ein solches Konzept der Freiheit – des emanzipatorischen Diskurses – im Zentrum der Theorien des Alterns und der lebenslangen Entwicklung stehen müsse. Aus diesem umfassenden menschlichen Interesse ergebe sich die Forderung nach einer emanzipatorischen Praxis gegenüber jenen sozialen Strukturen (Arbeit, Geschlechterrollen, Altersstereotypen oder politischer Ordnung), die die menschlichen Möglichkeiten einschränkten und damit die menschliche Entwicklung, ob in der Kindheit oder in den späteren Phasen des Lebens, verkürzten. Die von der instrumentellen Vernunft geleitete öffentliche Politik einerseits und die »reiche Textur der Lebenswelt« (*rich texture of the life-world*) (ebd., S. 35), die sich in humanistischen Altersbeschreibungen zeige, andererseits, klafften auseinander. In Gesprächen mit älteren Menschen werde oftmals deutlich, welch tiefen Blick sie im Gegensatz zu jüngeren Menschen auf die Dinge hätten. Er ergänzt: »*It would not be the first time that those who are marginal, those at the periphery, can tell us something important that those at the center are unable to see.*« (Ebd.)

Schlussfolgerungen/Summarisches

Ausgehend von einem ›Theorie-Problem‹ in der Gerontologie (»*Multiplicity of Theories*«), beleuchtet Moody die Rolle der Geisteswissenschaften, wobei er die Kritische Theorie und insbesondere das emanzipatorische Erkenntnisinteresse (Habermas, 1971) heranzieht. Moody zeigt auf, welchen Beitrag die Geisteswissenschaften zur Theoriebildung in der Gerontologie leisten können.

Die Geisteswissenschaften seien weder nostalgische Überbleibsel einer verschwundenen Vergangenheit noch sentimentale Projektionen einer imaginären Zukunft (ebd., S. 37). Vielmehr sollten die Disziplinen Geschichte, Literatur und Philosophie als Formen der Selbstinterpretation und Selbstentfaltung verstanden werden, als symbolische Ausdrucksformen eines fortdauernden menschlichen Interesses an technischen, praktischen und emanzipatorischen Zielen. In diesem Sinne stellen die Geisteswissenschaften die selbstreflexive Stimme des Alterns dar, die Stimme, die wir hören, wenn wir dem Anderen zuhören, zusammen mit dem, was gesagt wird (ebd.). Die grundlegenden Kategorien von Zeit, Erzählung und Entwicklung stellten schließlich keine getrennten Kategorien dar, sondern aufeinander folgende Momente unseres eigenen Bewusstseins dessen, was es bedeutet, alt zu werden – sich durch die Zeit zu bewegen, eine persönliche Geschichte zu haben, ungeahnte Möglichkeiten der Selbstentfaltung in der Zukunft zu offenbaren (ebd.).

Zu beachten sei, dass es nicht ausreiche, die geisteswissenschaftlichen Disziplinen und die Konzepte der sozialen Gerontologie nebeneinander zu stellen. Darüber hinaus seien Mystifikation und entmenschlichte Diskurse in den Geisteswissenschaften nicht weniger zu finden als in den Sozialwissenschaften. Ohne kritische Reflexion von Theorie und Praxis, von der Beziehung zwischen diskursivem Wissen und gelebter Erfahrung sei die Suche nach den »humanisierenden« Geisteswissenschaften vergebens (ebd.).

Nichtsdestoweniger enthielten neuere geisteswissenschaftliche Arbeiten reichhaltige Implikationen für die Gerontologie: zum Beispiel in der Autobiographie, in der Sozialethik, in der Geschichte des menschlichen Lebensverlaufs und in der Bedeutung der Lebensstadien (ebd., S. 37).

Diese Arbeiten könnten einen unverzichtbaren Beitrag für Alternstheorien leisten und eine wichtige Rolle in den Sozialwissenschaften spielen. Um aber einen heuristischen und kritischen Beitrag zur Theoriekonstruktion leisten zu können, sei eine engere Zusammenarbeit erforderlich; nicht multidisziplinäre Koexistenz, sondern eine tiefere Form des Diskurses, die uns an die Erfahrung von Zeit und Altern in unserem eigenen Leben erinnere (ebd.).

Ergänzungen

Chris Phillipson (1996) vertritt die Auffassung, dass die humanistische Gerontologie aufgrund ihrer kritischen Perspektiven einen wichtigen Beitrag leisten kann, wenn es darum geht, Formen der Ausgrenzung und Marginalisierung verschiedener Gruppen Älterer sowie Möglichkeiten der Befreiung durch den Kampf gegen Rassismus, Ageismus und Sexismus zu erkennen, wenngleich er kritisiert, dass die humanistische Gerontologie der Diversität des Alterns nicht genug Bedeutung beimisst (S. 367f.; vgl. hierzu auch van Dyk, 2014).

Vern L. Bengtson, Elisabeth O. Burgess und Tonya M. Parrott (1997) greifen das Thema der mangelnden kumulativen Theorieentwicklung in der sozialen Gerontologie in ihrem Artikel »*Theory, Explanation, and a Third Generation of Theoretical Development in Social Gerontology*« auf und stellen neben Moodys Ansatz weitere Empfehlungen von Vertreter/-innen der humanistisch-kritischen Gerontologie vor. So betone beispielsweise Lars Tornstam (1992, 1996), dass ein humanistischer Ansatz es älteren Menschen erlaube, *selbst* die Forschungsfragen zu definieren (Bengtson et al., 1997, S. 83). Neben der kritischen bzw. humanistischen Perspektive beleuchten Bengtson und Kolleginnen (1997) sechs weitere häufig verwendete theoretische Perspektiven (u. a. die Lebenslaufperspektive, feministische Theorien, Political Economy of Ageing) und kommen zu dem Schluss, dass diese Perspektiven zusammengenommen eine »dritte Generation« von Erklärungen in der sozialen Gerontologie darstellen (ebd., 72). Sie fordern, mehr Gewicht auf die Theorieentwicklung zu legen, indem explizite Erklärungen unter Berücksichtigung empirischer Befunde hergeleitet werden.

Auch Meredith Minkler (1996) greift auf Moodys Ausführungen zurück und erweitert die geisteswissenschaftliche Perspektive – ähnlich wie Bengtson und Kolleginnen (1997) – um Perspektiven aus der *Political Economy of Ageing*, der feministischen Wissenschaft sowie kulturell relevanter Denkweisen über das Altern in multikulturellen Gesellschaften. Sie zeigt anhand von Fallstudien auf, warum eine Ergänzung der psychologisch und biologisch ausgerichteten Gerontologie um die o. g. kritischen Perspektiven wichtig ist. Das Konzept des Empowerments, wie es u. a. in den Geisteswissenschaften verortet ist, könne die verschiedenen Perspektiven miteinander verknüpfen. Der Fokus auf das Empowerment älterer Menschen trage nicht nur zur Wertschätzung älterer Menschen und ihrer Fähigkeiten bei, sondern bereichere auch die eigentliche Bedeutung des Wachsens und Altwerdens in der Gesellschaft Ende des 20. Jahrhunderts (Minkler, 1996, S. 481).

Thomas R. Cole (1993a, 1993b) teilt Moodys Ansicht, dass die Geisteswissenschaften die Gerontologie auf verschiedene Weise fördern können (1993a, vii) und betont, dass es einer »kulturellen Neuorientierung« (*cultural reorientation*) (ebd., S. xxvi) bedarf. Cole begrüßt es, dass dank des medizinischen und wissenschaftlichen Fortschritts viele Menschen im hohen Alter von guter Gesundheit und hohem Wohlbefinden profitieren, wobei er anmerkt, dass diese Errungenschaften *allen* Gruppen Älterer zugutekommen müssen, also gerechter verteilt werden müssen (ebd.). Zudem erkennt er an, dass durch das Hervorbringen neuer, positiver Altersbilder Altersdiskriminierung entgegengewirkt werde (ebd.). Beides jedoch – der medizinisch-wissenschaftliche Fortschritt und die Förderung positiver Altersbilder – spiegele eine »unerbittliche Feindseligkeit gegenüber Verfall und Abhängigkeit« (*relentless hostility toward decay and dependency*) (ebd.) wider. Die gesellschaftlichen Bestrebungen nach Gesundheit und Wohlbefinden, aber auch die vorherrschenden Bilder des erfolgreichen und produktiven Alterns zögen gleichzeitig eine Entwürdigung des Alterns, eine Bedeutungslosigkeit des Altseins nach sich (ebd.). So stellt Moody in einer 2001 veröffentlichten Auseinandersetzung mit dem Paradigma des *Productive Aging* die Frage: »Was ist mit ›Versagern‹ und ,unproduktiven‹ Menschen?« (*What about ›failure‹ and ›unproductive‹ people?*) (ebd., S. 176).

In jenem Aufsatz beleuchtet Moody (2001) die vier »Denkweisen« (*ideologies*) »Erfolgreiches Altern (*Successful Aging*), »Produktives Altern« (*Productive Aging*), »Radikale Gerontologie« (*Radical Gerontology*) und »Bewusstes Altern« (*Conscious Aging*) im Kontext der Postmoderne, wobei diese vier Denkrichtungen laut Moody nicht als sich gegenseitig ausschließend verstanden werden sollten, auch wenn sie auf unterschiedlichen Werten und Motiven beruhen. Die Gemeinsamkeit der vier Denkweisen liege darin, den Sinn der Möglichkeiten für den späteren Teil des Lebens zu erweitern (ebd., S. 192). Bewusstes Altern bewirke, darauf zu bestehen, dass gesundes, aktives bzw. »erfolgreiches« Altern, »produktives« durch Arbeit und/oder Engagement gekennzeichnetes Altern oder ein von der Radikalen Gerontologie geforderter gleichberechtigter Zugang zu Dienstleistungen im höheren Alter nicht ausreichen. Die persönliche Suche nach Sinn und spirituellem Wachstum, also »bewusstes« Altern, müsse Teil jeder übergeordneten Altersideologie sein, um eine positive Vision der Zukunft zu vermitteln (ebd., S. 187). Hier bleibt allerdings unklar, inwieweit sich diese Forderung nach bewusstem Altern von den Paradigmen des erfolgreichen und produktiven Alterns abgrenzt. Es stellt sich also die Frage: Was ist mit denjenigen, die sich nicht auf die Suche nach Sinn und spirituellem Wachstum begeben können oder wollen? Diese Frage bleibt in dem Artikel unbeantwortet. Im Jahr 2005 knüpft Moody an die Frage, in welchem Verhältnis die Konzepte *Successful Aging* und *Conscious Aging* zueinanderstehen, an. Wenn unter erfolgreichem Altern nicht das Streben danach, solange wie möglich fit zu bleiben, verstanden werde (erste Definition) (vgl. z. B. Rowe & Kahn, 1987)), sondern die Einstellung, (Funktions-)Verluste zu akzeptieren und zu kompensieren (zweite Definition) (vgl. z. B. Baltes & Baltes, 1990; Fisher & Specht, 1999), und diese zweite Definition ernst genommen werde, dann könne »das Alter selbst eine Chance für spirituelles Wachstum sein« (*age itself [...] be an opportunity for spiritual growth*) (ebd., S. 62). Es sei diese spirituelle Möglichkeit, die als *Conscious Aging* bezeichnet werden könne (ebd.). Die Idee des bewussten Alterns voranzubringen, bleibt ein Schwerpunkt von Moodys Arbeiten (z. B. Moody, 2011; Sasser & Moody, 2018).

Auch im Jahr 2014 scheinen die Ziele der humanistischen Gerontologie noch nicht erreicht. So fordern Cole und Whittington (2014), dass die Gerontologie mehr Vertreter/-innen aus Philosophie und Theologie brauche, die »die religiöse und spirituelle Ideale der Entfaltung des Menschen im späteren Leben in einen Dialog mit wissenschaftlichen und säkularen Perspektiven stellen können« (*who can place religious and spiritual ideals of human flourishing in later life in dialog with scientific and secular perspectives*) (ebd., S. 521).

Obwohl das hier verwendete Schlüsseldokument im Jahr 1988 und damit vor über 30 Jahren veröffentlicht wurde, so ist sein Inhalt doch von hoher Aktualität. Zu nennen ist die gesellschaftliche Debatte um die Suizidbeihilfe, die im Spannungsfeld zwischen dem geltenden Recht auf Selbstbestimmung und der Sorge um einen zunehmenden Bedeutungsverlust von durch Krankheit geprägte Lebensphasen[48] ausgetragen wird.

Grenzen und offene Fragen

Moody (1988) räumt selbst ein, dass die Kategorie der kritisch-orientierten Wissenschaften, denen ein auf Emanzipation ausgerichtetes Erkenntnisinteresse zugrunde liegt, sehr abstrakt, schwer zu definieren und schwer greifbar sei (ebd., S. 26f.). Es gebe kaum konkrete Beispiele für diese Kategorie und emanzipatorische Erkenntnis als Ziel klinge utopisch. Darüber hinaus sei unklar, wie es gelingen solle, zu erkennen, wann das Ziel der Emanzipation erreicht sei. Eine Kritische Gerontologie müsse ein emanzipatorisches Ideal enthalten, aber es gebe immer noch keine klare Vorstellung davon, wo dieses emanzipatorische Ideal zu finden ist. Der emanzipatorische Inhalt Kritischer Gerontologie könne auch nicht in einer neuen Stufen-Theorie, vergleichbar bspw. mit Eriksons Stufenmodell der psychosozialen Entwicklung oder Kohlbergs Stufentheorie der moralischen Entwicklung gefunden werden, in der angenommen werden könnte, dass die höchste Stufe aus Selbstverwirklichung, Ego-Integrität oder Ego-Transzendenz besteht.[49]

Moody fordert, dass die Idee der lebenslangen Entwicklung, wie die Ideen von menschlicher Zeit und Erzählung, im Mittelpunkt der Aufmerksamkeit stehen sollten (ebd., S. 28). Ohne dieses »utopische« Entwicklungsideal riskiere das Alter eine »sich selbst erfüllende Prophezeiung des Verfalls, eine öffentliche Last oder eine private Verzweiflung« (*self-fulfilling prophecy of decline, a public burden or a private despair*) (ebd.) zu werden. Der Entwurf eines positiven Gehalts für die Bedeutung und die Entwicklung des späten Lebens sei eine Aufgabe für die Zukunft (ebd.). Zwar veranschaulicht er seine Argumentation, indem er konkret auf vorzufindende gesellschaftliche Gegebenheiten als Konsequenzen einer Vernachlässigung der kritisch-emanzipatorischen Perspektive Bezug nimmt (z. B. sozialpolitische Maßnahmen) und Beispiele für einen stärkeren Einbezug der Geisteswissenschaften anführt (z. B. stärkere Anerkennung qualitativer Forschung), wie sich jedoch seine o. g. genannte Forderung ganz konkret umsetzen lässt,

---

48 Solche Phasen können allerdings nicht nur im hohen Alter, sondern in gesamten Lebensverlauf auftreten.

49 Moody wirft solchen Stufen-Theorien vor, eine verdeckte Ideologie zu beinhalten. Diese Stufen-Theorien seien attraktive Ideale, aber da sie in einem gewissen Maß von der Praxis getrennt seien, liefen sie Gefahr, nur idealisierte Projektionen der menschlichen Erfüllung zu werden, in denen sich die höchste Bewusstseinsstufe mit der letzten Stufe des Lebens überschneide (ebd., S. 27).

bleibt vage. Dies hängt sicherlich damit zusammen, dass dies nur – wie er selbst nennt – durch eine stärkere interdisziplinäre Zusammenarbeit und einen intensiven Diskurs gelingen kann.

Insgesamt bleibt zu diskutieren, ob nicht Moodys Vorstellung von der späten Lebensphase als durch Emanzipation, Selbstverwirklichung, Weisheit etc. geprägte Phase im Kern nicht auch eine Form des in der instrumentellen Gerontologie verankerten *Successful Aging* ist.[50] Denn seine Argumente nach Selbstverwirklichung finden sich auch in der instrumentellen Gerontologie (z. B. Rosenmayr, 1983; Tornstam, 1997) und lassen sich unter dem Label des »Erfolgreichen Alterns« oder »Bewussten Alterns« subsumieren (s. o.), wobei diese beiden Konzepte eine große Schnittmenge zu haben scheinen.[51] Moody selbst (2001) scheint die »unnachgiebige« (*unrelenting*) (ebd., S. 179) Konzentration auf die individuelle Verantwortung, wie sie in der Strategie des erfolgreichen Alterns zum Ausdruck kommt, kritisch zu sehen. Hier stellt sich jedoch die Frage, inwieweit Moodys Ansatz nicht auch auf einer gewissen Vorstellung von Eigenverantwortung beruht, die zudem mit einer Homogenisierung des Alters einhergeht.

Schlüsseldokument

Moody, H. R. (1988). Toward a Critical Gerontology: The Contribution of the Humanities to Theories of Aging. In J. E. Birren & V. L. Bengtson (Hrsg.), *Emergent Theories of Aging* (S. 19–40). New York: Springer Publishing Company.

Ergänzende und vertiefende Texte

Moody, H. R. (2001). Productive Aging and the Ideology of Old Age. In N. Morrow-Howell, J. Hinterlong & M. Sherraden (Hrsg.), *Productive Aging: Concepts and Challenges* (S. 175–196). Baltimore: Johns Hopkins University Press.
Moody, H. R. (2005). From Successful Aging to Conscious Aging. In M. L. Wykle, P. J. Whitehouse & D. L. Morris (Hrsg.), *Successful Aging Through the Life Span. Intergenerational Issues in Health* (S. 55–69). New York: Springer Publishing Company.
Moody, H. R. (2011). Dreams and the Coming of Age. *The Journal of Transpersonal Psychology*, 2, 181–207.
Sasser, J. R. & Moody, H. R. (2018). *Gerontology. The Basics*. London: Routledge.

---

50 Robert J. Havighurst (1963) prägte den Begriff des *Successful Aging*. Einfach ausgedrückt kann von erfolgreichem Altern gesprochen werden, wenn Menschen mit ihrem Leben zufrieden sind (ebd., S. 311). Daneben gibt es Vertreter/-innen (z. B. Rowe & Kahn), die mit erfolgreichem Altern assoziieren, Gesundheit, Funktionsfähigkeit und/oder Kompetenzen möglichst lange aufrecht zu erhalten (Moody, 2001, S. 178f.). Aber auch positive Interaktionen mit anderen, persönliches Wachstum und Selbstakzeptanz kennzeichnen ›erfolgreiches Altern‹ (Fisher & Specht, 1999).

51 Silke van Dyk (2014) vertritt die Auffassung, dass Moody seine Vorstellung vom bewussten Altern im Vergleich zu Tornstam nicht als die eine wahre Lösung, sondern als eine Möglichkeit neben anderen sieht (ebd., S. 97).

Literatur

Bengtson, V. L., Burgess, E. O. & Parrot, T. M. (1997). Theory, Explanation, and a Third Generation of Theoretical Development in Social Gerontology. *Journal of Gerontology: Social Sciences, 52B(2)*, 72–88.

Birren, J. E. & Bengtson, V. L. (Hrsg.). (1988). *Emergent Theories of Aging*. New York: Springer.

Cole, T. R. (1993a). Preface. In T. R. Cole, A. Achenbaum, P. Jakobi & R. Kastenbaum (Hrsg.), *Voices and Visions of Aging. Toward a Critical Gerontology* (S. vii–xi). New York: Springer.

Cole, T. R. (1993b). *The Journey of Life. A Cultural History of Aging in America*. New York: Cambridge University Press.

Dyk, S. van (2014). The Appraisal of Difference: Critical Gerontology and the Active-Ageing-Paradigm. *Journal of Aging Studies, 31*, 93–103.

Minkler, M. (1996). Critical Perspectives on Ageing: New Challenges for Gerontology. *Ageing and Society, 16(4)*, 467–487.

Phillipson, C. (1996). Interpretations of Ageing: Perspectives from Humanistic Gerontology. *Ageing and Society, 16(3)*, 359–369.

Whittington, F. J. & Cole, T. (2014). What's the Point of Aging? Does Philosophy Make a Difference? *The Gerontologist, 54(3)*, 519–524.

4.5 Narrative Gerontology

Ludwig Amrhein

Kurzdefinition

Der Begriff *narrative gerontology* wurde 1994 von Jan-Eric Ruth geprägt (Kenyon & Randall, 2001, S. 3). Er bezeichnet eine gemeinsam mit Gary M. Kenyon, William L. Randall und anderen entwickelte Forschungsperspektive, die die mündlichen und schriftlichen Erzählungen älterer und alter Menschen in den gerontologischen Fokus rückt und Lebensgeschichten als konstitutives Element der Identitätsentwicklung begreift. Dieser Strang der Narrativen Gerontologie beruft sich auf die *narrative psychology*, die das Selbst eines Menschen als narrativ konstruiert ansieht. Jerome Bruners Diktum »*no story, no self*« (Bruner, 1999, S. 8) charakterisiert diesen Ansatz auf kürzest mögliche Weise. Der zweite, genuin soziologische Hauptstrang der Narrativen Gerontologie wird von Jaber F. Gubrium und James A. Holstein verkörpert, die grundlegende Arbeiten zur sozialen Konstruktion des Lebenslaufs verfasst haben. Sie untersuchen, auf welche Art und Weise Menschen ihrem Leben Sinn zuschreiben und welche interpretativen Ressourcen und narrativen Techniken sie dabei verwenden. Dabei verfolgen sie gegenüber einfachen symbolisch-interaktionistischen Beiträgen einen radikaleren, ethnomethodologisch inspirierten Ansatz, indem sie den Lebenslauf und seine Strukturen (Stationen, Phasen, Stufen, Übergänge etc.) nicht als objektive Gegebenheiten voraussetzen, innerhalb derer Lebenserfahrungen gemacht werden, sondern selbst als diskursiv konstruiert ansehen. Wenn Menschen sich in ihren Erzählungen auf den Lebenslauf beziehen, nutzen sie diesen aktiv als interpretative Ressource, um ihren Erfahrungen einen auf den Ablauf der Zeit bezogenen Sinn zu verleihen (Holstein & Gubrium, 2007, S. 3). Im hier ausgewählten Schlüsseltext »*Narrative, Experience and Aging*« von 2001 betont Gubrium die aktive Rolle von Erzähler/-innen, die ihre Vorstellungen über das Älterwerden und Altsein im kreativen Zusammenspiel mit den Bedeutungskonstruktionen ihrer privaten und öffentlichen sozialen Umgebungen entwickeln (Gubrium, 2001).

Kurzporträt des Autors

Jaber F. Gubrium wurde 1943 geboren und war zuletzt von 2002 bis zu seiner Emeritierung 2016 Professor und Leiter des Departments für Soziologie an der Universität von Missouri-Columbia (USA). Er hat das *Journal of Aging Studies* gegründet und ist dort weiterhin Mitglied des Herausgeberkreises.

Kernaussagen im Schlüsseldokument

Grundannahmen/Ausgangspunkt

In ihrem einleitenden Beitrag zu ihrem Herausgeberband, in dem auch der Text von Gubrium (2001) erschienen ist, formulieren Kenyon und Randall (2001, S. 4–8, vgl. Amrhein & Backes, 2008) fünf Annahmen, die aus ihrer Sicht alle Ansätze der Narrativen Gerontologie (einschließlich desjenigen von Gubrium) miteinander teilen: (1) Menschen erzählen ihr Leben nicht nur in Form von Geschichten, sondern sie sind selbst Geschichten, weil sie auf der Basis von Geschichten handeln. (2) Leben und Lebensgeschichten *(lifestories)* bestehen aus Fakten und Möglichkeiten; sie sind wandlungsfähig und offen für Umerzählungen *(restorying)*. (3) Lebensgeschichten werden im Kontext einer inneren Zeit erfahren und erzählt *(storytime)*, mit der die Ereignisse der äußeren Zeit *(clock time)* in eine eigene, subjektiv sinnvolle Zeitordnung gebracht werden *(story of time)*. (4) Persönliche Geschichten sind in zwischenmenschliche, soziokulturelle und sozialstrukturelle Geschichten eingebettet, so dass sie nicht nur individuelle, sondern auch gesellschaftliche Konstruktionen darstellen. (5) Lebensgeschichten sind paradox, da sie zwar sozial hergestellt und kommuniziert werden, aber weder von anderen noch von den Erzähler/-innen selbst ganz durchschaut und verstanden werden können.

Lebensgeschichten sind aus dieser Sicht keine objektiven Tatsachen, sondern narrative Konstruktionen, die immer erst hermeneutisch erschlossen werden müssen. Die Narrative Gerontologie untersucht, wie Menschen ihre erinnerten Erfahrungen zu biographischen Erzählungen verbinden und verdichten und welche narrativen Ressourcen sie dazu nutzen. Anders als verwandte Ansätze der Biographieforschung interessiert sich die Narrative Gerontologie weniger für die chronologische Rekonstruktion von Lebensereignissen und Erfahrungen individueller Biographieträger/-innen, sondern mehr für die abstrakten Deutungs- und Erzählmuster *(plots, story lines, scripts)*, die als Bausteine des biographischen Erzählens und Schreibens verwendet werden, sowie für den Erzählprozess selbst und die narrativen Ressourcen und Techniken, die dabei eingesetzt werden (vgl. Amrhein & Backes, 2008).

Der spezifische Beitrag von Jaber F. Gubrium zur Narrativen Gerontologie besteht darin, dass er – gemeinsam mit James A. Holstein – biographische Erzählungen als interaktive Arbeit an und mit der eigenen Lebensgeschichte versteht. Er verweist auf die Interpretations- und Handlungsspielräume von Menschen, die für ihn (in Abwandlung einer Formulierung des Ethnomethodologen Harold Garfinkel) keine »narrativen Deppen« sind, die vorgegebene Erzähl- und Deutungsmuster reflexhaft übernehmen, sondern aktive Erzähler/-innen, die diese Muster eigenständig und kreativ für ihre »biographische Arbeit« nutzen (Gubrium, 2001, S. 23).

Zu Beginn seines Aufsatzes *»Narrative, Experience and Aging«* (Gubrium, 2001) skizziert der Autor seinen erkenntnistheoretischen Ausgangspunkt, den er als »mittleren Weg« bezeichnet. Erzählungen sind demnach weder ein direktes Abbild gemachter Erfahrungen noch postmoderne Simulationen, die willkürlich und von der erlebten Wirklichkeit abgekoppelt sind. Sie beziehen sich vielmehr auf erkennbare Erfahrungen und behandeln klassische Lebensthemen wie z. B. Geburt, Altern und Tod, auch wenn die Beziehung zwischen Erfahrung und Erzählung komplex und durch vielfältige soziale und kulturelle Bedingungen vermittelt sei (ebd., S. 19). In seinem Beitrag möchte Gubrium diese narrative Vermittlung von tatsächlichen und möglichen Erfahrungen aufzeigen, wozu er zentrale Konzepte seiner sozialkonstruktivistischen Theorie auf die Praxis des Alltagslebens und Alterns anwendet (ebd., S. 20).

Argumentation

Eine zentrale Vermittlungsinstanz zwischen Erfahrung und Erzählung sind für Gubrium »lokale Bedeutungssphären« *(local spheres of meaning)*. Mit diesem Begriff bezeichnet er Horizonte fester Bedeutungen, die Angehörige spezifischer, räumlich lokalisierbarer Gruppen, Netzwerke und Organisationen miteinander teilen und nutzen, um Erfahrungen auszudrücken und zu interpretieren. Diese lokalen Bedeutungssphären können privaten Ursprungs sein und Familien, Freunde und Bekannte umfassen, sie können aber auch die Privatsphäre überschreiten und die »laufenden Anliegen« *(going concerns)* von Institutionen und Organisationen umfassen, die Erfahrungen öffentlich artikulieren und interpretieren (ebd., S. 20f.). Gubrium erläutert dies am Beispiel der häuslichen Pflege: Jede Familie hat ihre spezifischen Vorstellungen über die Verantwortlichkeiten, die mit der familialen Pflege eines gebrechlichen und dementen Angehörigen verbunden sind, so dass selbst bei ähnlichen körperlichen und kognitiven Einschränkungen die Geschichten verschiedener Familien völlig unterschiedlich sein können. Aber nicht nur die eigene Familie, sondern auch der Freundeskreis und andere Interaktionskreise können einen vermittelnden Einfluss darauf haben, wie familiäre Pflegeverantwortlichkeiten definiert und interpretiert werden (ebd., S. 21). Jenseits dieser privaten Bedeutungssphären breitet sich zunehmend ein miteinander verflochtenes Netz von kleineren und größeren Institutionen wie Angehörigengruppen, Tagesstätten oder Dienstleistungsagenturen aus, die Probleme des Aufwachsens und Altwerdens identifizieren und kategorisieren sowie Betroffene und Angehörige beraten, behandeln oder anderweitig beeinflussen (ebd., S. 22). Diese Institutionen stellen öffentliche Orte der narrativen Vermittlung heutigen Lebens dar, insofern ihre zentralen Erzählungen und Erzählmuster *(narrative plots)* zunehmend von den Menschen selbst zur Artikulation ihrer persönlichen Erfahrungen genutzt werden. Da die Individuen immer stärker in dieses wachsende institutionelle Netz der öffentlichen Thematisierung und Bewertung von Erfahrungen eingebunden sind, werden ihre persönlichen Sinndeutungen jedoch auch immer mehr entprivatisiert *(deprivatized)*, so die kritische Gegenwartsdiagnose von Gubrium. Aus der Allgegenwärtigkeit öffentlich verfügbarer narrativer Ressourcen ergibt sich eine hohe Vielfalt möglicher Erzählungen, so dass Erfahrungen immer stärker relational zu institutionellen Bedeutungssphären stehen, wie dies z. B. in den Wendungen »Lebenszufriedenheit und Wohlergehen von diesem professionellen Standpunkt aus« oder »der ältere Mensch aus Sicht dieses Experten« zum Ausdruck kommt. Gubrium konstatiert: »*The multisitedness of a deprivatized world evokes narratives of experience as distinct as the occasions and conditions that incite related talk and interaction.*« *(Ebd.)*

Gleichwohl reproduzieren zeitgenössische Geschichtenerzähler nicht einfach die institutionellen Narrative. Sie sind keine »narrativen Deppen«, die ihre Gedanken und Handlungen alleine an vorgegebenen Bedeutungssphären ausrichten, sondern sie fügen als aktive Geschichtenerzähler/-innen *(active storytellers)* eigene biographische Erfahrungen hinzu, um die mit anderen geteilten Bedeutungen näher zu bestimmen:

> »The stories we tell and live by are not whole-sale reproductions of existing narratives but conglomerations of what is narratively received and locally taken-for-granted on the one hand, and what is artfully added to the brew by individual storytellers on the other.« (Ebd., S. 23)

Gubrium zeigt am Beispiel von Selbsthilfegruppen für pflegende Angehörige von Demenzkranken, dass selbst in Gruppen, die sich auf gemeinsame Erzählmuster (z. B. Alzheimer als stufenförmig fortschreitende Erkrankung) geeinigt und damit eine feste lokale Bedeutungssphäre aufgebaut haben, die einzelnen Mitglieder noch über genügend eigene Spielräume für das aktive Erzählen von Geschichten verfügen. In einer solchen von Gubrium erforschten Gruppe, die die eigenen Pflegeerfahrungen mit den von Kübler-Ross (1969) formulierten Stufen des Sterbeprozesses formulierte (beginnend mit der Leugnung des irreversiblen kognitiven Abbaus des Angehörigen bis hin zur Akzeptanz seiner letzten Daseinsphase als »leere Hülle«), wurden biographische Informationen dazu genutzt, um unterschiedliche Interpretationen zur Frage, in welcher Pflegephase sich jemand befand und woran das zu erkennen sei, zu konstruieren (Gubrium, 2001, S. 23f.).

Nach Gubrium sind die Beiträge aktiver Geschichtenerzähler/-innen abhängig von den besonderen Umständen, unter denen sie entstehen:

> »Practical contingencies such as who one's audience is, the audience's tolerance for ambiguity, the occasion's narrative horizons, the narrative ressources of storytellers, the storytellers› rhetorical aims, and the concrete course of the experience in question, among other contingencies of storytelling, all activate narrativity. [...] To put shared meanings into practice is invariably to actively construct them in circumstantially terms.« (Ebd., S. 24f.)

Aktive Erzähler/-innen erwecken die kollektiv geteilten Inhalte einer Gesellschaft und die von lokalen Bedeutungssphären zum Leben, verändern diese im Erzählprozess aber auch immer wieder. Damit arbeitet die kontextabhängige Praxis des aktiven Erzählens den Strukturierungstendenzen gemeinsam geteilter Bedeutungen ein Stück weit entgegen und ermöglicht auch Erzählungen, die von der herrschenden Kultur abweichen (ebd., S. 25).

Auch Vorstellungen über das Älterwerden und Altsein werden im Prozess des Erzählens aktiv konstruiert und nicht einfach nur reproduziert. Das belegen nach Gubrium die unstrukturierten biographischen Interviews, die Sharon Kaufman (1986) mit amerikanischen Frauen und Männern im Alter zwischen 70 und 97 Jahren geführt hat. Lebenssinn im Alter hätten ihre Befragten nicht aus dem

Altern selbst gewonnen, sondern aus den lebenslangen Themen ihrer altersunabhängigen bzw. »alterslosen« Identität. Gubrium würdigt an Kaufmans Studie, dass die Befragten nicht vorab als ältere Menschen eingeordnet wurden, sondern selbst artikulieren durften, welche Bedeutung sie dem Älterwerden und Altsein für sich persönlich beimaßen. Da sie Alterszuschreibungen nicht bereits als gegeben voraussetzte, konnte Kaufman Altern als narrative Konstruktion *(aging as narrative construction)* problematisieren, so Gubrium. Ihre Befragten hätten demnach ihrem Leben im Alter einen spezifischen Sinn gegeben, indem sie in ihren Erzählungen aktiv auf vielfältige Bedeutungssphären Bezug nahmen und so ihre Individualität ausdrückten (Gubrium, 2001, S. 25–27).

Über Kaufmann hinausgehend möchte Gubrium aufzeigen, mit welchen narrativen Techniken diese kontext- und situationsabhängige biographische Sinngebung erfolgt. Es geht Gubrium damit weniger um das inhaltliche *Was*, sondern vor allem um die formale Struktur und das prozedurale *Wie* des aktiven Geschichtenerzählens: »*The assumption here is that what one is in old age is not simply there for the asking but is actively produced in the telling.*« (ebd, S 27) Die zentrale Erzähltechnik, mit der biographischer Sinn erzeugt wird, stellt für ihn die narrative Verknüpfung *(narrative linkage)* dar (ebd., S. 27f.). Am Beispiel einer eigenen Studie zur Lebensqualität von Pflegeheimbewohner/-innen zeigt Gubrium, dass die älteren Menschen ihr bisheriges Leben nach dem Heimeinzug nicht einfach hinter sich gelassen haben, sondern ihr gegenwärtiges Leben in Beziehung zu ihrer gesamten Biographie stellen. Darum gebeten, etwas aus ihrem Leben zu erzählen, verknüpften sie die Erzählungen zur Pflege- und Lebenssituation im Heim mit spezifischen Details aus ihrem vergangenen Leben und gelangten dadurch zu sehr unterschiedlichen Bewertungen ihrer aktuellen Lebensqualität und der Qualität der Pflege. Es sind nicht die einzelnen Erfahrungen, die einen spezifischen Sinn in sich tragen, sondern erst durch die narrative Verknüpfung von Erfahrungen aus verschiedenen Bedeutungssphären wird biographischer Sinn konstruiert:

> »The active storyteller assembles his or her account by linking together different spheres of meaning in the context of lifelong experiences. In narrative practice – in storytelling – meaning grows out of distinct linkage.« (Ebd., S. 28)

Die Verbindung einzelner Erfahrungen zu (biographischen) Erzählungen ist damit fundamental eine sinnstiftende Aktivität.

Als weitere Erzähltechnik stellt Gubrium das narrative Editieren *(narrative editing)* vor. Hierbei treten die Geschichtenerzähler/-innen zeitweise aus ihrem Erzählstrom heraus und kommentieren ihre Beiträge und ihre Rolle als Erzähler/-innen, um das Verständnis ihres jeweiligen Gegenübers in die von ihnen gewünschte Richtung zu lenken. So wollte eine Heimbewohnerin ihre Geschichte nicht als die einer schrulligen alten Dame verstanden wissen, sondern als die einer gewöhnlichen Frau, die sich erfolgreich an eine veränderte Lebenssituation angepasst hat. Gubrium zufolge versuchte diese Frau, ihre Geschichte aus dem Bedeutungskontext des Alterns herauszulösen und damit zu »entgerontologisieren«, wozu sie allerdings das Altern zunächst thematisieren musste (ebd., S. 28f.).

Ergänzungen

Gemeinsam ist allen Ansätzen der Narrativen Gerontologie die sozialkonstruktivistische Prämisse, dass die soziale Wirklichkeit eine kollektive Hervorbringung ist, die auf dem sinnhaften Handeln und Interagieren von Menschen beruht. Die Narrative Gerontologie folgt dabei zunächst dem Grundgedanken des Symbolischen Interaktionismus, wonach Situationen und damit verbundene Sachverhalte eine interaktiv konstruierte Bedeutung haben, die Menschen in einem interpretativen Prozess erfassen, handhaben und abändern müssen, um sozial angemessen handeln zu können (Holstein & Gubrium, 2000, S. 16f.). Dabei werden sozial verbreitete Alterns- und Lebenslaufkonzepte situations- und kontextspezifisch genutzt, um eine jeweils passende Sicht auf das eigene Leben (und das von anderen) zu formulieren (Holstein & Gubrium, 2007, S. 11f.). Holstein und Gubrium kritisieren sowohl einen »halbierten« Sozialkonstruktivismus, der zwar sinnhafte Konstruktionen innerhalb von Strukturen des Lebenslaufs annimmt, letztere aber naturalistisch als objektiv gegeben ansieht (ebd., S. 3), als auch strukturalistische Deutungen, die biographische Erzählungen als historisch und kulturell determiniert betrachten (Holstein & Gubrium, 2006). Stattdessen nimmt die Narrative Gerontologie eine subjektorientierte Perspektive ein und fragt danach, wie Menschen ihren Lebenserfahrungen einen Sinn verleihen und ob und wie sie sich in ihren alltagsweltlichen Erzählungen dazu auf das Altern beziehen (Gubrium & Holstein, 1999; Kenyon, Ruth & Mader, 1999).

Narratives Verknüpfen und narratives Editieren sind für Holstein und Gubrium zentrale alltagsweltliche Techniken der biographischen Arbeit *(biographical work)*, bei der einzelne Lebensereignisse als Elemente einer lebenszeitlichen Ordnung interpretiert werden und damit einen biographischen Sinn erhalten (Holstein & Gubrium, 2007, S. 11f.). Beide Autoren betonen im Sinne der Ethnomethodologie die Methoden, mit denen Menschen diesen biographischen Sinn fortwährend interaktiv konstruieren. Im Gegensatz zu verwandten phänomenologischen und symbolisch-interaktionistischen Ansätzen betrachten sie gesellschaftliche Lebenslaufordnungen nicht einfach als Institutionen, die als äußere Handlungsrahmen den Individuen gegenüberstehen, sondern als aktive diskursive Konstruktionen, die immer wieder neu von den Gesellschaftsmitgliedern interaktiv hergestellt werden. Damit sind die Menschen den gesellschaftlichen Strukturen nicht passiv ausgeliefert, sondern gestalten diese aktiv mit und tragen so auch zu ihrer Veränderung bei (vgl. dazu und zum Folgenden Holstein & Gubrium, 2000, S. 31–34, 183–185; Gubrium & Holstein, 2006; Holstein & Gubrium, 2007). Während für Vertreter/-innen des Symbolischen Interaktionismus der Lebenslauf aus institutionell vorgegebenen Strukturen (Stationen, Phasen, Stufen) und Prozessen (Entwicklungen, Übergänge) besteht, die einen objektiven Rahmen für die biographische Sinngebung von Lebensereignissen und Erfahrungen bilden, untersuchen Ethnomethodolog/-innen die soziale Konstruktion dieses Rahmens selbst. Gubrium und Holstein interessieren sich in diesem Sinne dafür, wie der Lebenslauf diskursiv konstruiert und als interpretative Ressource zur Sinngebung von alltäglichen Erlebnissen und Erfahrungen genutzt wird. Sie problematisieren das meist unreflektierte Alltagswissen über den Lebenslauf und analysieren ethnomethodologisch, mit welchen narrativen Techniken und Ressourcen dieses Hintergrundwissen aktiv erzeugt, aufrechterhalten und abgeändert wird. Es geht ihnen kurzum darum, die soziale Konstruktion und situative Nutzung von Lebenslauf- und Alterskategorien als alltägliche sinnstiftende Praxis zu untersuchen:

> »We treat the life course as the product of the situative interpretative work we all do – social scientists, laypersons and professionals – to give meaning and pattern to individual experience in relationship to time.« (Holstein & Gubrium, 2000, S. 7)

In ihrem grundlegenden Buch »*Constructing the life course*« dekonstruieren Holstein und Gubrium (2000) die scheinbar objektiven Struktur- und Prozesskategorien des Lebenslaufs als sozial konstruierte Metaphern, die sozial, kulturell und historisch bedingt seien (ebd., S. 39f., 47f.). Sie argumentieren, dass die moderne westliche Vorstellung eines vorwärtsschreitenden individuellen Lebenslaufs, der mit der Geburt beginnt und nach einer zwangsläufigen und nicht umkehrbaren Abfolge von Entwicklungsstufen und Alterungsprozessen mit dem Tod endet, weder universell noch natürlich, sondern ein Artefakt der Chronologie sei, die mit Hilfe von Uhren und Kalendern das Verstreichen der Zeit als lineare Verbindung von Vergangenheit, Gegenwart und Zukunft strukturiere und in einzelne Zeiteinheiten segmentiere (ebd., S. 34, 40). In anderen Gesellschaften dagegen könne der Ablauf der Zeit auch als zyklisch, plural, reversibel, nichtlinear, unabgeschlossen, nicht messbar oder gar als irrelevant wahrgenommen werden (ebd.). Holstein und Gubrium betrachten auch die etablierten sozial- und verhaltenswissenschaftlichen Identitäts- und Lebenslaufmodelle als naturalisierende Metaphern, die von objektiv existierenden Lebenslaufmustern ausgehen, womit sie keinen anderen Status als Forschungsgegenstände einnehmen wie die Theorien von Laien oder Professionsvertreter/-innen. Dies gelte sowohl für behavioristische Lerntheorien wie auch für psychoanalytische Phasen- und Stufenmodelle, kognitionspsychologische Entwicklungstheorien, interaktionistische Sozialisations- und Rollentheorien oder funktionalistische Theorien der Anpassung an soziale Altersnormen (ebd., S. 5–27). Schließlich können auch die Forschungsmethoden, die in diesen konventionellen Lebenslaufansätzen verwendet werden, zur Naturalisierung von Lebenslaufstrukturen beitragen. So werden in biographischen Interviews oft Lebenslaufmetaphern vorab eingeführt, womit ihr Gebrauch nicht mehr neutral untersucht werden kann. Auf diese Weise arbeiten Interviewer/-innen selbst aktiv an der sozialen Konstruktion von Biographien mit, wenn sie z. B. Fragen zu Wendepunkten oder Meilensteinen des eigenen Lebens stellen (ebd., S. 175–180). Methodologisch fordern Holstein und Gubrium dazu auf, einen Schritt zurückzugehen und eine konstruktivistische Metaperspektive einzunehmen: Anstatt Lebenslaufbegriffe als Variablen aufzufassen, die Bestandteile der lebensweltlichen Realität sind, und sie für kausale Erklärungen und Vorhersagen zu nutzen, soll ihre interpretative Konstitution und praktische Verwendung untersucht werden. Das schließt selbstreflexiv auch den Beitrag ein, den die Sozialwissenschaften zur Konstruktion der von ihr untersuchten Realität leisten (ebd., S. 184f.).

Die vielzähligen Lebenslaufkonstrukte fungieren damit als begriffliche Ressourcen für die kontext- und situationsabhängige biographische Sinngebungsarbeit:

> »The vocabulary of the life course – trajectory, flow, cycle, development, transition, stagnation, regression, deterioration, landmarks, turning points, careers, or any other characterizations of movement or progression through time – are interpretively and contingently specified by way of biographical work.« (Holstein & Gubrium, 2007, S. 11)

Die mit Hilfe dieser Metaphern konstruierten Lebensgeschichten sind immer nur provisorisch, da sie als *biographies-in-use* zurückblickende Konstruktionen der Vergangenheit, momentane Interpretationen des gegenwärtigen Lebens und vorausblickende Entwürfe des zukünftigen Lebens sind, die einem beständigen Wandel unterworfen sind. Dieses *doing biography* (wie das biographische Arbeiten auch genannt werden kann) ist damit vom momentanen zeitlichen Standpunkt abhängig, insofern gegenwärtige und zukünftige Lebensereignisse immer wieder dazu veranlassen, die eigene Lebensgeschichte neu zu interpretieren und umzuschreiben. Gubrium und Holstein veranschaulichen dies am Beispiel eines Jugendlichen, dessen deliquentes Verhalten, das zunächst auf schlechte Einflüsse seiner *peer group* zurückgeführt wurde, nach einer ärztlich diagnostizierten Aufmerksamkeitsdefizitstörung neu bewertet wird und damit eine veränderte biographische Bedeutung erhält (ebd., S. 11f.). Hier zeigt sich, wie biographische Konstruktionen dazu verwendet werden, sich oder anderen Verhaltenskompetenzen und Verantwortlichkeiten zuzuschreiben oder abzusprechen, je nachdem, welche Zwecke damit verfolgt und welche Gewinne davon erwartet werden (vgl. Holstein & Gubrium, 2000, S. 118–154). Lebenslauf- und Alternsmodelle werden damit nicht nur zur narrativen Konstruktion von Biographien, sondern auch als Mittel zur »interpretativen Kontrolle« *(interpretive control)* von Identitäten und Alltagsverhalten eingesetzt (ebd., S. 185–192). Holstein und Gubrium verweisen dazu auf den Altersnormenansatz von Hagestad und Neugarten (1985), wonach altersspezifische Standards für erlaubte, vorgeschriebene oder verbotene Verhaltensweisen gelten und diese je nach erreichter Lebensphase als *on time* oder *off time* bzw. als altersangemessen oder altersunangemessen bewertet werden (ebd., S. 186).

Grenzen und offene Fragen

Gubriums vorliegender Beitrag zur Narrativen Gerontologie weist zunächst mehrere Aspekte auf, die eine Zuordnung zur Kritischen Gerontologie rechtfertigen. Zunächst ist die sozialkonstruktivistische Anlage seiner Theorie kritisch, da Alter und Altern als Produkte des sinnhaften Handelns und Interagierens von Menschen verstanden werden, die verändert und dekonstruiert werden können. Weiter ist seine Überzeugung kritisch, dass nicht nur die Altersphase und die damit verbundenen Lebenslagen sozial konstruiert sind, sondern bereits die Kategorien und Konzepte, mit denen wir lebenszeitliche Veränderungen erfassen. Nicht nur das Alter und der Alternsprozess, sondern auch die Begriffe, die wir im Alltag und in der Wissenschaft verwenden, um über diese Phänomene nachzudenken und zu sprechen, sind sozial hergestellt und damit ebenfalls kritisier- und veränderbar. Dies gilt auch für die Biographie eines Menschen, die nicht einfach als Summe seiner erfahrenen und erinnerten Erlebnisse unveränderlich vorliegt, sondern von diesem erst (im Zusammenspiel mit seiner sozialen Umwelt) durch die narrative Verknüpfung von Erfahrungen und Erlebnissen konstituiert wird. Da diese narrativen Verknüpfungen kontingent sind, also immer auch anders erfolgen können, ist die Biographie eines Menschen nicht ein für alle Mal festgelegt, sondern offen für Um- und Neuerzählungen. Schließlich formuliert Gubrium die kritische Gegenwartsdiagnose, dass biographische Erfahrungen und Erlebnisse zunehmend dadurch entprivatisiert werden, dass sich immer mehr Institutionen und Organisationen hauptamtlich mit ihrer öffentlichen Deutung und Theoretisierung beschäftigen. Erkennbar ist hier ein humanistisches Interesse an der Lebenswirklichkeit von gewöhnlichen Menschen, deren Lebenserfahrungen und biographische Deutungen ernst genommen und nicht reduktionistisch vergegenständlicht werden.

Diese emanzipatorische Grundhaltung steht im Zentrum des anderen, stärker pädagogisch orientierten Hauptstrangs der Narrativen Gerontologie. Im Sinne eines »biographischen Empowerments« untersuchen die Forscher/-innen hier nicht nur das alltägliche »biographische Arbeiten« von älteren und alten Menschen, sondern leisten mit dieser auch »Biographiearbeit« im engeren Sinne und greifen so aktiv in biographische Konstruktionsprozesse ein. Durch das methodisch angeleitete Erzählen und Umerzählen *(re-storying)* der eigenen Lebensgeschichte sollen alternative biographische Deutungs- und Handlungsmöglichkeiten entdeckt und entwickelt werden (vgl. de Medeiros, 2014). Eine gegenwartsdiagnostische Begründung für die Stärkung narrativer Kompetenzen liefern Kenyon, Ruth und Mader (1999, S. 33–35): Angesichts des postmodernen Abschieds von »großen Erzählungen« und einer drohenden Zersplitterung und Fragmentierung des Lebenslaufs seien es jetzt die biographischen Narrationen, die für die Stabilität, Kohärenz und Kontinuität von Identitäten sorgen. Mit dieser pädagogischen Ausrichtung geht allerdings oft auch der kritische Blick von außen verloren, der die Stärke des konkurrierenden Ansatzes von Gubrium und Holstein ausmacht. Anstatt eigene Urteile und Bewertungen gemäß der phänomenologischen Methode einzuklammern und biographische Konstruktionen distanziert zu beobachten, werden im Dienste eines *positive aging* (Randall, 2012) Wertmaßstäbe für »gute« (gleich kohärente, optimistische, kreative, reflexive, unkonventionelle etc.) Erzählungen gesetzt. Der Rückfall in eine naturalisierende und damit ideologische Theoriebildung ist spätestens dann erreicht, wenn normative gerontologische Konstrukte wie »Weisheit«, »Generativität« oder »Gerotranszendenz« nicht mehr dekonstruiert, sondern als wichtige Beiträge einer »positiven Gerontologie« gewürdigt und narrativ-gerontologisch reformuliert werden (Randall, 2012). Hier zeigt sich, dass die Narrative Gerontologie ihren kritischen Impuls verlieren kann, wenn sie normativ nutzbar gemacht wird. Das ist auch eine Grenze des Ansatzes von Gubrium, der die ideologischen Gefahren, die mit dieser Anwendungsperspektive verbunden sind, nicht thematisiert.

Eine zentrale Schwäche der Narrativen Gerontologie besteht darin, dass sie die sozialstrukturelle Bestimmtheit von Lebensgeschichten nur unzureichend erfassen kann. Es wird kritisiert, »dass die Freiheit des erzählenden Subjekts und die individuellen Gestaltungsspielräume durch *re-writing* und *re-storying* im Mittelpunkt der Analyse stünden, während soziale Ungleichheit(en) und unterschiedliche Ausstattungen mit materiellen und kulturellen Ressourcen aus dem Blick rücken« (van Dyk, 2015, S. 73). Auch wenn Kenyon und Randall (2001) darauf verweisen, dass die Konstruktion individueller Lebensgeschichten nicht beliebig ist, sondern durch sozialstrukturelle Grenzen und soziokulturelle Erzählungen mitgeformt wird, und Gubrium (2001) die sozialen Kontexte und lokalen Bedeutungssphären betont, die das aktive Geschichtenerzählen strukturieren, liegt der primäre Fokus der Narrativen Gerontologie auf der individuellen und interaktiven Mikroebene. Indem sie quantitativ-statistisch erklärende Ansätze ablehnt und der subjektiven Binnenperspektive der Erzähler/-innen verhaftet bleibt, kann die Narrative Gerontologie nur dann klassen-, geschlechts-, kultur- und generationsspezifische Einflüsse auf narrative Kompetenzen, Erzählmuster und Erzählthemen nachweisen, wenn diese Einflüsse auch in den einzelnen Geschichten selbst zur Sprache kommen.

Schlüsseldokument

Gubrium, J. F. (2001). Narrative, Experience and Aging. In G. M. Kenyon, P. G. Clark & B. De Vries (Hrsg.), *Narrative gerontology: theory, research, and practice* (S. 19–30). New York, NY: Springer Publishing.

Ergänzende und vertiefende Texte

Gubrium, J. F. & Holstein, J. A. (1999). Constructionist Perspectives on Ageing. In V. L. Bengtson & K. W. Schaie (Hrsg.), *Handbook of Theories of Aging* (S. 287–305). New York, NY: Springer Publishing.
Gubrium, J. F. & Holstein, J. A. (2006). Biographical Work and the Future of the Ageing Self. In J. A. Vincent, Ch. Phillipson & M. Downs (Hrsg.), *The Futures of Old Age* (S. 117–124). London u. a.: Sage.
Holstein, J. A. & Gubrium, J. F. (2000). *Constructing the Life Course*. (2. Auflage). Dix Hills, NY: General Hall.
Holstein, J. A. & Gubrium, J. F. (2007). Constructionist Perspectives on the Life Course. *Sociology Compass, 1(1)*, 335–352.
Kenyon, G. M. & Randall, W. L. (2001). Narrative gerontology: an overview. In K. M. Kenyon, P. G. Clark & B. De Vries (Hrsg.), *Narrative gerontology: theory, research, and practice* (S. 3–18). New York, NY: Springer Publishing.
Kenyon, G. M., Ruth, J.-E. & Mader, W. (1999). Elements of a narrative gerontology. In V. L. Bengtson & K. W. Schaie (Hrsg.), *Handbook of Theories of Aging* (S. 40–58). New York, NY: Springer Publishing.
Randall, W. L. (2012). Positive Aging Through Reading Our Lives. On the Poetics of Growing Old. *Psychological Studies, 57(2)*, 172–178.

Literatur

Amrhein, L. & Backes, G. M. (2008). Alter(n) und Identitätsentwicklung. Formen des Umgangs mit dem eigenen Älterwerden. *Zeitschrift für Gerontologie und Geriatrie, 41(5)*, 382–393.

Bruner, J. (1999). Narratives of Aging. *Journal of Aging Studies, 13(1)*, 7–9.
Dyk, S. van (2015). *Soziologie des Alters*. Bielefeld: transcript.
Hagestad, G. O. & Neugarten, B. L. (1985). Age and the life course. In E. Shanas & R. Binstock (Hrsg.), *Handbook of aging and the social sciences* (S. 36–61). (2. Auflage). New York: Van Nostrand and Reinhold Company.
Kaufman, S. R. (1986). *The ageless self: Sources of meaning in late life*. Madison WI: University of Wisconsin Press.
Kübler-Ross, E. (1969). *On death and dying*. New York: Macmillan.
Medeiros, K. de (2014). Narrative gerontology in research and practice. New York: Springer.

4.6 Feministische und intersektionale Ansätze

Erna Dosch

Kurzdefinition

Unter feministischen Ansätzen wird eine Vielfalt von Konzepten »zur Geschlechter- und Gesellschaftskritik sowie zu freien und gleichheitlichen Verhältnissen, teils auch beziehungsorientierten (relationalen) oder allgemein-erotischen Zusammenhängen« (Lenz, 2019, S. 231f.) subsumiert, weshalb aufgrund der verschiedenen Strömungen zur exakteren Bezeichnung meist der Begriff »Feminismen« verwendet wird. Diese verfolgen das Ziel, Geschlechterverhältnisse und soziale Ungleichheitslagen zu verändern (vgl. ebd.).

Die Bezeichnung Intersektionalität bzw. *intersectionality* (engl. *intersection*: Schnittpunkt, Kreuzung, Schnittmenge) stammt von Schwarzen Feminist/-innen aus den USA und wurde Ende der 1980er Jahre von der Juristin und Frauenrechtlerin Kimberlé Crenshaw geprägt. Sie vertrat die Auffassung, dass Schwarze Frauen nicht nur mit Rassismus oder Sexismus konfrontiert sind, sondern auch von anderen sich überkreuzenden Kategorien von Diskriminierung betroffen sein können (Crenshaw, 2013, S. 40). Zu sozialen Kategorien zählen vor allem die Trias Geschlecht, Ethnizität/Race und Klasse, die im Laufe der Zeit um weitere Kategorien zur Differenzierung erweitert wurden, z. B. Gesundheit (Davis, 2013, S. 66f.). Solche sozialen Kategorien sollen nicht nur getrennt betrachtet werden, sondern erfordern eine Analyse »in ihren ›Verwobenheiten‹ oder ›Überkreuzungen‹ (intersections)« (Walgenbach, 2012a, S. 81). »Statt die Wirkungen von zwei, drei oder mehr Unterdrückungen lediglich zu addieren«, treten »Kategorien in verwobener Weise« auf, verstärken sich wechselseitig, schwächen sich ab oder können sich auch verändern (Winker & Degele, 2009, S. 10). Neben der Einbeziehung mehrerer ungleichheitsgenerierender Strukturkategorien ist die Untersuchung ihres »gleichzeitigen Zusammenwirkens« und ihrer Wechselwirkungen von Relevanz (Walgenbach, 2012a, S. 81).

Die intersektionale Perspektive ermöglicht, vielfältige Ungleichheits- und Unterdrückungsverhältnisse zu betrachten, die über die Kategorie Geschlecht allein nicht zu erklären sind. Die Mehrheit der feministischen Wissenschaftler/-innen gehen mit der These konform, dass Intersektionalität für die feministische Theorie von großer Bedeutung ist. Allerdings bleibt unklar, ob es sich um eine Theorie, ein Konzept, ein heuristisches Instrument oder eine Interpretationsstrategie für feministische Analysen etc. handelt (Davis, 2013, S. 59).

Es lassen sich verschiedene Bedeutungsebenen differenzieren (Crenshaw, 1995, zitiert nach Walgenbach, 2012b, S. 13f.):

1. »Intersectionality in Bezug auf Überkreuzung und Überschneidung von Kategorien und Herrschaftsstrukturen (race/gender und racism/sexism) […].

2. Intersectionality als Konzeptualisierung der sozialen Position Schwarzer Frauen innerhalb sich überlappender Systeme (*overlapping systems*) von Subordinationen und am Rande von Feminismus und Antirassismus […].
3. Intersectionality als politisches Identitätskonzept, das sich nicht auf eine Kategorie beschränkt […].«

Sowohl in den USA als auch im deutschsprachigen Raum findet die Dimension Alter innerhalb der feministischen bzw. intersektionalen Forschung wenig Berücksichtigung, was von Wissenschaftler/-innen bereits seit längerem angemahnt wird (vgl. Calasanti et al., 2006; Denninger & Schütze, 2017).

Nachfolgend rezipiertes Schlüsseldokument zur kritischen Gerontologie mit dem Titel »*Ageism and Feminism: From ›Et Cetera‹ to Center*« (2006) der Autor/-innen Toni Calasanti, Kathleen F. Slevin und Neal King leistet einen Beitrag zur Analyse von Alter in den *women's studies* und zeigt mögliche Intersektionalitäten bzw. Verschränkungen der beiden analytischen Kategorien Alter(n) und Geschlecht auf.

Kurzportrait der Autor/-innen

Toni Calasanti ist Soziologin und Professorin im Department für Soziologie am *Virginia Polytechnic Institute Blacksburg* in Virginia, USA. Den akademischen Doktorgrad des Ph.D. erhielt sie im Jahre 1987 an der *University of Kentucky*, USA. Neben ihrer Professur war sie von 2016 bis 2017 Gastprofessorin an der *School of Social Sciences and Humanities, University of Tampere*, in Finnland. In ihren zahlreichen Publikationen beschäftigt sie sich u. a. mit Geschlecht, dem hohen Alter, Alter(n) und Ageism, bezahlter und unbezahlter Arbeit, alternden Körpern und sozialer Ungleichheit der Geschlechter im Alter.

Kathleen F. Slevin ist Soziologin und emeritierte Professorin des *College of William and Mary* in Williamsburg, Virginia, USA. Den akademischen Doktorgrad des Ph.D. erhielt sie an der *University of Georgia*, USA. Seit dem Eintritt in das *College of William and Mary* 1986 hatte sie dort unterschiedliche Leitungspositionen inne. Zuletzt war sie als leitende Professorin der Soziologie und als Prorektorin für akademische Angelegenheiten zuständig. Zu ihren Spezialgebieten gehören Ungleichheit in Bezug auf Alter und Geschlecht, zu denen zahlreiche wissenschaftliche Publikationen (u. a. mit Toni Calasanti) existieren.

Neal King ist Soziologe und Professor im Department für Soziologie am *Virginia Polytechnic Institute Blacksburg* in Virginia, USA. Den akademischen Doktorgrad des Ph.D. erhielt er im Jahr 1996 an *der University of California* in Santa Barbara. Seit 2015 ist er Professor und beschäftigt sich in seinen Veröffentlichungen u. a. mit Gewalt in populären Filmen, Männlichkeit und Ungleichheit in Bezug auf Alter und Geschlecht.

Kernaussagen im Schlüsseldokument

Grundannahmen/Ausgangspunkt

Calasanti et al. konstatieren in ihrem Schlüsseltext aus dem Jahr 2006, dass Wissenschaftler/-innen und Aktivist/-innen der *women's studies* zwar die Realität von Ageism bzw. Altersdiskriminierung nicht leugneten, jedoch sei es versäumt worden, Alter in den Mittelpunkt von Analysen zu stellen bzw. *age relations*[52] theoretisch zu fundieren. Sie erläutern in ihrem Beitrag die Bedeutung von *age relations*, Überkreuzungen mit anderen Kategorien der sozialen Ungleichheit und diskutieren, auf welche Art und Weise alte Menschen unterdrückt werden.

Im ersten Abschnitt »*Neglecting Old Age*« kritisieren Calasanti et al. (2006, S. 13f.), dass feministische Wissenschaftler/-innen und Aktivist/-innen das Thema ›Alter‹ bisher unzureichend berücksichtigt hätten, da sie sich weder mit alten Frauen noch mit dem Prozess des Alterns auseinandersetzten. Insgesamt blendeten sie ›Alter‹ in ihrer Forschung und in Diskursen aus und die Anzahl der Wissenschaftler/-innen in den *women's studies*, die sich mit Alter beschäftigten, sei nach wie vor sehr gering. Themen rund um ›Alter‹ würden ignoriert und man müsse sich fragen, weshalb dies so sei (ebd., S. 14).

Im zweiten Abschnitt »*The Bias of Middle Age*« (ebd., S. 14–17) legen die Autor/-innen Belege dafür vor, dass das mittlere Alter in Theorie und Forschung in den *women's studies* bevorzugt wird. Generell würden alte Körper als Forschungsgegenstand, beispielsweise von Frauen ab der Menopause, in der feministischen Forschung sowie im wissenschaftlichen Diskurs ignoriert, was sich in den verschiedenen feministischen Fachzeitschriften und in der Fachliteratur zum Thema ›Körper‹ widerspiegle. Somit werde hohes Alter als politische Position (*political location*) in Relation zu anderen Altersgruppen missachtet.

Den wenigen Studien zum (hohen) Alter fehle eine fundierte theoretische und kritische Analyse zu *age relations*. Sie stützten sich zwar auf statistische Darstellungen von Benachteiligungen von Frauen im Alter, z.B. geringes Einkommen, theoretische Zusammenhänge und Machtbeziehungen blieben jedoch außer Acht. Häufig würden die Alltagserfahrungen der alten Frauen und ihre Weltsicht nicht in Studien mit einbezogen.

Zudem verstärke es die Altersdiskriminierung, wenn etwa Feminist/-innen das kulturelle Diktat »Erfolgreich Altern« nach Rowe und Kahn (1998) akzeptierten. Hier stehe die Idee im Vordergrund, dass alte Menschen Aktivitäten aufrechterhielten, denen mit Geld und Freizeit privilegierte Menschen des mittleren Alters nachgingen. Damit werde zugleich der Körper zu einem zentralen Element der Identität und des Alter(n)s und somit zu einem lebenslangen Projekt des jugendlichen Aussehens, das mehr und mehr Arbeit abverlange. Unabhängig davon, ob es Aufgabe sei, erfolgreich zu altern (*age successfully*) oder alterslos zu sein (*agelessness*), die Notwendigkeit das Alter negieren zu müssen, stelle das Herzstück des Ageismus bzw. der Altersdiskriminierung dar (▶ Kap. 4.3).

---

52 Der Begriff *age relations* kann je nach Kontext mit Altersbeziehungen oder Altersverhältnisse übersetzt werden.

Nur durch eine Kritik an den *age relations* und Machtverhältnissen könnten Feminist/-innen in die Unterdrückung von alten Menschen eingreifen, insbesondere bei denjenigen, die an den Schnittstellen mehrerer Hierarchien marginalisiert sind und somit an den Rand der Gesellschaft gedrängt werden.

Argumentation

Basierend auf der oben skizzierten Kritik, d. h. der unzureichenden Beachtung von Alter in der feministischen Forschung und der theoretischen Analyse, entwickeln die Autor/-innen ein Konzept zu *age relations* (Calasanti et al., 2006, S. 17f.), das sich auf drei Dimensionen bzw. Annahmen stützt, wobei es sich bei dem erarbeiteten Konzept um den Anfang einer noch zu vollendenden Arbeit handle (ebd., S. 17):

1. Alter dient einem sozialen Organisationsprinzip.
2. Unterschiedliche Altersgruppen gewinnen Identitäten und Macht im Verhältnis zueinander, so dass ein hierarchisches Verhältnis verschiedener Altersgruppen zueinander besteht
3. *Age relations* überkreuzen sich mit anderen Machtverhältnissen.

Zusammengenommen wirkten sich diese drei Dimensionen auf die Lebenschancen von Personen aus: »*Together, these have consequences for life chances for people's abilities to enjoy economic security and good health.*« (Ebd.) Der Fokus auf age relations erlaube es, mehr darüber zu lernen, wie alle unsere Positionen und Erfahrungen auf altersbedingten Machtverhältnissen basierten.

Die erste Dimension, nach der Gesellschaften auf der Basis des Alters organisiert seien, sei von Wissenschaftler/-innen in Alter(n)sstudien umfassend dokumentiert worden. Alter stelle ein »Masterstatus-Merkmal« dar, das sowohl Einzelpersonen als auch Gruppen definiere. Gesellschaften schrieben angemessene Verhaltensweisen und Verpflichtungen auf der Grundlage des Alters vor (ebd.), so dass hier spezifische gesellschaftliche Grenzen und Normen, auf Alter basierend, angesprochen werden. Die zweite und dritte Dimension der *age relations* bezögen sich direkter auf Machtfragen und darauf, wie und warum eine solche auf Alter basierende Gesellschaftsorganisation für die Lebenschancen von Bedeutung sei. Das Alter verschärfe nicht nur andere Ungleichheiten, sondern sei ein sozialer Standort an sich, der einen Machtverlust für alle als ›alt‹ bezeichneten Personen bedeute, unabhängig von ihren Vorteilen in anderen Hierarchien.

Wenn Feminist/-innen Machtbeziehungen untersuchten, beispielsweise solche, die auf Geschlecht basierten, würden systematische Unterschiede zwischen Frauen und Männern deutlich. Dies geschehe in Anerkennung der Tatsache, dass andere Machtbeziehungen zusätzlich ins Spiel kämen. Indem *age relations* theoretisch fundiert würden, könnten ebenfalls systematische Unterschiede erkannt werden, z. B. zwischen einer alten und einer jungen Frau. Somit werde ersichtlich, dass Diskriminierung und Ausgrenzung auf Alter basiere, gerade wenn Alter mit weiteren Kategorien der sozialen Ungleichheit wie Rasse, ethnische Zugehörigkeit, Sexualität, Klasse oder Geschlecht verknüpft werde.

Der Punkt, an dem man die Zuschreibung ›alt‹ erhalte, unterscheide sich von diesen anderen Benachteiligungen bzw. Ungleichbehandlungen insofern, dass diese Verluste von Autorität und Status mit sich bringen. Das Alter sei eine einzigartige Zeit des Lebens und nicht einfach ein additives Ergebnis von Erlebnissen, die im Laufe des Lebens aufträten. Diejenigen, die als alt wahrgenommen würden, würden an den Rand der Gesellschaft gedrängt und verlören an Macht. Sie würden Gewalt (z. B. Misshandlungen älterer Menschen), Ausbeutung und »kulturellem Imperialismus« ausgesetzt. Die erlittenen Benachteiligungen bzw. Ungleichbehandlungen bei der Verteilung von Autorität, Status und Geld würden aber als ›natürlich‹ wahrgenommen und daher kritiklos hingenommen.

Die Autor/-innen fundieren ihr (Gegen-)Konzept, indem sie aufzeigen, wo und wie alte Menschen diese Benachteiligungen bzw. Ungleichbehandlungen erleben:

1. »Machtverlust« (*Loss of Power*) (ebd., S. 18): Alte Menschen erlitten einen Machtverlust, indem sie an Autorität und Autonomie einbüßten. Dies zeige sich z. B. in der unterschiedlichen ärztlichen Behandlung, indem alte Patient/-innen anders als jüngere behandelt und ihnen häufiger Informationen, Dienstleistungen und medizinische Therapien vorenthalten würden.
2. »Arbeitsplatzprobleme und Marginalisierung« (*Workplace Issues and Marginalization*) (ebd., S. 18f.): Ageismus manifestiere sich auf dem Arbeitsmarkt durch einen Verlust an Status und Geld. Auch wenn die Einstellungen und Überzeugungen der Arbeitgeber/-innen gegenüber alten Arbeitnehmer/-innen eine Rolle spielten, wirke Altersdiskriminierung oft subtil in die Bereiche der Personalausstattung, Einstellungspolitik, Karrierestrukturen und Ruhestandspolitik ein. Das Unvermögen, im Alter Geld verdienen zu können, bedeute, dass die meisten alten Menschen auf andere angewiesen seien: entweder auf Familienmitglieder oder den Staat. Durch die Betrachtung der wirtschaftlichen Abhängigkeit und sozialen Sicherheit alter Menschen würde die Benachteiligung durch *age relations* deutlich. Die Marginalisierung alter Menschen zeige sich beim Verlassen des Arbeitsmarktes, z. B. durch Einkommensrückgänge.
3. »Wohlstand und Einkommen« (*Wealth and Income*) (ebd., S. 19f.): Viele Menschen in den USA glaubten, dass eine Menge alter Menschen über enorme wirtschaftliche Ressourcen verfügten, eine Annahme, die offensichtlich im Widerspruch zu der Behauptung stehe, dass ältere Menschen im späteren Leben Status oder Geld verlören. Dennoch bestünden die größten Ungleichheiten in Bezug auf Einkommen und Vermögen bei alten Menschen insofern, dass viele von Armut betroffen seien. Die große Mehrheit der Sozialhilfebedürftigen werde nur durch eine kleine Gruppe extrem wohlhabender alter Menschen statistisch neutralisiert.
4. »Kulturelle Abwertung« (*Cultural Devaluation*) (S. 20f.): Abschließend erörtern die Autor/-innen, dass alte Menschen einem »Kulturimperialismus« unterlägen, der durch »die Betonung von Jugend und Vitalität« deutlich werde und so die positiven Beiträge alter Menschen untergrabe. Die Tatsache, dass das Altsein an und für sich eine Position mit niedrigem Status sei, spiegle sich in der florierenden Anti-Ageing-Industrie wider. Neben der Einnahme u. a. von

Nahrungsergänzungsmitteln verbrächten immer mehr Menschen stundenweise Zeit im Fitnessstudio, unterzögen sich kosmetischen Operationen und verwendeten Anti-Ageing Produkte, um die physischen Altersmerkmale zu beseitigen. Die Gleichsetzung von Altsein mit Krankheit und körperlichem und seelischem Verfall sei so weit verbreitet, dass sichtbare Zeichen des Alters als Rechtfertigung für die Einschränkung der Rechte und Befugnisse alter Menschen ausreichten. Der Vergleich des Alters mit einer ›natürlichen‹ Ordnung rechtfertige den Ageismus, indem z. B. behandlungsbedürftige Erkrankungen von alten Menschen beschwichtigt, auf das Alter bezogen und somit medizinisch unzureichend versorgt blieben.

Allerdings unterschieden sich die *age relations* von anderen Machtverhältnissen dadurch, dass sich die eigene Gruppenzugehörigkeit im Laufe der Zeit verändere. Deshalb könne man im Laufe des Lebens beide Aspekte der *age relations* – Vor- und Nachteile – erleben. Solche dramatischen Verschiebungen im Status, wie man sie durch das Alter zwangsläufig erfahre, seien im Vergleich mit anderen Machtverhältnissen (z B. Geschlecht, ethnische Zugehörigkeit) ungewöhnlich.

Des Weiteren legen die Autor/-innen unter der Überschrift »*Centering on Old Age: the Challenge to Feminismus*« (ebd., S. 21–24) dar, wie hohes Alter und *age relations* in den Mittelpunkt der Analyse gestellt werden können, um feministische Theorien und Praktiken zu verändern. Sie betrachten die Themen »alternde Körper« (*aging bodies*) (ebd., S. 21f.) und »Carework und Abhängigkeit« (*carework and dependence*) (ebd., S. 22–24) als beispielhaft dafür, wie diese bewusste Fokusverschiebung eine inklusive feministische Perspektive schafft, die für mehrere Themen angewendet werden kann.

Im ersten Themenbereich »Alternde Körper« (*aging bodies*) (ebd., S. 21f.) wird herausgestellt, wie Alter zu einer intersektionalen Achse der Ungleichheit bzw. Differenz beiträgt. Da sich Wissenschaftler/-innen der *women's studies* auf die Erfahrungen junger Erwachsener und Frauen des mittleren Alters konzentrierten, fokussiere sich ein Großteil ihrer Argumente gegen die kosmetische Chirurgie und die Hautpflegeindustrie bzw. auf das Verhältnis von Frauen zum »männlichen Blick« (*male gaze*). Mit einem *male gaze* würden Frauen in den visuellen Medien so dargestellt, dass sie als erotisches Spektakel zum Vergnügen von Männern dienten. Wenn jedoch erkannt werde, dass die Attraktivität einer alten Frau durch den disziplinierenden Blick der Jugend (*gaze of youth*) beurteilt werde, so offenbare sich das Alter als eine intersektionale Achse der Ungleichheit. Jeder Blick mache eine Person zum Objekt, die durch einen untergeordneten Status definiert werde. Solche Urteile könnten grundsätzlich von den Betroffenen verinnerlicht oder als von außen zugeschrieben bzw. abgelehnt werden. Dennoch unterschieden sich die Urteile, die aus den männlichen und jugendlichen Blicken resultierten, stark. So bestünden etwa Machtbeziehungen zwischen den alten Pflegeempfängerinnen und den jüngeren Frauen, die sie üblicherweise badeten. Die nackten alten Menschen würden dem verurteilenden, potenziell immer angewiderten Blick der Jugend ausgesetzt, welcher auf das subtile Stigma alter Körper hindeute. Zudem würden Frauen durch den Alterungsprozess als sexuelle

Wesen unsichtbar bzw. de-sexualisiert. Sie würden nicht nur in Bezug auf die (häufig mit Abwertung verknüpfte) Objektivierung ihrer Sexualität nicht mehr wahrgenommen, sondern ihnen werde die Sexualität gänzlich abgesprochen, so u. a. auch von lesbischen Gemeinschaften. Diese Unsichtbarkeit rufe andere Reaktionen hervor und erzeuge eine andere Form der Abhängigkeit als jüngere Frauen sie kennen bzw. erfahren würden (ebd., S. 21), so dass alte Frauen gegenüber jüngeren insgesamt benachteiligt seien.

Im zweiten Themenbereich »Pflege und Abhängigkeit« (*Carework and Dependence*) (ebd., S. 22ff.) wird aufgezeigt, wie die Fokussierung auf alte Menschen die Studien zu Carework (Pflege- und Sorgearbeit) verändern könnten. Viele Forscher/-innen hätten sich in Bezug auf die Altenpflege nur auf jüngere pflegende Frauen fokussiert, die Ältere pflegten. Die Erforschung und das Interesse an alten Pflegeempfänger/-innen oder Pflegenden als Ehepartner/-innen fehle. Dabei werde Pflege durch Ehegatten bevorzugt ausgeführt und eheliche Pflegekräfte zeigten, mit wenigen geschlechtsspezifischen Differenzen, mehr ähnliche als unterschiedliche Verhaltensweisen. Ehemänner, die in der gesundheitlichen Grundversorgung tätig seien, würden tendenziell fast genauso viel Zeit mit der Pflege verbringen, wie Ehefrauen, die ähnliche Aufgaben, einschließlich der Körperpflege ausführten. Zu verstehen, wie und warum Ehegatten eine sich gleichende Pflegearbeit verrichteten, gebe eine andere Perspektive auf Pflegearbeiten, beispielsweise auf die Kompetenzen von Männern oder auf strukturelle Anreize zur Pflege durch Partner/-innen. Die Fokussierung auf pflegerische Beziehungen zwischen alten Menschen könne auch aufzeigen, wie das Geschlecht die Bedeutung der Pflegeerfahrung präge und wie die Beteiligten Identitäten in diesem Kontext verhandelten, z. B. unterschiedliches Pflegeverhalten und verschiedene Bewältigungsstrategien von Ehefrauen und -männern. Die Erforschung dieses Gebiets könne Probleme von Pflegekräften aufdecken, die sich aus den Kategorien Alter und Geschlecht ergeben, oder Arten und Weisen, wie gebrechliche Ältere Pflege beziehen können, ohne sich abhängig zu fühlen. Diese Fokussierung auf alte Pflegekräfte und Pflegeempfänger/-innen verdeutliche die Machtverhältnisse, die durch den »Blick der Jugend« (*gaze of youth*) hergestellt werden. So würde der Betreuung von Kindern ein relativ hoher Stellenwert zugeschrieben, während feministische Studien zeigen, dass insbesondere die Pflege alter Menschen geringgeschätzt wird. Beispielsweise werde die von Männern geleistete Pflege- und Sorgearbeit für Kinder anerkannt und oft gelobt. Die Pflegearbeit alter Ehemänner für ihre Ehefrauen sei jedoch faktisch unsichtbar (ebd., S. 23). Das sollte Feminist/-innen zum Überdenken von Abhängigkeitsproblematiken anregen.

Noch aber sei die Arbeit sowohl von Feminist/-innen als auch Gerontolog/-innen von einer Orientierung an der Aktivität des mittleren Alters bestimmt, insofern, dass argumentiert werde, dass ›produktiv‹ besser sei als ›unproduktiv‹. Dies führe dazu, dass alte Menschen sich genötigt fühlten, aktiv zu bleiben, um wertvoll zu sein. So würden z. B. Großmütter dazu gedrängt, sich um Enkelkinder zu kümmern, sodass die Mütter der Kinder berufstätig sein könnten. Dieses Ausnutzen älterer Frauen durch jüngere verfestige den Status von Frauen als Hausangestellte und Bedienstete von anderen und es beute Frauen altersbedingt aus, insofern, dass ihre unbezahlte Arbeit anderen Familienmitgliedern zu Gute käme.

Generell seien zu politischen Fragen, insbesondere im Zusammenhang mit benachteiligten alten Menschen, wenige Äußerungen der Feminist/-innen zu vernehmen. So gebe es kaum Diskussionen unter Wissenschaftler/-innen in den *women's studies* zu Reformen politischer Programme, die alte Frauen benachteiligen. Weil sich Feminist/-innen so sehr auf jüngere Altersgruppen konzentrierten, wenn sie Abhängigkeiten untersuchten, blieben die potenziell verheerenden Auswirkungen der Sozialhilfereform für benachteiligte Gruppen unentdeckt.

Ergänzungen

Calasanti und Slevin (2001) befassten sich bereits in ihrer gemeinsamen Monographie »*Gender, social inequalities, and ageing*« mit den Kategorien Alter(n) und Geschlecht, sowohl mit der unzureichenden Berücksichtigung von Alter in der Geschlechterforschung als auch mit der geringen Beachtung von Geschlecht in der Alter(n)sforschung. Hier zeigen sie speziell die miteinander verwobenen gesellschaftlichen Organisationsprinzipien von Alter(n) und Geschlecht, »*a gender lens on aging and an aging lens on gender*«, auf (ebd., S. 179–202). Bereits im Jahr 2003 formulierte Calasanti das Konzept der »*age relations*« (Calasanti, 2003). In einer weiteren Publikation (Calasanti, 2010) bezieht sie sich anhand der Intersektionalität von Gender, Sexualität und Alter und den daraus resultierenden Hierarchien und Machtverhältnissen auf dieses Konzept. Hier kritisiert sie, dass in der gerontologischen Forschung die Sexualität alter Menschen kaum thematisiert werde (ebd., S. 478–482). Ähnlich wie Geschlecht das Alter(n) präge, beeinflussten auch andere Hierarchien, z. B. Sexualität, die Kategorien Alter(n) und Geschlecht (ebd., S. 473). In ihrem Aufsatz »*Intersectionality and age*« beschäftigten sich Calasanti und Neal (2015) mit »*Intersectionality and ageing bodies*«. Hier kritisierten sie u. a., dass Intersektionalität von Sozialgerontolog/-innen häufig mit *diversity* und *difference* gleichgesetzt werde, obgleich der Ansatz der Intersektionalität über die Beobachtung von Unterschieden hinausgehe und umfassender sei (ebd., S. 193).

Grenzen und offene Fragen

Der verwendete Ansatz des Schlüsseldokuments von Calasanti et al. (2006) ermöglicht es, Intersektionen zwischen den Differenzkategorien Alter(n) und Geschlecht bzw. zwischen weiteren ungleichheitsgenerierenden Strukturkategorien, z. B. Körper und Sexualität, konzeptionell zu erfassen. Der Fokus auf Alter(n) und *age relations* zeigt wichtige Einblicke, wie Positionen und Erfahrungen auf altersbedingten Machtverhältnissen basieren können, z. B. zwischen jungen und alten Frauen. Das ausgeführte Konzept bietet somit zahlreiche weiterführende Anregungen zur Analyse von Machtverhältnissen. Allerdings fehlen Differenzierungen zur Intersektion verschiedener Kategorien und den entsprechenden Kontexten zu Ungleichheitsverhältnissen. Beispielsweise kritisiert Richter (2017), dass die Aussagen zur Benachteiligung von älteren Frauen von Calasanti et al. (2006)

als allgemein und undifferenziert betrachtet werden können, »da davon auszugehen ist, dass die Bedeutung dieser Ungleichheit [sich] je nach Kontext sehr unterschiedlich« gestalte. Auch werde »Großmutterschaft nur als Limitierung der Freiheit älterer Frauen interpretiert« (Richter, 2017, S. 83). Diese Sichtweise wirke verkürzend, da hier die Relevanz von engen sozialen und familialen Beziehungen außer Acht gelassen werde. Konzeptionell werde ein Bezug zu einer Strukturebene hergestellt, »der zugrunde gelegte Strukturbegriff bleibt aber unscharf« (ebd., S. 84). Richter weist auch auf viktimisierende Tendenzen des Konzepts hin, »da Selbstdeutungen und Handlungen der Subjekte nicht erfasst« würden (ebd.).

Hinzuzufügen ist, dass auch in der Geschlechterforschung des deutschsprachigen Raums Alter nur »implizit« behandelt wird (Denninger & Schütze, 2017, S. 7). Zwar beschäftigte sich vor allem Backes (z. B. Backes, 2007; Backes, et al. 2006) mit Strukturzusammenhängen von Alter(n) und Geschlecht sowie mit Lebenslagen und sozialer Ungleichheit. Denninger und Schütze weisen jedoch auf das Fehlen von Beiträgen »abseits statistisch-deskriptiver Abbildungen von strukturellen Mehrheitsverhältnissen im Alter(n)« (Denninger & Schütze, 2017, S. 8) hin und plädieren für eine theoretische Neubewertung des Verhältnisses von Alter(n) und Geschlecht. Degele (2019, S. 347) konstatiert für den europäischen Raum Kritik an Intersektionalitätskonzepten, an ihrer Entpolitisierung und mangelnden methodischen Ausformulierung. Unter Entpolitisierung sei die Fokussierung auf »Theorie und Methodologie« zu verstehen, die politische Chancen und die »Kritik von Herrschaftsverhältnissen« kaum beachte (ebd.).

> **Schlüsseldokument**
>
> Calasanti, T., Slevin, K. F. & King, N. (2006). Ageism and Feminism: From »Et Cetera« to Center. *NWSA Journal, 18(1)*, 13–30.

Ergänzende und vertiefende Texte

Calasanti, T. M. & Slevin, F. K. (2001). *Gender, Social Inequalities, and Aging*. CA: Alta Mira Press.
Calasanti, T. (2003). Theorizing Age Relations. In S. Biggs, A. Lowenstein & J. Hendricks (Hrsg.), *The Need for Theory: Critical Approaches to Social Gerontology* (S. 199–218). Amityville, New York: Baywood.
Calasanti, T. (2010). Gender Relations and Applied Research on Aging. *The Gerontologist, 50(6)*, 720–734.
Calasanti, T. & King, N. L. (2015). Intersectionality and age. In J. Twigg & W. Martin (Hrsg.), The *Routledge Handbook of Cultural Gerontology* (S. 193–200). London: Routledge.

Literatur

Backes, G. M., Amrhein, L. & Uhlmann, A. (2006). Geschlecht und Alter(n). Überlegungen zu einem Forschungsprogramm. *Zeitschrift für Frauenforschung und Geschlechterstudien*, 2 *(39)*, 15–24.

Backes, G. M. (2007). Geschlechter-Lebenslagen-Altern. In U. Pasero, G. M. Backes & K. R. Schroeter (Hrsg.), *Altern in Gesellschaft. Ageing – Diversity – Inclusion* (S. 152–183). Wiesbaden: Springer VS.

Crenshaw, K. (2013). Die Intersektion von »Rasse« und Geschlecht demarginalisieren: Eine Schwarze feministische Kritik am Antidiskriminierungsrecht, der feministischen Theorie und der antirassistischen Politik. In H. Lutz, M. T. Herrera Vivar & L. Supik (Hrsg.), *Fokus Intersektionalität. Bewegungen und Verortungen eines vielschichtigen Konzepts* (S. 35–58). Wiesbaden: Springer VS.

Crenshaw, K. (1995). Race, Reform, and Retrenchment: Transformation and Legitimation in Antidiscrimination Law. In K. Crenshaw, N. Gotanda, G. Peller & K. Thomas (Hrsg.), *Critical Race Theory. The Key Writings That Formed The Movement* (S. 103–126). New York: The New Press.

Davis, K. (2013). Intersektionalität als »Buzzword«. Eine wissenschaftssoziologische Perspektive auf die Frage »Was macht eine feministische Theorie erfolgreich?« In H. Lutz, M. T. Herrera Vivar & L. Supik (Hrsg.), *Fokus Intersektionalität. Bewegungen und Verortungen eines vielschichtigen Konzepts* (S. 59–73). Wiesbaden: Springer VS.

Degele, N. (2019). Intersektionalität: Perspektiven der Geschlechterforschung. In B. Kortendiek, B. Riegraf & K. Sabisch (Hrsg.), *Handbuch Interdisziplinäre Geschlechterforschung* (S. 341–348). Wiesbaden: Springer VS.

Denninger, T. & Schütze, L. (Hrsg.). (2017). *Alter(n) und Geschlecht. Neuverhandlungen eines sozialen Zusammenhangs* (S. 7–22). Münster: Westfälisches Dampfboot.

Lenz, I. (2019). Feminismus: Denkweisen, Differenzen, Debatten. In B. Kortendiek, B. Riegraf & K. Sabisch (Hrsg.), *Handbuch Interdisziplinäre Geschlechterforschung* (S. 231–242). Wiesbaden: Springer VS.

Rowe, J. W. & Kahn, R. L. (1998). *Successful Aging*. New York: Pantheon Books.

Richter, A. S. (2017). *Intersektionalität und Anerkennung. Biographische Erzählungen älterer Frauen aus Ostdeutschland*. Weinheim und Basel: Juventa.

Walgenbach, K. (2012a). Intersektionalität als Analyseperspektive heterogener Stadträume. In E. Scambor & F. Zimmer (Hrsg.), *Die intersektionelle Stadt. Geschlechterforschung und Medien an den Achsen der Ungleichheit* (S. 81–92). Bielefeld: transcript.

Walgenbach, K. (2012b). *Intersektionalität – eine Einführung*. Zugriff am 26.11.2020 unter http://portal-intersektionalitaet.de/uploads/media/Walgenbach-Einfuehrung.pdf.

Winker G. & Degele N. (2009). *Intersektionalität. Zur Analyse sozialer Ungleichheiten*. Bielefeld: transcript.

4.7 Foucauldian Gerontology

Klaus R. Schroeter & Harald Rüßler

Kurzdefinition

Eine allgemeine und wissenschaftlich autorisierte Definition einer *Foucauldian Gerontology* existiert nicht. Allerdings wird damit unter Gerontolog/-innen eine methodische und theoretische Strömung innerhalb der Kritischen Gerontologie bezeichnet, die unter Berufung auf die Werke des französischen Sozialphilosophen Michel Foucault (1926–1984) das Alter, die Entstehung der Alternspolitiken und Alternswissenschaften (Gerontologie) zu rekonstruieren versucht.

In einer an die Foucault'sche Sozialphilosophie angelehnten Gerontologie (*Foucauldian Gerontology*) wird zumeist aufgezeigt, wie das Alter(n) in seiner sozialhistorischen Entwicklung durch (u. a. ethisch/moralische, ökonomische, politische, wissenschaftliche) Diskurse und Praktiken konstruiert wurde, die von Professionen und Disziplinen verwendet werden, um mächtige ›Narrative‹ zu legitimieren und ältere Menschen zu kontrollieren und zu regulieren (Powell & Biggs, 2003).

Kurzportrait der Autoren

Simon Biggs arbeitete zunächst vor allem mit Jugendlichen und jungen Erwachsenen als Gemeindepsychologe in East London und hat sich in dieser Zeit stark mit den Arbeiten von C.G. Jung befasst. Mitte der 1980er Jahre wechselte er zum *Central Council for Education and Training in Social Work*, wo er später die Leitung des Community Care Programms übernahm. 1994 übernahm er einen Lehrauftrag *(lectureship)* an der Keele University (UK), wo er auch das ihn einer breiteren Fachöffentlichkeit bekannt machende Buch »*The Mature Imagination*« (Biggs, 1999) schrieb, in dem er seine theoretischen Überlegungen zu Alter, Identität und Maskerade verschriftlichte und in dessen Folge er im Jahre 2000 eine Professur für Soziale Gerontologie erhielt. Biggs wechselte 2004 an das *King's College* London, an dem er ebenfalls eine Professur für Gerontologie übernahm und Direktor des Instituts für Gerontologie wurde, bevor er 2010 nach Australien ging und dort eine Professur für Gerontologie und Sozialpolitik an der *Melbourne University* übernahm.

Jason L. Powell hat nach seinem BA an der Liverpool John Moores University und dem MA an der University of Liverpool den Grad des Ph.D in Ageing & Social Policy an der Liverpool John Moores University erhalten. Er hat u. a. an der Manchester Metropolitan University, UK, als Visiting Research Fellow an der University of Oxford und an der Harvard University geforscht. Powell hatte verschiedene Gastprofessuren in den USA, in Kanada, Südafrika, Jordanien und Australien und wirkt seit 2020 als Gastprofessor am Department of Social and Political Science der University of Chester, UK.

Kernaussagen im Schlüsseldokument

Grundannahmen/Ausgangspunkt

Der hier vorgestellte (Schlüssel-)Text von Biggs und Powell (2009) erschien erstmals im Jahre 2001 unter dem Titel »*A Foucauldian Analysis of Old Age and the Power of Social Welfare*« im *Journal of Aging & Social Policy* (Biggs & Powell, 2001). Der gedankliche Ausgangspunkt ist die Anfang des 21. Jahrhunderts geführte Diskussion über das Alter und den Wohlfahrtsstaat.

Die Autoren weisen in ihrer Herleitung darauf hin, dass im bio-medizinischen Diskurs Prozesse des körperlichen Abbaus und physischen Verfalls prominente Aufnahme fänden. Das zeige sich besonders deutlich »in der Dominanz medizinisch-technischer Lösungen für die Probleme«, »die sich durch den Prozess des Alterns angeblich stellen« (Biggs & Powell, 2009, S. 187). Die in diesem Diskurs erzeugte »Wahrheit« über das Alter(n), rufe nicht nur »die Gesundheitsprofession auf den Plan«, sie stärke auch »deren Macht« (ebd.) und erhebe die »Gebrechlichkeit« zum Synonym des Alterns schlechthin und erkläre »die Medizin zum potenziellen, wiewohl strengen, Retter« (ebd., S. 188). Verknüpft sei dieser Blick mit einer Verantwortungszuschreibung an die (alternden) Subjekte, sich für die eigene Gesundheit stets auch selbst aktiv einzusetzen.

Hinzu sei ein lebensstilbezogener Diskurs getreten, der durch das »Auftauchen einer Kohorte relativ gesunder und mit guten Renten ausgestatteter alter Menschen« (ebd.) getragen sei. Damit würde das Alter bzw. die Alten zu einer ökonomisch nützlichen bzw. nutzbaren Kategorie erklärt, wodurch auch die Entstehung des so genannten »grauen Marktes« (ebd., S. 188) begünstigt werde, auf dem vermeintliche altersadäquate Produkte und Dienstleistungen angeboten würden.

Diese beiden Hauptdiskurse würden jedoch einen »dritten Diskurs« der »Verbindung von Alter und Politik des Wohlfahrtsstaats« verdecken, der vor allem in »Europa, Großbritannien und Australien« geführt werde (ebd., S. 189). Hierauf liegt der Fokus ihres Beitrags. Biggs und Powell argumentieren im betreffenden Text in sieben Schritten; auf diese wird jetzt im Einzelnen eingegangen.

Argumentation

Ein Blick in den Werkzeugkasten von Foucault

Im ersten Schritt stellen sie die aus ihrer Sicht zentralen Konzepte Foucaults dar: ›Genealogie‹ und ›Diskurs‹, ›Macht/Wissen‹ sowie die ›Technologien des Selbst‹ (Biggs & Powell, 2009, S. 190). Auf das Alter(n) übertragen stecken Diskurse den Ordnungsrahmen ab, der festlegt, »was zutrifft und was nicht – beispielsweise was das ›Alter‹ ausmacht. Wer als ›alt‹ etikettiert wird, unterliegt dem Zugriff der Macht« (ebd.). Diskurs und Macht stehen demnach zueinander in einem Wechselverhältnis: Diskurse haben Macht und Macht wird durch Diskurse (re-)produziert. Biggs und Powell heben insbesondere die ›Expertenmacht‹ als ein Regime der Herstellung von Wahrheit hervor. Demnach gehöre zur Wechselbeziehung von Macht- und Wissenstechniken »auch die Tendenz der Expertenmacht, sich durch die Art der Fragen, die Experten stellen, und die Art von Daten, die sie sammeln, selbst zu bestätigen« (ebd., S. 191). Durch die wechselseitige Bestätigung von *Macht und Wissen* würden die Individuen zugleich als Subjekte und Objekte konstruiert – als Objekte »von einer anderen Person vermittels Kontrolle und Beschränkung«, als Subjekte durch »Technologien des Selbst« (ebd., S. 191).

Technologien des Selbst (Foucault, [1982] 2005) meint, dass, die Individuen »an sich selbst arbeiten [...], um sich zu Subjekten zu machen und sozial zu funktionieren« (Biggs & Powell, 2009, S. 191). Im Rahmen des Diskurses wohlfahrtsstaatlicher Politik »müssten sowohl Klienten als auch Sozialarbeiter nicht einfach nur die Regeln befolgen, die legitimieren, was sie sagen und tun dürfen, sondern an sich selbst arbeiten, um jeweils die Art von Person zu werden, die innerhalb dieses Diskurses gehört und gesehen werden kann« (ebd., S. 192).

Für eine »foucauldiansche Analyse des Alters und der Macht wohlfahrtsstaatlicher Politik sei folgender Dreischritt erforderlich: a) Zunächst müsse die Genealogie der existierenden Verhältnisse untersucht werden, es gelte danach zu fragen, »wie sie entstanden sind und welche Diskurse bezüglich des Alterns sie sowohl widerspiegeln als auch verstärken« (ebd., S. 192). Dann sei b) die in diesen Verhältnissen liegende Verteilung von Macht und Wissen offen zu legen, bevor c) Wohlfahrtstechniken, wie psychologische Fallarbeit und Fallmanagement kritisch zu untersuchen wären.

»Die diskursive Formierung der Sozialarbeit mit älteren Menschen«

Mit Blick auf die USA und Großbritannien zeigen die Autoren auf, wie die professionelle Sozialarbeit im späten 19. und frühen 20. Jahrhundert als »hybride Konstruktion« zwischen öffentlicher und privater Sphäre entstanden sei, mit der Folge, dass sie von Anfang an »die Grenze zwischen öffentlichen Erwartungen und privatem Verhalten immer neu aushandeln musste« (ebd., S. 193). Das Ergebnis sei die »doppelte Perspektive« der Vermittlung »externen Zwangs und persönlicher Hilfe« (ebd.). Auch in der weiteren Entwicklung der Sozialarbeit, ungeachtet der Ausdehnung ihres Aufgabenbereichs, liefere der Sozialstaat »ihr die zentrale Begründung und Legitimation« (ebd.).

Biggs und Powell legen dar, wie sich im Kontext sozialstaatlicher Institutionalisierungen unterschiedliche Altersdiskurse herausgebildet haben und wie sich mit wohlfahrtsstaatlichen Umgestaltungen auch die diskursiven Alterskonstruktionen verändern. Im Fokus ihrer Argumentation steht zudem die Soziale Arbeit mit älteren Menschen. Dabei befinde sich die Soziale Arbeit strukturell in einer, wie eben gesagt, ambivalenten Rolle. Mit dem Aufbau des Sozialstaats im 20. Jahrhundert habe sich die Liaison der Soziarbeit mit dem Wohlfahrtsstaat verstärkt, der sie nun auch noch mit der diskursiven Formierung und den entsprechenden Wissensformen des herrschenden gesellschaftlichen Disziplinar- und Regulierungsregimes versorgte. Anders formuliert: »Sozialarbeit wurde ein Instrument der Verwaltung und Verbesserung der Individuen durch Manipulation ihrer Qualitäten und Attribute, unter Einsatz von sozialwissenschaftlichem Wissen und fachlicher Expertise« (ebd., S. 194). Dadurch sei neues Expertenwissen aufgekommen, das wiederum diese diskursive Formation stützte. In diesem Kontext habe sich »ein neuer Typ des Wissens über ältere Menschen entwickelt, und es wurden neue Orte für das Älterwerden geschaffen« (ebd.). Um welche Macht-Wissens-Formen handelt es sich?

Das »Sozialarbeitsnarrativ vom Altern« im Nachkriegskonsens

Unter den Bedingungen wohlfahrtspaternalistischer Regulierungen der Nachkriegszeit, die insbesondere zur Absicherung der Erwerbsarbeitsverhältnisse bzw. dem Erhalt wie der Unterstützung aktiver Arbeitskräfte dienten, sei u. a. das Alter zu einem sozialen Problem geworden. Es passe nicht zu den in dieser Zeit dominanten Erzählungen »von Produktion, Arbeit und Nützlichkeit für die kapitalistische Produktion« (ebd., S. 194). Und so sei ein Bild vom »Alter als einer Last für die Gesellschaft« (ebd., S. 195) entstanden. Das Alter sei zum Gegenstand der Sozialen Arbeit geworden, die dann ihrerseits dazu beigetragen habe, dieses Problembild vom Alter nachhaltig zu verankern.

Biggs und Powell sehen das »Sozialarbeitsnarrativ vom Altern« ähnlich ambivalent wie den bio-medizinischen Diskurs von »Niedergang und Aufrechterhaltung«. Auch das Alter nehme in dieser Zeit einen »doppelten« und »widersprüchlichen Charakter« zwischen »wohlverdiente(r) Rente« und »lastvolle(r) Gefahr für andere« an (ebd.,). Der Sozialstaat sei damit zum zentralen Ort und Diskursgeber für »die Formierung von Altersidentitäten« (ebd.) geworden.

Psychologische Fallarbeit (Psycho-Casework) als Technologie der Sozialarbeit

Nach Biggs und Powell (2009, S. 193) habe die »Sozialarbeit, mit unterschiedlichem Erfolg und in verschiedenen Phasen, auf die Psychoanalyse« zurückgegriffen, die »eine Sprache und eine Denkweise bereitstellte, die dazu dienten, das Alter zu pathologisieren« (ebd., S. 196). Das habe zu dem im »Wohlfahrtspaternalismus« (ebd., S. 186) fortdauernden Abhängigkeits- und Belastungsdiskurs gepasst, in dem das Alter mit unproduktivem Ressourcenverbrauch assoziiert worden sei. Dieser Diskurs stehe wiederum in Zusammenhang mit der therapeutisch orientieren (einzel-)fallbezogenen Sozialen Arbeit.

Der »psychologisierte Blick scheiternder Unabhängigkeit« (ebd., S. 196) und die ihm nachfolgende Therapeutisierung der Sozialen Arbeit und Klientelisierung alter Menschen (Fallarbeit) hätten zur Formierung des Abhängigkeitsdiskurses beigetragen. Der habe »die Grundlage für die Entwicklung von Praktiken im Umgang mit älteren Menschen« (ebd.) gebildet und »die Identitäten der Experten und ihrer Klienten« (ebd., S. 197) geprägt. Im Nachkriegskonsens habe das Alter über das staatliche Rentensystem eine »materielle Basis« erfahren, die zugleich den Status der »älteren Mitbürger« aufgewertet habe. Zudem sei durch die »Kolonialisierung des Alters durch soziale Abhängigkeit und institutionalisierte Pflege« ein »Bezugspunkt für die Identitätsbildung« im Alter geschaffen worden (ebd.). Damit habe das (Experten-)Wissen, das in diesem Deutungsrahmen und Praxisfeld gesammelt wurde, dann die Abhängigkeit der Alten von wohlfahrtsstaatlichen Dienstleistungen (Altenhilfe) gefestigt, aber – quasi im Umkehrschluss – auch für die gesellschaftliche Sichtbarkeit der Alten gesorgt.

Vermarktlichung der Sozialpolitik

Mit Blick auf die Entwicklungen in den USA und Großbritannien in den späten 1980er und frühen 1990er Jahren (Reagan/Thatcher-Ära) konstatieren Biggs und Powell eine Transformation des Wohlfahrtsstaates in einen Wettbewerbsstaat, die zu einer Vermarktlichung der Sozialpolitik und zu neuen Formationen und Macht-Wissens-Konstrukten im Altersdiskurs geführt habe. So habe zum einen die Soziale Arbeit ihre traditionelle Versorger- und Beraterrolle verloren. Zum anderen sei das Alter mit der sozialpolitischen Wende im Zuge der Individualisierung und Ökonomisierung des Sozialen zu einem persönlichen und privaten Risiko avanciert.

Dies habe u. a. dazu beigetragen, dass das alte Expertenwissen durch ein neues dominiert worden sei. Dabei habe es einen Vertrauensrückgang in die auf psychoanalytische Erkenntnisse beruhende Expertise der Sozialarbeit zugunsten des Einzugs von Managementtechniken gegeben. Mit der Anwendung solcher Technologien (Case Management) seien aus vormals älteren Klientinnen und Klienten neue ältere Konsumentinnen und Konsumenten von Dienstleistungen geworden (ebd., S. 198).

Case- und Care-Management als Technologien der Sozialarbeit

Folglich habe die Einführung des Fallmanagements zu einer Verlagerung von einer praxisbasierten zu einer managementbezogenen Rolle der Sozialarbeit geführt. Damit liefere die wohlfahrtsstaatliche Veränderung auch den Begründungszusammenhang für den lebensstilbezogenen, konsumbasierten Diskurs, der die ökonomische Nützlichkeit des Alters (zumindest von Teilgruppen Älterer) hervorhebe und auf diese Weise das Alter zum (Dienstleistungs-)Objekt mache. Sie argumentieren, dass die »Managerrolle Kennzeichen einer Verschiebung von der wohlfahrtsstaatlichen Politik zu Überwachung und Kontrolle« sei und die Managementaufgaben darauf ausgerichtet seien, »die Klienten zu Konsumenten zu machen und professionelle Autonomie einzuschränken« (ebd., S. 199).

Case- und Care Management würden dabei als Instrumente der Ressourcenkontrolle fungieren, die sich in den Diskurs einfügen, wonach wohlfahrtsstaatliche Leistungen marktadäquat auszugestalten und »die finanzielle ›Belastung‹ durch das Alter« (ebd.) durch Privatisierungsstrategien zu reduzieren seien. In dieser Lesart sind alte Menschen »gleichzeitig Konsumenten und potenzielle Opfer« und die »Sozialarbeiter werden zu Risikogutachtern und Vollstreckern einer gemischten Wohlfahrtsökonomie« (ebd., S. 200).

»Sozialer Ausschluss jenseits des Marktes«

Biggs und Powell richten den Blick ihrer Betrachtung auf Großbritannien und die USA und sehen in der »Hinterlassenschaft der Reagan/Thatcher-Ära« ein »schizophrene[s] Erbe« (ebd.), das durch die Gleichzeitigkeit zweier politischer Prioritäten gekennzeichnet sei: zum einen die »›Inklusion‹ alter Menschen als aktive Bürger in das allgemeine Sozialgefüge« *und* zum anderen ›der Schutz derer, die ausreichend gebrechlich für eine legitime Nicht-Beteiligung sind« (ebd.). In beiden Fällen würde »ein Abhängigkeitsdiskurs durch einen Risikodiskurs ergänzt« bzw. »teilweise auch abgelöst« (ebd., S. 201).

Damit sei ein »gespaltene[r] Diskurs« mit »utopischen und dystopischen Elemente[n]« erwachsen (ebd.,), der einerseits, insbesondere durch ›Technologien des Selbst‹, auf die »Aufrechterhaltung bestehender guter Gesundheit« und gelegentlich auch auf die »Verbesserung körperlicher und kommunikativer Fertigkeiten« ziele (ebd.), um die »existierenden Wohlfahrtsdiskurse zu ›Altern‹ und ›Identität‹ zu überwinden oder zu destabilisieren« (ebd.). Andererseits hätten diese Entwicklungen auch ihre »Schattenseite«, denn wer »diesem utopischen Traum nicht entspricht«, würde »in einen nicht-partizipativen, durch professionelle Überwachung begrenzten Diskurs oder aber in den zwar angenehmeren, aber dennoch eng verwandten Diskurs des *monitoring* abgeschoben« (ebd., Hervorhebung im Original).

Ergänzungen

Powell hat an anderer Stelle (2009a, S. 670) kritisiert, dass die Sozialgerontologie ohne konzeptionell fundierte Grundlage und ohne reflexive Perspektive kaum mehr als ›empirische Maulwurfshügel‹ *(empirical molehills)* aufwerfe.[53] Foucault biete ein solches ›konzeptionelles Toolkit‹ für die angewandte Gerontologie, da er die Gesundheitsberufe als Instrument der staatlichen Gouvernementalität und als ein Mittel problematisiere, das dominante Staatsdiskurse über das ›Alter‹ reproduziere (ebd.).

Ähnlich wie im Schlüsseltext argumentieren Powell und Biggs (2000) in ihrem Aufsatz über das ›Altersmanagement‹, dass das Care-Management in einer gemischten Wohlfahrtsökonomie zu einem Raum der Überwachung älterer Menschen geworden sei, in dem weniger ›Wahlmöglichkeiten‹, ›Empowerment‹ und ›soziale Integration‹, sondern vielmehr eine Technologie der Regulierung und kollektiven Kontrolle gefördert würden (ebd., S. 5). So habe die Gerontologie ihren Platz bei der Korrektur, Disziplinierung und Normalisierung ›abbauender‹ *(decaying)* älterer Menschen neben der medizinischen Macht eingenommen und der Blick des Care Managements sei in Konkurrenz zum medizinischen Blick getreten (ebd., S. 8).

---

53 Vgl. dazu die Kommentare von Castle (2009), McDaniel (2009) und Svihula (2009) sowie die Replik von Powell (2009b).

In einem anderen Beitrag diskutieren Powell und Biggs den Zusammenhang von Altern und Selbstsorge im Kontext von Gesundheitsmanagement, Beratung und Enhancement. Dort betrachten sie die Selbstverantwortung als eine verborgene Form des moralischen Urteils und sehen ein ›gesundes Alter‹ als das Ergebnis einer umsichtigen Selbstsorge (Powell & Biggs, 2004, S. 20). Im Umkehrschluss würde das ›ungesund werden‹ *(becoming unhealthy)* darauf hindeuten, ›unwürdig‹ *(being undeserving)* zu sein. Man sei ›unwohl‹ *(unwell)*, weil man nicht gesund *(unhealthy)* sei, da in der Vergangenheit nicht die richtigen Schritte der Selbstsorge unternommen worden seien (ebd.).

Als abschließende Ergänzung ist an dieser Stelle darauf hinzuweisen, dass die ›Entdeckung‹ Foucaults für die Altersforschung ihren Umweg über die Gesundheits-, Körper- und Medizinsoziologie sowie über die sich entwickelnden Pflegewissenschaften nahm.[54]

Die ersten Meilensteine einer *Foucauldian Gerontology* wurden in Kanada von Bryan S. Green und Stephen Katz gesetzt. Green (1993) hatte in seiner Schrift »*Gerontology and the Construction of Old Age: A Study in Discourse Analysis*« die Gerontologie als ein interdisziplinäres sprachlich konstruiertes Diskursfeld analysiert, das durch verschiedene Codes, Grammatiken, Skripte, Sprachspiele und allgemeine Regeln konstruiert wird. Katz (1996) zeigte in seinem Buch »*Disciplining Old Age: The Formation of Gerontological Knowledge*« auf, wie die Gerontologie als Disziplin durch die von verschiedenen Autoritäten, Experten, Denkschulen, Institutionen und Förderorganisationen getragenen Diskurse und Leitnarrative entstand. Zuvor hatte Christel Schachtner (1988) in Deutschland in ihrer Schrift »Störfall Alter: Für ein Recht auf Eigen-Sinn« unter Bezug auf Foucault auf die im Alter steckende »subversive Kraft« verwiesen, deren Wirkung jedoch eingedämmt werde, »indem die Alten ins gesellschaftliche Abseits verwiesen« und »Diskriminierung und Geringschätzung des Alters« [...] zur strukturellen Notwendigkeit (werden)« (Schachtner, 1988, S. 221f.).

Es mag den sprachlichen Barrieren zuzusprechen zu sein, dass die unter einer Foucault'schen Optik verfassten deutschsprachigen Studien zum Alter (u. a. die von Schachtner, 1988) bei Biggs und Powell keine Berücksichtigung gefunden haben. Aber auch hierzulande sind in der Folgezeit verschiedene Beiträge erschienen, die mit einem ›*Foucauldian Toolkit*‹ einen Blick auf Alter, Gesundheit und Pflege geworfen haben (u. a. Schroeter, 1999, 2000, 2004, 2005, 2013; Prahl & Schroeter, 2000; Friesacher, 2004, 2008; Brunnett, 2007, 2009; van Dyk, 2007, 2014; Graefe et al., 2011, Matter & Schroeter 2017).

Grenzen und offene Fragen

Simon Biggs und Jason L. Powell gehören ohne Zweifel zu den bedeutenden Vertretern der *Foucauldian Gerontology*, was sie in zahlreichen – z. T. auch redun-

---

54 Die entsprechenden Nachweise im Einzelnen zu referenzieren oder auch nur all die Autorinnen und Autoren zu nennen, würde zu weit führen, deshalb sei hier stellvertretend auf Jones & Porter (1994) und auf Peterson & Bunton (1997) verwiesen.

danten – Beiträgen eindrucksvoll unter Beweis gestellt haben (u. a. Biggs & Powell, 2000, 2001; Powell, 2001a-c, 2002a+b, 2006, 2009a, 2012a+b; Powell & Biggs, 2000, 2003, 2004; Gilbert & Powell, 2010). Mit dem hier vorgestellten Text (Biggs & Powell, 2009) wird ein inspirierender Blick auf die Dynamik hinter den Kulissen wohlfahrtsstaatlicher Macht- und Wissenstransformationen freigegeben. Aber jeder Blick zeigt nur das, was beobachtet und gesehen wird, hinterlässt also ›blinde Flecken‹, die nur aus einer Beobachtung höherer Ordnung erkennbar sind und ihre eigenen blinden Flecken hinterlassen (vgl. Schroeter, 2014, S. 285) – so auch der Text von Biggs und Powell (und – nolens volens – auch unsere Kommentierung).

Eine Einschränkung liegt in dem ausgewählten Beobachtungsareal der Wohlfahrtssysteme der USA und Großbritannien im späten 19. und frühen 20. Jahrhundert. So bleibt zunächst einmal offen, ob und inwieweit die hier in Augenschein genommenen Entwicklungen auch für Länder mit einer anderen wohlfahrtsstaatlichen Tradition geltend gemacht werden können (vgl. hierzu Powell & Hendricks, 2009 sowie u. a. Lessenich, 1995, 2013; Bode, 2004). Ein zweiter Einwand betrifft die Paradoxie von Begrenzung und Öffnung – die Begrenzung der Aussagekraft durch Öffnung der Begrifflichkeit. Der Einwand richtet sich an die bereitwillige Aufnahme der Foucault'schen Begrifflichkeiten. Foucault blieb in der Verwendung seiner Begriffe weitgehend unscharf, das gilt insbesondere für seinen Begriff der ›Macht‹ und der fehlenden definitorischen Abgrenzung zu verwandten Begriffen wie Autorität, Disziplin, Einfluss, Herrschaft, Kontrolle, Zwang usw. Diese mangelnde Differenzierung birgt ihre Probleme für eine Soziale Arbeit mit älteren Menschen. Wenn Biggs und Powell (2009, S. 193) mit der Vermittlung »externen Zwangs und persönlicher Hilfe« auf die »doppelte Perspektive« der Sozialen Arbeit verweisen, wird auf die Ambivalenz von ›Hilfe und Kontrolle‹ verwiesen. Dieser Hinweis ist keineswegs neu und seit der Einführung des Begriffs der ›sozialen Kontrolle‹ durch Edward A. Ross (1896) ist dies als ›doppeltes Mandat‹ ein seit langem geführter Dauerbrenner in der Diskussion zur Sozialen Arbeit.

Als letzte offene Frage bleibt bestehen, was nun genau eine *Focuauldian Gerontology* ist oder sein soll. Eine Gerontologie, die sich der methodischen und theoretischen Instrumentarien aus dem Werkzeugkasten Foucaults bedient? – Zwei abschließende Anmerkungen dazu seien erlaubt: Zum einen könnten, je nach theoretischer Vorliebe oder methodischem Vorgehen, auch andere Zugangsweisen z. B. als ‚bourdieusche‘, ›eliasianische‹, ›habermasianische‹, ›weberianische‹ Gerontologie usw. erklärt werden. Und andere gerontologische Teildisziplinen (aus Medizin, Pädagogik, Philosophie, Psychologie, Sozialer Arbeit usw.) wären möglicherweise wenig verlegen, Nestoren ihres Faches oder ihrer Disziplin anzurufen, um entsprechende ›Denkschulen‹ auszuweisen. Zum anderen wäre eine derartige Etikettierung unter Hinweis auf den von Foucault selber problematisierten ›Macht-/Wissen-Komplex‹ und der damit verbundenen ›Spiele der Wahrheit‹ (Ewald & Waldenfels, 1991) in Frage zu stellen, zumindest aber unter dem von seinem französischen Kollegen, Pierre Bourdieu (1993), ins Spiel gebrachten Aspekt der ›richtigen‹ Ansichten im Feld der Sozialen Gerontologie zu thematisieren.

Schlüsseldokument

Biggs, S. & Powell, J. L. (2009). Eine foucauldiansche Analyse des Alters und der Macht wohlfahrtsstaatlicher Politik. In S. van Dyk & S. Lessenich (Hrsg.), *Die jungen Alten. Analysen einer neuen Sozialfigur* (S. 186–206). Frankfurt am Main: Campus.

Ergänzende und vertiefende Texte

Biggs, S. (1999). *The mature imagination: Dynamics of identity in midlife and beyond.* Buckingham: Open University Press.
Biggs, S. & Powell, J. L. (2000). Surveillance and elder abuse: The rationalities and technologies of community care. *Journal of Contemporary Health, 4(1),* 43–49.
Biggs, S. & Powell, J. L. (2001). A Foucauldian analysis of old age and the power of social welfare. *Journal of Aging & Social Policy, 12(2),* 93–112.
Castle, N. (2009). Practice Implications: A Commentary on Powell's Foucauldian Toolkit. *Journal of Applied Gerontology, 28(6),* 683–684.
Gilbert, T. & Powell, J. L. (2010). Power and Social Work in the United Kingdom. A Foucauldian Excursion. *Journal of Social Work, 10(1),* 2–22.
McDaniel, S. A. (2009). Challenging Gerontology's Empirical Molehills: A Commentary on Powell's Foucauldian Toolkit. *Journal of Applied Gerontology, 28(6),* 685–689.
Powell, J. L. (2001a). Rethinking structure and agency: Bio-ethics, aging and technologies of the self. *Sincronía: Journal of Social Sciences and Humanities, (winter 2001),* 1–8.
Powell, J. L. (2001b). Theorising social gerontology: The case of social philosophies of age. *Sincronía: Journal of Social Sciences and Humanities, (summer 2001),* 1–9
Powell, J. L. (2001c). Theorizing gerontology: The case of old age, professional power, and social policy in the United Kingdom. *Journal of Aging and Identity, 6(3),* 117–136.
Powell, J. L. (2002a). Archaeology, and genealogy: Developments in Foucauldian gerontology. *Sincronía: Journal of Social Sciences and Humanities, (spring 2002).* Zugriff am 18.05.2021 unter http://sincronia.cucsh.udg.mx/meths.htm
Powell, J. L. (2002b). Theorizing aging and prisons. *Sincronía: Journal of Social Sciences and Humanities, (spring 2002).* Zugriff am 18.05.2021 unter http://sincronia.cucsh.udg.mx/aging.htm
Powell, J. L. (2006). The »Foucault Effect« and Aging. Relations of Power, Surveillance, and Governmentality. In J. L. Powell, *Social Theory and Aging,* (S. 89–118). Lanham: Rowman & Littlefield.
Powell, J. L. (2009a). Social Theory, Aging, and Health and Welfare Professionals: A Foucauldian »Toolkit«. *Journal of Applied Gerontology, 28(6),* 669–682.
Powell, J. L. (2009b). A Response to Castle, McDaniel, and Svihula. *Journal of Applied Gerontology, 28(6),* 697–701.
Powell, J. L. (2012a). Social Work and Elder Abuse: A Foucauldian Analysis. *Social Work & Society, 10(1),* 1–10.
Powell, J. L. (2012b). *Aging and Social Policy. A Foucauldian Excursion.* New York: Nova Science Publishers.
Powell, J. L. & Biggs, S. (2000). Managing old age: The disciplinary web of power, surveillance and normalization. *Journal of Aging and Identity, 5(1),* 3–13.
Powell, J. L. & Biggs, S. (2003). Foucauldian gerontology: A methodology for understanding aging. *Electronic Journal of Sociology 7(2).* Zugriff am 18.05.2021 unter www.sociology.org/content/vol7.2/03_powell_biggs.html.
Powell, J. L. & Biggs, S. (2004). Ageing, technologies of self and bio-medicine: a Foucauldian excursion. *International Journal of Sociology and Social Policy, 24(6),* 17–29.
Powell, J. L. & Hendricks, J. (Hrsg.). (2009). *The Welfare State in Post-Industrial Society. A Global Perspective.* Dordrecht u. a.: Springer.

Svihula, J. (2009). Gerontological Theory: A Commentary on Powell's Foucauldian Toolkit. *Journal of Applied Gerontology, 28(6)*, 690–696.

Literatur

Bode, I. (2004). *Disorganisierter Wohlfahrtskapitalismus. Die Reorganisation des Sozialsektors in Deutschland, Frankreich und Großbritannien*. Wiesbaden: VS.
Bourdieu, P. (1993). *Soziologische Fragen*. Frankfurt am Main: Suhrkamp.
Brunnett, R. (2007). Foucaults Beitrag zur Analyse der neuen Kultur von Gesundheit. In R. Anhorn (Hrsg.), *Foucaults Machtanalytik und soziale Arbeit. Eine kritische Einführung und Bestandsaufnahme* (S. 169–184). Wiesbaden: VS.
Brunnett, R. (2009). *Die Hegemonie symbolischer Gesundheit: Eine Studie zum Mehrwert von Gesundheit im Postfordismus*. Bielefeld: transcript.
Dyk, S. van (2007). Kompetenz, aktiv, produktiv? Die Entdeckung der Alten in der Aktivgesellschaft. *Prokla 37(1)*, 93–112.
Dyk, S. van (2014). The appraisal of difference: Critical gerontology and the active-ageing-paradigm. *Journal of Aging Studies, (31)*, 93–103.
Ewald, F. & Waldenfels, B. (Hrsg.). (1991). *Spiele der Wahrheit. Michel Foucaults Denken*. Frankfurt am Main: Suhrkamp.
Foucault, M. ([1982] 2005). Technologien des Selbst. In M. Foucault, *Schriften in vier Bänden. Dits et Ecrits. Band IV: 1980–1988* (S. 966–999). Hrsg. von D. Defert & F. Ewald unter Mitarbeit von J. Lagrange. Frankfurt am Main: Suhrkamp.
Friesacher, H. (2004). Foucaults Konzept der Gouvernementalität als Analyseinstrument für die Pflegewissenschaft. *Pflege, 17*, 364–374.
Friesacher, H. (2008). *Theorie und Praxis pflegerischen Handelns. Begründung und Entwurf einer kritischen Theorie der Pflegewissenschaft*. Osnabrück: V & R unipress.
Graefe, S., van Dyk, S. & Lessenich, S. (2011). Altsein ist später. Alter(n)snormen und Selbstkonzepte in der zweiten Lebenshälfte. *Zeitschrift für Gerontologie und Geriatrie, 44 (5)*, 299–305.
Green, B. S. (1993). *Gerontology and the Construction of Old Age: A Study in Discourse Analysis*. New York: Aldine de Gruyter.
Jones, C. & Porter R. (Hrsg.). (1994). *Reassessing Foucault: Power, Medicine and the Body*. London: Routledge.
Katz, S. (1996). *Disciplining Old Age: The Formation of Gerontological Knowledge*. Charlottesville, NC, London: University Press of Virginia.
Lessenich, S. (1995). *Wohlfahrtsstaat, Arbeitsmarkt und Sozialpolitik in Spanien. Eine exemplarische Analyse postautoritären Wandels*. Opladen: Leske + Budrich.
Lessenich, S. (2013). *Die Neuerfindung des Sozialen. Der Sozialstaat im flexiblen Kapitalismus*. Bielefeld: transcript.
Matter, Ch. & Schroeter, K. R. (2017). Die ›Sorge um sich‹ als Gegenkonzept zum Aktivitätsparadigma. Inklusions- und Exklusionspotentiale. In S. Lessenich (Hrsg.), *Geschlossene Gesellschaften. Verhandlungen des 38. Kongresses der Deutschen Gesellschaft für Soziologie in Bamberg 2016*. Zugriff am 18.05.2021 unter http://publikationen.soziologie.de/index.php/kongressband_2016/article/view/407/pdf_116.
Petersen, A. & Bunton, R. (Hrsg.). (1997). *Foucault, Health and Medicine*. London: Routledge.
Prahl, H.-W. & Schroeter, K. R. (2000). Altern im Fadenkreuz von Individualisierung und Vergesellschaftung. *Zeitschrift für Ethik und Sozialwissenschaften, 11(3)*, 425–433.
Ross, E. A. (1896). Social Control. *American Journal of Sociology, 1(5)*, 513–535.
Schachtner, Ch. (1988). *Störfall Alter: Für ein Recht auf Eigen-Sinn*. Frankfurt am Main: Fischer.
Schroeter, K. R. (1999). Die Lebenslagen älterer Menschen im Spannungsfeld zwischen »Später Freiheit« und »Sozialer Disziplinierung«. In H. Schwengel (Hrsg.), *Grenzenlose Gesellschaft? 29. Kongress der Deutschen Gesellschaft für Soziologie, 16. Österreichischer Kon-*

gress für Soziologie, 11. Kongress der Schweizerischen Gesellschaft für Soziologie. Freiburg im Breisgau 1998. Band II/2: Ad-hoc-Gruppen, Foren (S. 338–341). Pfaffenweiler: Centaurus.

Schroeter, K. R. (2000). Die Lebenslagen älterer Menschen im Spannungsfeld zwischen »später Freiheit« und »sozialer Disziplinierung«: forschungsleitende Fragestellungen. In G. M. Backes & W. Clemens (Hrsg.), *Lebenslagen im Alter: Gesellschaftliche Bedingungen und Grenzen* (S. 31–52). Opladen: Leske + Budrich.

Schroeter, K. R. (2004). Der pflegerische Blick: »The Nursing Gaze – Big Sister is Watching You«. In S. Blüher & M. Stosberg (Hrsg.), *Neue Vergesellschaftungsformen des Alter(n)s* (S. 141–168). Wiesbaden: VS.

Schroeter, K. R. (2005). Pflege als Dispositiv: Zur Ambivalenz von Hilfe und Kontrolle im Pflegediskurs. In K. R. Schroeter & Th. Rosenthal (Hrsg.), *Soziologie der Pflege* (S. 385–404). Weinheim, München: Juventa.

Schroeter, K. R. (2013). Zur Kritik der sozialpolitischen Formel der »Altersaktivierung«. *Jahrbuch Sozialer Protestantismus, 6*, 247–270.

Schroeter, K. R. (2014). Verwirklichungen des Alterns. In A. Amann & F. Kolland (Hrsg.), *Das erzwungene Paradies des Alters? Weitere Fragen an eine Kritische Gerontologie* (S. 283–318). (2. Auflage). Wiesbaden: Springer VS.

4.8 Kulturwissenschaftliche Perspektiven

Carolin Kollewe

Kurzdefinition

Seit den 1990er Jahren setzt man sich in den Alter(n)swissenschaften verstärkt mit materiellen und medialen Repräsentationen des Alter(n)s auseinander. Ebenso richtet sich das Interesse auf Symbole und ihren Bedeutungen für das Alter(n) sowie ältere und alte Menschen. Auch Praktiken, in welchen das Alter(n) im Alltag und in Organisationen hergestellt wird, werden zunehmend betrachtet. Diese thematisch und disziplinär heterogenen Analysen, die an den sog. *cultural turn*[55] anknüpfen, lassen sich unter dem Label ›kulturwissenschaftliche‹ Alternsstudien fassen. Im angelsächsischen Bereich werden sie oft als *Cultural Gerontology*, *Age Studies* oder *Aging Studies* bezeichnet, z. T. auch als *Humanistic Gerontology* (▶ Kap. 4.4). Der theoretische und thematische Bezugspunkt solcher Forschungsperspektiven sind die Geistes-, Kunst-, Kultur- und Sozialwissenschaften sowie die *Cultural Studies* (vgl. Twigg & Martin 2015a, S. 354). Gemeinsam ist ihnen, dass das Alter(n) nicht in erster Linie als ein biologischer Prozess betrachtet wird, sondern als ein Phänomen, das in alltäglichen Praktiken sowie in Diskursen (z. B. Medien, Literatur, Wissenschaft) hergestellt wird. Alter(n) wird deswegen in seinem sozialen und kulturellen Zusammenhang untersucht. Kultur wird dabei nicht (allein) im Sinne der ›schönen Künste‹ oder als ›Hochkultur‹ verstanden, sondern als etwas, was das gesamte Leben und alle Lebensbereiche umfasst (vgl. ebd.). Viele Autor/-innen, die einer ›kulturwissenschaftlichen Perspektive‹ zugeordnet werden können, verorten Konzepte des Alter(n)s in einem umfassenden System von Bedeutungen und lehnen sich damit an den semiotischen Kulturbegriff des Ethnologen Clifford Geertz (1994) an Ein Beispiel für ein ›kulturelles‹ Verständnis von Alter(n) stellt die Konzeption der *Age Studies* von Margaret M. Gullette dar, der Autorin, welche hier vorgestellt wird. So lautet denn auch der Titel einer ihrer zentralen Veröffentlichungen »*Aged by Culture*« (2004). Gullette beschäftigt sich also mit dem Alter(n) als sozialer und kultureller Konstruktion.[56] Sie ist dabei von Sozialkonstruktivismus und Feminismus beeinflusst und gilt als eine der ersten, die aus einer von den *Cultural Studies*[57] inspirierten Perspektive das Alter(n) in den Blick nimmt. Sie wurde mit ihrer

---

55 Unter dem *Cultural Turn* wird eine Bewegung in der zweiten Hälfte des 20. Jahrhunderts verstanden, die zu einer vermehrten Aufmerksamkeit gegenüber kulturellen Bedeutungen und Symbolen in den Geistes- und Sozialwissenschaften führte. Im Zuge dessen gewannen poststrukturalistische, postmoderne und feministische Ansätze an Einfluss (vgl. Twigg & Martin, 2015a, S. 353). Zugleich werden Essentialisierungen infrage gestellt, auch in Bezug auf das Alter(n) (vgl. Gilleard, 2014, S. 35).
56 Historische Studien zur Entwicklung von Altersbildern und -verständnissen (z. B. Borscheid, 1994; Thane, 2005) sowie ethnologische Forschungen zum Alter(n) (z. B. Elwert et al., 1990; Sokolovsky, 1990) verdeutlichen, dass das Alter(n) immer eine kulturelle Konstruktion ist, die sich in einem ständigen Veränderungsprozess befindet.

Kritik am *Ageism* (▶ Kap. 4.3) – vor allem in den USA – auch über die Scientific Community hinaus bekannt.

Kurzportrait der Autorin

Margaret Morganroth Gullette (geb. 1941) ist Resident Scholar am *Women's Studies Research Center* der Brandeis University, Waltham, MA, USA. Sie ist ausgebildete Literaturwissenschaftlerin und promovierte 1975 an der *Harvard University*, bevor sie an verschiedenen US-amerikanischen Universitäten forschte (vgl. Gullette 2008). Aus ihrem Interesse für das mittlere Lebensalter entwickelte sich eine Beschäftigung mit dem höheren und hohen Alter. Sie veröffentlicht ihre Artikel und Analysen nicht nur in Fachjournalen, sondern auch in weit verbreiteten Printmedien wie der *New York Times* und dem *Guardian* und erreicht damit ein großes Publikum. Auch aufgrund dessen wird sie als eine politisch aktive Forscherin und Autorin wahrgenommen. Viele ihrer Bücher wurden für renommierte Buchpreise nominiert oder gewannen diese. Gullette ist u. a. Mitglied im *Advisory Committee* des *European Network in Aging Studies (ENAS)* und Advisory Editor der Zeitschrift *Age, Culture, Humanities*.

Kernaussagen im Schlüsseldokument

Grundannahmen/Ausgangspunkt

Der Artikel »*Age Studies as Cultural Studies*«, der hier als Beispiel für die Vorstellung kulturwissenschaftlicher Perspektiven auf das Alter(n) zugrunde gelegt wird, wurde erstmals in der zweiten Auflage des »*Handbook of the Humanities and Aging*« (Cole, Kastenbaum & Ray, 2000) veröffentlicht. Der Text stammt also aus der Anfangsphase der Etablierung der *Age/Aging Studies* bzw. *Cultural Gerontology*.[58]

Gullettes Ausgangspunkt ist die These von Martin Kohli (1986), dass der Lebenslauf – und damit auch die Lebensalter – in der westlichen Moderne zu einem bedeutsamen Strukturprinzip geworden sind.[59] Alter ordnet demnach den Lebenslauf, die Arbeitswelt und die Bürgerschaft (*citizenry*) (vgl. Gullette, 2000,

---

57 Zur Unterscheidung zwischen den Kulturwissenschaften und den Cultural Studies siehe z. B. Friese, 2004.
58 In Ihrem Sammelband »*Aged by Culture*« (2004) veröffentlichte Gullette den Text in etwas überarbeiteter Form als 10. Kapitel. Die hier dargestellten Kernaussagen des Textes blieben jedoch erhalten.
59 Martin Kohli (1985) arbeitete fünf Punkte der Institutionalisierung des Lebenslaufs in den westlichen Gesellschaften in der Entwicklung zur Moderne heraus: 1. Die Verzeitlichung des Lebens, 2. Die Chronologisierung des Lebens, 3. Verzeitlichung und Chronologisierung als Teil der Individualisierung, 4. Die Organisation des Lebenslaufs um das Erwerbsleben herum mit einer Dreiteilung des Lebenslaufs in Vorbereitungs-, Erwerbs- und Ruhestandsphase, 4. Der Lebenslauf als Regelung des sequentiellen Ablaufs des Lebens *und* als Strukturierung der lebensweltlichen Horizonte.

S. 214). Gullette weist darauf hin, dass das Alter im Alltag zumeist als eine »natürliche« Tatsache erscheint und wie Gender und Race ebenfalls stark mit dem körperlichen Erscheinungsbild in Verbindung gebracht wird. Ansätze aus der Sozialgerontologie und den *Age Studies* hätten zwar Alter(n) diskursiv konstruiert und als historisch kontingent dargestellt, würden aber zu wenig wahrgenommen (vgl. ebd.). In westlichen Gesellschaften sei man lange Zeit mit der Unterteilung des Lebenslaufs in »Jugend« und »Alter« ausgekommen. Nach und nach seien jedoch immer mehr Altersabstufungen entstanden. So hätten Institutionen wie z. B. die Schule oder die Einführung von Rentenzahlungen, aber auch Wissenschaften wie beispielsweise die Gerontologie und die Geriatrie zu immer mehr Unterscheidungen zwischen verschiedenen Altersgruppen geführt.

Argumentation

Gullette nennt diese Unterteilungen des Lebenslaufs »Altersklassen« *(age classes)* [60] (ebd., S. 215) und betrachtet sie als »kulturelle Erfindungen« *(inventions of culture)* (ebd.). Die Zugehörigkeit zu einer Altersklasse oder auch zu einer Kohorte könne dominant werden und damit andere Differenzkategorien, wie z. B. Gender, Race und Class überdecken, ebenso wie persönliche Identitäten. In Anlehnung an Cole (1992) konstatiert Gullette, dass die Kategorisierung als »alt« eine »ent-individualisierende Kraft« *(de-individualizing power)* (vgl. Gullette, 2000, S. 215) habe und homogenisierend wirke. Die Tatsache, dass man z. B. als *Baby Boomer* von anderen klassifiziert werde (also als Teil einer bestimmten Kohorte), sei dann bedeutsamer als diejenige, dass man z. B. eine Frau, ein Amerikaner chinesischer Abstammung oder homosexuell sei. Denn mit den Angehörigen einer Altersklasse seien bestimmte Assoziationen verbunden, wie z. B. Lebensstile, geteilte Gruppeninteressen und Werte. Zwar verschiebe sich die Zugehörigkeit zur Altersklasse im Verlauf des Lebens und es gebe innerhalb jeder Altersklasse Veränderungen, aber Gullette beobachtet insgesamt einen Bedeutungszuwachs der Differenzkategorie Alter: »*Age is becoming a Superfact at all ages.*« (Ebd.) Unterschiede, die mit Alter in Verbindung gebracht werden, würden genutzt, um verschiedene Altersklassen als »gegeneinander feindlich« *(hostile to each other)* darzustellen, wie z. B. junge Erwachsene und Menschen mittleren Alters als Konkurrenz um Arbeitsplätze oder in sozialen Absicherungssystemen (ebd.).

Ein besonderes Interesse Gullettes gilt dem Topos des Abbaus *(decline)*, der in allen gesellschaftlichen Bereichen verbreitet sei. Neu sei, dass diese verbreitete Rede vom Abbau auch mit dem mittleren Alter verbunden und nicht mehr nur

---

[60] Gullette definiert age class in einem älteren Text über das mittlere Lebensalter folgendermaßen: »An age class is a culturally constructed unit whose unity is proposed or posited as, precisely, not depending upon any other category than ›age‹. It is different from a cohort or generation as previously known. What the members of the new midlife age class are said to have in common is certainly not a fixed birth date, nor is it a crucial event in the past. It is a group's supposedly common motion through the life course, called ›aging‹.« (Gullette, 1998, S. 3) Altersklassen sind nach Gullette ein Effekt von Diskursen (ebd., S. 4).

auf das höhere und hohe Alter bezogen werde. Dies verdeutliche z. B. die Einführung von Viagra oder Schönheitsoperationen für Frauen (ebd.). Auch würden *positive-ageing*-Diskurse (ebd., S. 216), die früher für alte Menschen bestimmt gewesen seien, nun ebenfalls auf Menschen im mittleren Lebensalter bezogen.

Zusammenfassend stellt Gullette fest, dass es in der Moderne und Postmoderne in Bezug auf Alter folgende Veränderungen gegeben habe: »mehr Altersklassen und Betonung der Trennung zwischen ihnen, mehr Alterseinstufung und Stereotypisierung, früherer altersbedingter Rückzug« *(more age classes and emphasis on divisions between them, more age grading and stereotyping, earlier age-related decline)* (ebd.). Mittlerweile werde jedes Lebensalter problematisiert. Jeder Mensch sei Beurteilungen und Assoziationen, die mit Alter verbunden werden, ausgesetzt, was die Autorin als eine »Altersideologie *(age ideology)* (ebd.) bezeichnet. Dabei versteht sie Ideologie als ein »System, das uns in bestimmte Überzeugungen und Redeweisen darüber sozialisiert, was es bedeutet, ›menschlich‹ zu sein, während es Alternativen unterdrückt« *(system that socializes us into certain beliefs and ways of speaking about what it means to be ›human‹, while suppressing alternatives)* (ebd.). Ziel der aufkommenden *Age Studies* müsse es sein, zu verstehen, wie und warum Alter eine solche Bedeutung hat (ebd.). Notwendig sei, dass gängige Diskurse über das Alter genauer analysiert werden, gerade weil sie ideologisch seien (ebd.). Da dies bisher in der Wissenschaft zu wenig geschehe, setzt sie sich für die Etablierung von *Age Studies* ein. Anknüpfend an die *Cultural Studies* und deren Auseinandersetzung mit den Kategorien Gender, Class, Ethnicity fordert Gullette: «We must teach ourselves to read all texts and relationships ›for‹ age as the human studies have learned to read for gender, race, sexuality, class etc.« (Ebd., S. 217).

Denn sozialkonstruktivistische Studien hätten verdeutlicht, dass die Herstellung von Differenzen wie z. B. Gender und Race, von Machtverhältnissen durchzogen seien. Parallel zu Gender und Race, die in den *Cultural Studies* als soziale und kulturelle Konstruktionen verstanden werden, konzipiert Gullette die Kategorie Alter als eine soziale und kulturelle Konstruktion. Damit betrachtet sie Menschen als »*being aged by culture*« (Gullette, 1997, zitiert in Gullette, 2000, S. 217).

Aufgabe der Age Studies sei es, Alter aus dieser Perspektive genauer zu analysieren. Dabei müssten Kritische Gerontologie und *Cultural Studies* zusammengedacht werden. Als verbindende Elemente könnten bei beiden transdisziplinären Strömungen die Auseinandersetzung mit feministischen, poststrukturalistischen, multikulturellen und linken Theorien dienen (ebd., S. 216). Kritische Gerontologie und *Cultural Studies* zielten außerdem beide darauf ab, kulturelle Praktiken, ökonomische Bedingungen und Politik unter der Perspektive von Macht zu analysieren. Außerdem seien sie sozialer Gerechtigkeit verpflichtet (ebd.). Sowohl die *Critical Gerontology* als auch die *Cultural Studies* strebten an, Menschen darin zu unterstützen, ihr Leben und die Gesellschaft zu gestalten (ebd.). Vor diesem Hintergrund konzipiert Gullette *Age Studies* als politisch engagierte Wissenschaft (ebd., S. 217f.).

Besonders stark beschäftigt sie sich mit dem mittleren Lebensalter *(middle age)*: Diese Lebensphase sei vor 1900 die Norm gewesen, mit der andere Altersklassen verglichen worden seien. In der Gegenwart werde das mittlere Lebensalter in den USA jedoch abgewertet und habe keine Lobby (ebd., S. 222). Sie spricht diesbezüglich von einem *middle-ageism* (ebd.) als einem »Gefahrenpotenzial für die Nation und den Lebenslauf« (*potential danger for the nation and the life course*) (ebd., S. 223). Deshalb ist es ihr Anliegen, darauf bezogene Diskurse, Praktiken und materielle Konditionen zu untersuchen und mit politischem Widerstand zu verbinden (ebd.).

Nötig sei eine stärkere Hinwendung zu Narrativen als »Mitautoren des Lebenslaufs« (*because they coauthor the life course*) (ebd., S. 218; ▶ Kap. 4.4 u. ▶ Kap. 4.5). Zu analysierendes Material sei solches der Alltagskultur und -praktiken wie z. B. Zeitungen, Literatur, Mode, Fitness (ebd., S. 219). *Age Studies* hätten in solch unterschiedlichen Texten und Medien die »Rhetorik und Politik des Alters und Alterns« (*rhetorics and politics of age and aging*) (ebd.) zu untersuchen und ihre Verbindungen aufzuzeigen. Sie sollten »sozial-informierte Geisteswissenschaften« (*socially-informed humanities*)[61] sein, die sich mit dem gesamten Lebenslauf beschäftigen und dabei »neohistorisch, materialistisch orientiert sowie textlich gekonnt« (*neohistorical, materialist as well as textually skillfull*) sind (ebd., S. 218). Ziel der »klassenbewussten und antipatriarchalen« (*class-conscious and antipatriarchal*) *Age Studies* (ebd., S. 227) sei es, mithilfe der Werkzeuge der Kritischen Gerontologie und der *Cultural Studies*, die Altersideologie zu verstehen (ebd., S. 217).

Gullette fordert explizit einen Widerstand gegen einen »Alterskrieg« (*age war*) (ebd., S. 229). Allerdings sieht sie eine »Altersgleichheit« (*age equality*) (ebd.) nicht als Ziel an, sondern plädiert für eine Altershierarchie wie sie sich z. B. in Senioritätssystemen in der Arbeitswelt ausdrücke. «*If we lose the midlife as a time of respect, aside from every other loss that entails, we lose all hope of fighting ageism and gerontophobia.*« (Ebd.)

Ergänzungen

»*Age fictions have effects*« (ebd., S. 228), so Gullette. Sie drückt damit aus, was in vielen kulturwissenschaftlichen Studien zum Alter(n) thematisiert wird: Repräsentationen des Alters, sei es in der Literatur, in Medien oder den Wissenschaften, zeigen nicht die Wirklichkeit des Alters. Vielmehr tragen sie dazu bei, diese herzustellen. Altersbilder, ihre Entstehung, Veränderungen und Einflüsse auf ältere und alte Menschen und ihre Identität sind deshalb auch ein zentraler Untersuchungsgegenstand der *Age/Aging Studies* bzw. der *Cultural Gerontology*. Neben Gullette haben sich eine Vielzahl von Autor/-innen aus unterschiedlichen Perspektiven und mit verschiedenen Ansätzen diesem Thema gewidmet (z. B. Featherstone & Hepworth, 1998; Thane, 2005; Kriebernegg, 2017).[62] Teils verfolgen

---

61 Den Ausdruck »socially-informed humanities« hat Gullette aus einer Publikation von Frederic Jameson entnommen (siehe Fußnote 7 in Gullettes Text).
62 Bei den Untersuchungen, die den *Age/Ageing Studies* oder der *Cultural Gerontology* zugeordnet werden, lassen sich neben der großen thematischen Bandbreite sowie der hetero-

diese ähnliche Anliegen wie Gullette, manche gehen aber auch über ihre Perspektiven und empirischen Untersuchungen hinaus. Ein solches Thema in der Analyse von Altersrepräsentationen und -diskursen ist die inzwischen umfänglich geäußerte und empirisch untersetzte Kritik an weitverbreiteten Positionen der Gerontologie. So wurden und werden die Konzepte und Diskurse zum aktiven, produktiven und erfolgreichen Alter(n), die sich in der Gerontologie häufig finden, in verschiedenen Studien dekonstruiert (z. B. Katz, 2000, 2001; van Dyk & Lessenich, 2009; Marshall, 2018). Dabei wird immer wieder auch auf Foucaults machtanalytische Arbeiten zurückgegriffen (z. B. Katz, 2000; Zimmermann, 2012; ▶ Kap. 4.7). Bei der Betrachtung aktueller und politisch-normativer Altersbilder und -diskurse wird auch der Frage nachgegangen, wie ältere und alte Menschen auf solche Anforderungen, denen sie im Alltag auf verschiedenen Ebenen (in Medien, Organisationen, privaten Gesprächen etc.) ausgesetzt sind, reagieren und wie sie damit umgehen (z. B. Denninger et al., 2014), denn ein wichtiger Anspruch der *Age/Ageing Studies* bzw. *Cultural Gerontology* ist es, die subjektive Perspektive der älteren und alten Menschen selbst einzuholen. Damit soll dazu beigetragen werden, »*the inside of aging*« (Katz, 2014, S. 20) zu untersuchen, d. h. was es bedeutet, alt zu sein. Studien, die den *Age/Ageing Studies* oder der *Cultural Gerontology* zugerechnet werden, haben aber auch die Chancen und Herausforderungen der Konsumkultur für ältere und alte Menschen untersucht (z. B. Hyde, 2015; Twigg, 2013). Ebenso sind die Diversität des Alters und damit verbundene Fragen von sozialer Ungleichheit inzwischen zentrales Thema geworden, z. B. in Bezug auf die Differenzkategorien von *gender* und *ethnicity* sowie mit Blick auf die Heterogenität von Lebensstilen (z. B. Calasanti & Slevin, 2001; Krekula, 2007). Darüber hinaus sind in dieser kritischen Forschungslinie auch der Körper und seine Rolle für die soziale und kulturelle Konstitution des Alters in den Blick genommen worden (z. B. Katz, 2001; Gilleard & Higgs, 2013) (vgl. Twigg & Martin, 2015a, S. 355). Studien zu neuen Technologien fokussieren an der Schnittstelle zu den *Science and Technology Studies* z. B. auf in solchen Technologien eingeschriebene Altersbilder und deren Einfluss auf die Gestaltung des Alltags älterer und alter Menschen. Dabei wurde herausgearbeitet, wie Technologien das Alter ko-konstituieren (z. B. Joyce & Loe, 2010; Kollewe, 2017; Katz & Marshall, 2018).

---

genen Orientierung an verschiedenen theoretischen Ansätzen auch regionale Unterschiede finden: Während in Europa postmoderne und poststrukturalistische Theorien und sozialwissenschaftliche Ansätze stark genutzt werden, zeigen US-amerikanische Studien eher eine stärkere Orientierung an den Geisteswissenschaften, aber auch – v. a. in der sog. *Humanistic Gerontology* – eine Hinwendung zu philosophischen Themen (vgl. Twigg & Martin, 2015a, S. 354). Im deutschsprachigen Bereich begannen sich die *Age/Aging Studies* bzw. *Cultural Gerontology* erst etwas später zu entwickeln als in den angelsächsischen Ländern (z. B. Hartung, 2005; Endter & Kienitz, 2017; Zimmermann, 2018).

Grenzen und offene Fragen

Die *Age/Aging Studies* bzw. die *Cultural Gerontology* stellen Themen in das Zentrum, die bis dahin von der Gerontologie zumeist als Randthema behandelt wurden und weiten damit die Perspektiven der Gerontologie. Dabei wird die Analyse mit theoretischen Ansätzen verknüpft, die in den Geistes-, Kultur- und Sozialwissenschaften verbreitet sind (vgl. Twigg & Martin, 2015b, S. 13). Allerdings kann den *Age/Aging Studies* bzw. der *Cultural Gerontology* – wie auch den *Cultural Studies* – vorgehalten werden, dass durch die Fokussierung auf Kultur »harte« soziale Strukturen und ökonomische Bedingungen in den Analysen vernachlässigt werden. Alles drohe zum Diskurs zu werden (vgl. Twigg & Martin, 2015a, S. 356). Viele Vertreter/-innen sehen jedoch gerade in der Untersuchung des Alltags und in symbolischen Repräsentationen und Ordnungen die Möglichkeit, darauf hinzuweisen, wie solche Alterskonstruktionen mit Macht- und Herrschaftsverhältnissen verwoben sind. Es gilt ihnen als Chance aufzuzeigen, wie *Ageism* und normative Altersvorstellungen *alle* Sektoren der Gesellschaft durchziehen – auch die Wirtschaft. Damit, so der Schluss, sind Altersrepräsentationen einflussreich und auch politisch (ebd.).

Gullette, die sich als politisch engagierte Alter(n)sforscherin versteht, will mit ihren Analysen und ihrem Konzept der *Age Studies* dazu beitragen, dass Alter wie die Kategorien *gender, race, ethnicity* dekonstruiert und Altersdiskriminierung bekämpft wird. Sie tut dies z. T. auch unter Verwendung einer Sprache, welche die Dringlichkeit des Kampfes gegen *(Middle-)Ageism* unterstreichen soll, wie z. B. das folgende Zitat verdeutlicht:

> «Ageism may be an ancient prejudice, but middle-ageism is our own postmodern toxin (Gullette, 1997b, 1998a, 1998b). Like Chernobyl's fumes, it is spreading globally to ›cosmopolitan elites‹ (Shweder, 1998, p. vii).« (Gullette, 2000, S. 216)

Ob solche Vergleiche angemessen sind und dem Ziel, Altersdiskriminierung wissenschaftlich-differenzierend entgegen zu treten, tatsächlich dienen, darf hinterfragt werden.

Gullette bezieht in ihrer Forderung nach der Analyse der sozialen und kulturellen Konstruktion von Alter Inspirationen aus den *Cultural Studies*, vor allem aber auch – wie einige andere Autor/-innen der *Cultural Gerontology* – aus den *Gender Studies*. Deren Vertreter/-innen haben aufgezeigt, wie Gender in sozialen Interaktionen und performativ hergestellt wird *(doing gender)*. Auch in Bezug auf das Alter wird mittlerweile von einem *doing age* (Schroeter, 2007) gesprochen. Allerdings stellt sich bei der Analyse der Differenzkategorie Alter die Herausforderung, dass sich die Alterszuordnung im Lebenslauf immer wieder verändert und dadurch schwieriger zu dekonstruieren ist als die Kategorie Gender (Gullette, 2004, S. 107). Es stellt sich also die Herausforderung Alter(n) als eine Strukturkategorie und als Verlauf zu konzeptualisieren (vgl. van Dyk, 2015). Bei dieser Aufgabe könnte – neben der Betrachtung des Alters in einer Lebenslaufperspektive, die Gullette einfordert – auch eine stärkere Einbeziehung von Materialität (z. B. den alternden Körper wie auch Dinge) in die Analyse des Alter(n)s fruchtbar sein, wie sie aktuell z. B. im Kontext einer *material gerontology* (Höppner & Urban, 2018; auch DFG-Netzwerk Material Gerontology) diskutiert wird.

> **Schlüsseldokument**
>
> Gullette, M. M. (2000). Age Studies as Cultural Studies. In Th. Cole, R. Kastenbaum & R. E. Ray (Hrsg.), *Handbook of the Humanities and Aging* (S. 214–234). (2. Auflage). New York: Springer.

Ergänzende und vertiefende Texte

Gullette, M. M. (2004). *Aged by Culture*. Chicago, London: University of Chicago Press.
Twigg, J. & Martin, W. (Hrsg.). (2015). *The Routledge Handbook of Cultural Gerontology*. London: Routledge.

Literatur

Borscheid, P. (1994). Der alte Mensch in der Vergangenheit. In P. B. Baltes, J. Mittelstraß & U. M. Staudinger (Hrsg.), *Alter und Altern. Ein interdisziplinärer Studientext zur Gerontologie* (S. 35–61). Berlin: de Gruyter.
Calasanti, T. M. & Slevin, K. F. (2001). *Gender, social inequalities and aging*. New York: Alta Mira Press.
Cole, T. R. (1992). *Journey of life. A cultural history of aging in America*. Cambridge: Cambridge University Press.
Denninger, T., van Dyk, S., Lessenich, S. & Richter, A. (2014). *Leben im Ruhestand. Zur Neuverhandlung des Alters in der Aktivgesellschaft*. Bielefeld: transcript.
Dyk, S. van (2015). *Soziologie des Alters*. Bielefeld: transcript.
Dyk, S. van & Lessenich, S. (Hrsg.). (2009). *Die jungen Alten. Analysen einer neuen Sozialfigur*. Frankfurt: Campus.
Endter, C. & Kienitz, S. (Hrsg.). (2017). *Alter(n) als soziale und kulturelle Praxis. Ordnungen – Beziehungen – Materialitäten*. Bielefeld: transcript.
Elwert, G., Kohli, M. & Müller, H. (Hrsg.). (1990). *Im Lauf der Zeit*. Saarbrücken: Breitenbach.
Featherstone, M. & Hepwort, M. (1998). Images of Ageing. In J. Bond, P. Coleman & S. Peace (Hrsg.), *Ageing in Society. An Introduction to Social Gerontology* (S. 304–332). London, Thousand Oaks, New Delhi: Sage.
Friese, H. (2004). Cultural studies – Forschungsfelder und Begriffe. In F. Jaeger & J. Straub (Hrsg.), *Handbuch der Kulturwissenschaften, Band 2, Paradigmen und Disziplinen* (S. 467–501). Stuttgart & Weimar: Metzler.
Hartung, H. (Hrsg.). (2005). *Alter und Geschlecht. Repräsentationen, Geschichten und Theorien des Alter(n)s*. Bielefeld: transcript.
Geertz, C. (1994). *Dichte Beschreibung. Beiträge zum Verstehen kultureller Systeme* (3. Auflage). Frankfurt am Main: Suhrkamp.
Gilleard, Ch. (2014). Aging and Aging Studies: Celebrating the Cultural Turn. *Age, Culture, Humanities, 1*, 35–37. Zugriff am 31.7.2018 unter http://ageculturehumanities.org/WP/aging-and-aging-studies-celebrating-the-cultural-turn/.
Gilleard, C. & Higgs, P. (2013). *Ageing, corporeality and embodiment*. London: Anthem Press.
Gullette, M. M. (1997). *Declining to Decline: Cultural Combat and the Politics of Midlife*. Charlottesville, London: University Press of Virginia.

Gullette, M. M. (1998). Midlife Discourses in the Twentieth-Century United States: An Essay on the Sexuality, Ideology, and Politics of »Middle-Ageism«. In R. A. Shweder (Hrsg.), *Welcome to Middle Age! (And Other Cultural Fictions)* (S. 3–44). Chicago: University of Chicago Press.
Gullette, M. M. (2000). Age Studies as Cultural Studies. In Th. R. Cole, R. Kastenbaum & R. E. Ray (Hrsg.), *Handbook of the Humanities and Aging* (S. 214–234). New York: Springer.
Gullette, M. M. (2004). *Aged by Culture*. Chicago, London: University of Chicago Press.
Gullette, M. M. (2008). What exactly has age got to do with it? My life in critical age studies. *Journal of Aging Studies*, 22, 189–195.
Höppner, G. & Urban, M. (2018). Where and how do aging processes take place in everyday life? Answers from a new materialist perspective. *Frontiers in Sociology*, 3(7), https://doi.org/10.3389/fsoc.2019.00014.
Hyde, M. (2015). Tourism. In J. Twigg & W. Martin (Hrsg.), *The Routledge Handbook of Cultural Gerontology* (S. 337–344). London: Routledge.
Joyce, K. & Loe, M. (Hrsg.). (2010). Technogenarians: Studying Health and Illness Through an Ageing, Science, and Technology Lens. Malden, MA: Wiley-Blackwell.
Katz, S. (2000). Busy Bodies: Activity, Aging, and the Management of Everyday Life. *Journal of Aging Studies*, 14(2), 135–152.
Katz, S. (2001). Growing older without aging? Positive ageing, anti-ageism, and anti-aging. *Generations*, 2001, S. 27–32.
Katz, S. (2014). What is Age Studies? *Age, Culture, Humanities*, 1, 17–23. Zugriff am 31.7.2018 unter http://ageculturehumanities.org/WP/aging-and-aging-studies-celebrating-the-cultural-turn/.
Katz, S. & Marshall, B. L. (2018). Tracked and fit: FitBits, brain games, and the quantified aging body. *Journal of Aging Studies*, 45, 63–68.
Kohli, M. (1985). Die Institutionalisierung des Lebenslaufs. Historische Befunde und theoretische Argumente. *Kölner Zeitschrift für Soziologie und Sozialpsychologie*, 37, 1–29.
Kohli, M. (1986). Social Organization and Subjective Construction of the Life Course. In A. B. Sorensen, F. E. Weinert & L. R. Sherrod (Hrsg.), *Human Development and the Life Course: Multidisciplinary Perspectives* (S. 271–292). Hillsdale (NJ), London: Erlbaum.
Kollewe, C. (2017). (In-)Aktivitäten des täglichen Lebens: Die Kategorisierung und Gestaltung des Alltags älterer und alter Menschen durch Technologien des Ambient Assisted Living. In L. Artner, I. Atzl, A. Depner, A. Heitmann-Möller & C. Kollewe (Hrsg.), *Pflegedinge – Materialitäten in Pflege und Care* (S. 87–121). Bielefeld: transcript.
Kriebernegg, U. (2017). Putting Age in Its Place: Representations of Institutional Eldercare in Contemporary North American Film and Fiction. *Virus: Beitraege zur Sozialgeschichte der Medizin*, 16, 252–271.
Krekula, C. (2007). Reworking gender theory and social gerontology. *Current Sociology*, 55, S. 155–171.
Marshall, B. L. (2018). Happily ever after? ›Successful ageing‹ and the heterosexual imaginary. *European Journal of Cultural Studies*, 21(3), 363–381.
Schroeter, K. R. (2007). Zur Symbolik des korporalen Kapitals in der ›alterslosen Altersgesellschaft‹. In U. Pasero, G. M. Backes & K. R. Schroeter (Hrsg.), *Altern in Gesellschaft. Ageing – Diversity – Inclusion* (S. 129–148). Wiesbaden: Springer VS.
Sokolovsky, J. (Hrsg.). (1990). *The Cultural Context of Aging: Worldwide Perspectives*. Westport: Bergin and Garvey.
Thane, P. (2005). *Das Alter. Eine Kulturgeschichte*. Darmstadt: Primus.
Twigg, J. (2013). *Fashion and age: Dress, the body and later life*. London: Bloomsbury.
Twigg, J. & Martin, W. (2015a). The Challenge of Cultural Gerontology. *The Gerontologist*, 55(3), S. 353–359.
Twigg, J. & Martin, W. (2015b). The Field of Cultural Gerontology: An Introduction. In J. Twigg & W. Martin (Hrsg.), *The Routledge Handbook of Cultural Gerontology* (S. 1–15). London: Routledge.
Zimmermann, H.-P. (2012). Über die Macht der Altersbilder: Kultur – Diskurs – Dispositiv. In A. Kruse, Th. Rentsch & H.-P. Zimmermann (Hrsg.), *Gutes Leben im hohen Alter. Das*

Altern in seinen Entwicklungsmöglichkeiten und Entwicklungsgrenzen verstehen (S. 75–85). Heidelberg: Akademische Verlagsgesellschaft.

Zimmermann, H.-P. (Hrsg.). (2018). *Kulturen der Sorge: Wie unsere Gesellschaft ein Leben mit Demenz ermöglichen kann.* Frankfurt: Campus.

4.9 Kritisch gerontologische Ansätze im Vergleich

Kirsten Aner

In vorstehenden Beiträgen zu diesem Kapitel wurden ausgewählte Ansätze Kritischer Gerontologie anhand von Schlüsseldokumenten vorgestellt. Informationen zu den jeweiligen Autor/-innen und Ergänzungen aus weiteren Texten der Autor/-innen des jeweiligen Schlüsseldokuments sowie anderer, ähnlich oder ggf. auch kontrovers argumentierender Autor/-innen, die demselben Ansatz zugerechnet werden können, wurden dem hinzugefügt. Außerdem wurden Grenzen und offene Fragen des jeweiligen Ansatzes diskutiert. Im Folgenden sollen diese – den Leser/-innen nun in ihrer historischen Entwicklung und ihren Grundzügen bekannten – Ansätze vergleichend miteinander in Beziehung gesetzt werden. Der Vergleich greift zwei Gemeinsamkeiten aller Ansätze auf: zum einen ihre erkenntnis- und wissenschaftstheoretischen Positionen, nach der sowohl das Alter(n) als auch die Wissenschaft vom Altern sozial konstituiert sind, zum anderen ihren Anspruch, zu gesellschaftlichen Veränderungen beitragen zu wollen. Ziel ist, die trotz dieser grundsätzlichen Übereinstimmungen bestehenden Differenzen zu verdeutlichen. Es soll also dem Blick auf die Kritische Gerontologie eine weitere Perspektive hinzugefügt werden.

Zu den erkenntnis- und wissenschaftstheoretischen Positionen der Ansätze

Die Vertreter/-innen der *Political Economy of Aging* verorten sich sowohl hinsichtlich ihrer erkenntnis- als auch ihrer wissenschaftstheoretischen Positionen im Vergleich zu Vertreter/-innen anderer hier ausgewählter Ansätze Kritischer Gerontologie sehr deutlich. Sie waren und sind inspiriert von der Politischen Ökonomie und einer Wissenssoziologie, die die – bis zu den 1980er Jahren hegemonialen – Vorstellungen einer wertfreien ›positivistischen‹ Wissenschaft als Ideologie zu entlarven versuchte, zum Teil auch von der feministischen Kritik daran. Insbesondere Estes et al. beziehen sich dabei auf den Sozialkonstruktivismus nach Peter L. Berger und Thomas Luckmann (1966) und wollen Alter als Teil einer sozialen Wirklichkeit analysieren, in der es durch hegemoniale Interessen und Ideologien konstruiert wird. Sie betonen dabei insbesondere in späteren Arbeiten, den Kapitalismus mit seinen ökonomischen Verhältnissen zwar als zentral, nicht jedoch als monokausale Erklärung für (Alters-)Politik und Probleme des Alterns heranzuziehen.

Der Ansatz *Alter als Stigma* lässt sich in der interaktionistischen Tradition (nach Goffman) verorten. Biologistischen Grundannahmen (insbesondere des Defizitmodells) zurückweisend wird das Alter als sozialer Tatbestand aufgefasst, der in Interaktionen aber auch in Institutionen und Organisationen, etwa der Altenhilfe, durch wechselseitige Zuschreibungen konstruiert wird. Zur Beschreibung des folgenreichen Prozesses der (negativen) gesellschaftlichen Etikettierung und Selbst-Etikettierung dienen die Begriffe (Alters-)Rolle, (Alters-)Stereotype bzw. -bilder und der Begriff der Sozialisation.

Mit dem Ansatz des *Ageism* verband sein Begründer, Butler, ein praktisches Anliegen. Folglich stand für ihn die eigene erkenntnis- und wissenschaftstheoretische Verortung nicht im Fokus. Rückblickend kann sein Ansatz als ein interessanter Mix verschiedener Positionen gelesen werden. Von Hause aus Psychiater prangert er die gesellschaftlich-ökonomische Unterdrückung und Ausgrenzung von Bevölkerungsgruppen an und bedient sich der soziologischen Begriffe »Rassismus« *(racism)* und »Ausgrenzung« *(social class discrimination)* wie auch des sozialpsychologischen Begriffs »Vorurteil«, dies v. a. mit Blick auf die Vorurteile einer Altersgruppe gegenüber anderen Altersgruppen. Dabei verweist er auf die Überschneidungen der Kategorien, die Unterdrückung, Ausgrenzung und Vorurteile begründen. Die Basis für Vorurteile und Ausgrenzung sieht er in einer »generalisierten persönlichen Unsicherheit« (Butler, 1969, S. 243), vermeidet aber eine psychologisierende Sichtweise, indem er zum einen auf auch historische und ökonomische Gründe (traditionelle Segregation US-amerikanischer Gemeinden und tatsächliche ökonomische Bedrohungen des weißen Mittelstands) und zum anderen auf gesellschaftliche Institutionen und Praktiken der Ausgrenzung der Alten hinweist (ebd.). Auch die »subjektive Erfahrung des Abstands zwischen Generationen« und bedrohliche Gefühle von »Abscheu« und »Ekel« gegenüber den Verlusten des Alters bis hin zum Tod[63] ordnet er gesellschaftlich ein (ebd., S. 244).

Die *Humanistic Gerontology* kann unmittelbar in die erkenntnistheoretische Auseinandersetzung in der Gerontologie eingeordnet werden. Als ihr Begründer gilt der Philosoph Harry R. Moody, der in den 1980er Jahren dafür eintrat, dem theorielosen Empirismus eine selbstreflexive geisteswissenschaftliche Theoriebildung und Forschung entgegenzusetzen, statt (ohne jede Aussicht auf Erfolg) darauf zu hoffen, dass die empirische Altersforschung die bisherigen gerontologischen Konzepte in einen sinnvollen Zusammenhang bringe. Moody beruft sich explizit auf die sog. Frankfurter Schule, dabei insbesondere auf Habermas (vgl. Moody, 1988, S. 26). Diese besondere Bezugnahme auf den Vertreter der Kritischen Theorie, der sich vor allem mit Deutungen, Kommunikation und der Emanzipation bzw. Freiheit des Subjekts befasste, prägt – neben dem Verweis auf historische Zusammenhänge – diesen Ansatz. Die Geisteswissenschaften sollen die Gerontologie um (historische) Dialektik, Hermeneutik (mit der Implikation der Stärkung qualitativer Forschung) und Kritik (im Sinne nicht nur selbstreflexiver, sondern auch emanzipatorischer Erkenntnis) bereichern.

Der Ansatz einer *Narrativ Gerontology* weist zwei Ursprünge auf: einen in der Psychologie des Selbst, der Lebensgeschichten als konstitutives Element der Identitätsentwicklung fasst, und einen in der soziologischen, sozialkonstruktivistisch orientierten Lebenslaufforschung. Gubrium und Holstein, die Begründer dieses Ansatzes, wenden sich gegen die etablierten sozial- und verhaltenswissenschaftli-

---

63 Beides sind zunächst einmal für die Psychologie bedeutsame Phänomene, deren systematische gesellschaftliche Einbindung in dieser am Individuum orientierten Wissenschaft nicht selbstverständlich ist.

chen Identitäts- und Lebenslaufmodelle, die sie als naturalisierend bezeichnen. Sie sehen – radikal ethnomethodologisch – den Lebenslauf nicht als objektiven Handlungsrahmen, sondern als diskursiv konstruiert an und lehnen quantitative Forschung für ihre Forschungsfragen ab. Der Ansatz stellt aber vor allem eine – auf das Alter angewandte – erkenntnistheoretische Auseinandersetzung dar, und zwar sowohl mit dem symbolischen Interaktionismus in der Lebenslaufforschung als auch mit der postmodernen Annahme, Lebenserzählungen seien von der Realität abzukoppeln. Dies ist für Gubrium (2001) der Hintergrund, vor dem er die forschende Aufmerksamkeit auf den Prozess des aktiven Geschichtenerzählens, konkret auf Erzähltechniken, legt.

Feministische und intersektionale Ansätze einer Kritischen Gerontologie fokussieren nicht erkenntnistheoretische Auseinandersetzungen, sondern eine inhaltliche Lücke in der feministisch-intersektionalen Forschung. Es gebe zahlreiche auf das Leben von Frauen bezogene Studien, doch hätten sich diese weder mit alten Frauen noch mit dem Prozess des Alterns auseinandergesetzt. Dieser deutliche *middle age bias* würde flankiert durch einen *middle class bias* – auch und gerade bei der wissenschaftlichen Beschäftigung mit dem Körper. Dem sei ein Konzept von *age relations* (Altersverhältnissen) entgegenzusetzen, das Alter als ein Organisationsprinzip und als eingebunden in komplexe (intersektionale) Machtverhältnisse fasst. Calasanti et al. (2006) sprechen vom Alter als politischer Position und von Altersverhältnissen als Rahmung von Lebenschancen. Mit dieser Konzeptualisierung sind diese Soziolog/-innen nah am Lebenslagenansatz, der Alter als Strukturkategorie und horizontale Ungleichheitsvariable berücksichtigt. Sie gehen aber darüber hinaus, in dem sie auf einen das Alter abwertenden »Kulturimperialismus« verweisen. Zu berücksichtigen sei zudem die Dynamik der ungleichheitsgenerierenden Kategorie Alter im Lebensverlauf. Methodische Implikationen, die der subjektiven Sicht alter Frauen Gewicht verleihen oder das Augenmerk auf widerständige Praktiken lenken würden, werden allerdings nicht ausformuliert.

Unter *Foucauldian Gerontology* werden hier diverse Ansätze gefasst, die sich in kritischer Absicht mit dem Alter(n) und der Wissenschaft vom Alter(n) befassen und dabei theoretisch und methodisch explizit[64] auf den »Werkzeugkasten« des französischen Sozialphilosophen Michel Foucault zurückgreifen. Erkenntnistheoretisches Ziel der Kritik ist der – auch in der Gerontologie machtvolle – biologisch-medizinische Diskurs, der Alter generalisiert mit Verfall gleichsetze, den Alten zudem die Verantwortung dafür zuschreibe und/oder sie Nützlichkeitserwägungen unterwerfe. Mittel der Kritik ist die Analyse des dialektischen Verhältnisses von (Alters-)Diskurs und (Experten-)Macht.

Die *kulturwissenschaftliche Gerontologie* fokussiert nicht die Differenz zwischen traditioneller, tendenziell positivistischer, und Kritischer Gerontologie, sondern zielt auf eine Erweiterung der kritisch gerontologischen Ansätze um Perspektiven der Cultural Studies. Als gemeinsame Bezugspunkte werden neben dem

---

64 Damit bleiben hier alle Autor/-innen außen vor, die sich, etwa als Historiker/-innen, mit Alternspolitiken und Alternswissenschaften anhand von historischen Diskursen befasst haben, ohne explizit auf Foucaults Konzepte rekurriert zu haben (▶ Kap. 4.7).

Sozialkonstruktivismus explizit »feministische, poststrukturalistische, multikulturelle und linke Theorien« vorgeschlagen (Gullette, 2000, S. 216), ohne dass näher spezifiziert würde, was zu diesen Theorien zählt. Methodisch favorisieren die Ansätze Analysen von Repräsentationen des Alters in (machtvollen) Diskursen, in Narrationen und (Körper-)Praktiken, wobei die subjektive Sicht der älteren und alten Menschen selbst eine wichtige Rolle spielen soll. Ziel ist, Alterskonstruktionen als Teil von Macht- und Herrschaftsverhältnissen im Alltag zu analysieren.

Gesellschaftsbezogene Positionen der Ansätze

Die *Political Economy of Aging* sieht die Lebensbedingungen im Alter aber auch die hegemonialen Vorstellungen vom Alter maßgeblich durch die Sozialpolitik bestimmt, die ihrerseits Ausdruck gesellschaftlicher Machtverhältnisse im jeweiligen soziohistorischen Kontext sei. Neben der Klassen- spielten die ethnische Zugehörigkeit und das Geschlecht eine entscheidende Rolle. Insbesondere Estes et al. nehmen Bezug auf die Kritische Theorie der Frankfurter Schule, indem sie als Ziel kritisch inspirierter Forschung auch die Verbesserung der Lebensbedingungen älterer Menschen in den Blick nehmen. Eine kapitalismuskritische Position scheint auf, wenn Estes et al. (1996, S. 349) fragen:

> »Can the state jointly advance the interests of private capital by ensuring private profit and the interests of a democratic society with its pressures for equality and redistribution resulting from the social dislocation and inequities created by the market-based economy?«

Schließlich könnte man diese Frage auch einfach mit ›nein‹ beantworten. Tatsächlich scheint die Kritik systemimmanent zu bleiben, denn die Autorinnen verweisen auf »die revolutionären gesellschaftlichen Veränderungen der 1960er und 1970er Jahre« (*the revolutionary social changes of the 1960s and 1970s*) (ebd., S. 357), ohne dass es – abgesehen vielleicht von den hier wohl eher nicht gemeinten antikolonialen Befreiungsbewegungen – in diesen Jahrzehnten tatsächlich revolutionäre Umwälzungen der Produktionsverhältnisse gegeben hätte.[65] Viele Jahre später wird noch einmal deutlich, dass es den Protagonistinnen um Reformen geht, bzw. um eine »Sozialpolitik, die entscheidend dazu beitragen könnte, die Verteilung von Ressourcen zugunsten von alten Menschen oder bestimmten Klassen alter Menschen zu verschieben« (vgl. Estes et al., 2009, S. 55).

Trotz des zugrundeliegenden interaktionistischen Modells ist der Gesellschaftsbezug des *Stigma-Ansatzes* deutlich, schließlich verweist Hohmeier auf den gesellschaftlichen, institutionellen wie auch organisatorischen Rahmen der Zuschreibungen. Zudem charakterisiert er die Situation alter Menschen in der Gesellschaft als »soziales Problem« (1978, S. 10), dessen Bewältigung wohl sozialpolitische wie auf den Einzelnen gerichtete sozialfürsorgerische Maßnahmen erfordere (ebd.). Die von Hohmeier geforderte Ent-Stigmatisierung des Alters

---

65 Townsend (1981, S. 6) wiederum bezieht sich auf »*the development of industrial societies*«, also in sehr spezifischer Weise auf die Entwicklung des Kapitalismus. Zu dieser Entgegensetzung vgl. Adorno (1969).

4.9 Kritisch gerontologische Ansätze im Vergleich

(ebd., S. 29) bleibt jedoch hinter den Forderungen der *Political Economy of Aging* zurück, die eine andere Verteilung von Ressourcen zugunsten von (bestimmten Klassen) alter Menschen anmahnt.

Wie oben bereits erwähnt, hatte Butler mit seinem Ansatz des *Ageism* ein konkretes praktisches Ziel im Auge. Er wollte die Unterdrückung und Ausgrenzung von Menschen aufgrund ihres Alters einer Diagnose zugänglich machen und durch Maßnahmen der politischen Bildung mindern. Ihm schwebte im Rahmen dieser Bildung die Aufklärung der Öffentlichkeit über sozioökonomisch ungleiche Verhältnisse, insbesondere über wenig thematisierte Aspekte vor. Zudem sollten Begegnungen von Menschen aus unterschiedlichen Generationen und verschiedenen sozialen Schichten sowie die allgemeine politische Partizipation gefördert werden. Basierend auf Daten zu den sozioökonomischen Verhältnissen kritisierte Butler zudem die (US-amerikanischen) öffentlichen Systeme, die private Risiken kaum absicherten. In späteren Arbeiten wird seine Kritik an diesen Systemen konkreter, wenn er politisches Empowerment der Alten und die Verabschiedung und Durchsetzung von entsprechenden Gesetzen fordert (vgl. Butler, 2005b). Mit der Thematisierung von Armut und Ausgrenzung und der Forderung, dies auch durch Umverteilung zu verhindern, steht der Ansatz dem der Vertreter/-innen der *Political Economy of Aging* nahe.

Moodys Ansatz einer *Humanistic Gerontology* kommt ohne Begriffe wie Klassen und Schichten, Ökonomie und Armut aus. Sein Blick auf die Gesellschaft erfasst die »reiche Textur der Lebenswelt«, zu der die von bloß »instrumenteller Vernunft geleitete öffentliche Politik« (Moody, 1988, S. 35) in einem Gegensatz stehe. Die Folge seien eingeschränkte menschliche Entwicklungsmöglichkeiten in allen Lebensphasen. Zu fordern sei deshalb eine »emanzipatorische Praxis gegenüber jenen sozialen Strukturen« (ebd.). Diese über die Wissenschaft hinausgehende abstrakte Forderung haben zahlreiche Wissenschaftler/-innen aufgegriffen und konkretisiert (▶ Kap. 4.4), ohne dass dabei die Produktionsverhältnisse oder auch nur Fragen sozialer Ungleichheit substanziell eine Rolle gespielt hätten.

Die gesellschaftliche Kontextualisierung des Ansatzes der *Narrativ Gerontology* wird deutlich, wenn Gubrium (2001) darauf hinweist, dass die »laufenden Anliegen« *(going concerns)* zwar in »lokalen Bedeutungssphären« *(local spheres of meaning)*, die eher privaten Charakter tragen, entstehen und erzählt werden, jedoch Institutionen und Organisationen sie öffentlich machen und interpretieren (ebd., S. 20ff.). Im »aktiven Erzählen« sieht dieser Ansatz gesellschaftsverändernde Momente: Erzähler/-innen würden die Inhalte ihrer lokalen Bedeutungssphären und der Gesamtgesellschaft sowohl reproduzieren als auch transformieren, denn die Erzählungen ermöglichten auch Abweichungen von »herrschenden« Tendenzen der Strukturierung von Lebensläufen und in den Vorstellungen vom Älterwerden und Altsein (ebd., S. 24ff.). Damit werden die (alten) Menschen mit ihren narrativen Techniken zu Subjekten mit einem nicht nur individuellen, sondern auch gesellschaftlichen Veränderungspotenzial. Allerdings führt der radikal subjektive Zugang dazu, dass die ungleichen Bedingungen der Gesellschaft in diesem Ansatz nicht systematisch in den Blick genommen werden können. Spätere pädagogische Verwendungen des Ansatzes zielen auf Empowerment durch nicht alltägliche, sondern gelenkte ›Biographiearbeit‹ und konterkarieren das emanzipatorische Potenzial, dass die Begründer des Ansatzes gerade in der widerständigen Kontingenz biographischen Erzählens verorten.

Der Gesellschaftsbezug der *feministischen und intersektionalen Zugänge* wird schon durch ihre begriffliche Nähe zum Lebenslagenansatz, einem soziologischen Theorieansatz und sozialpolitischen Analyseinstrument, sowie mit der Bezeichnung des Alters als »politische Position« deutlich. Ihr gesellschaftskritisches Potenzial liegt in der Betrachtung komplexer Machtverhältnisse, denen Autor/-innen wie Calsanti et al. 2006 nicht nur feministische Theorien, sondern auch die Erforschung von sozialen Praktiken entgegensetzen. Dabei fokussieren sie vor allem Körperpraktiken *(aging bodies)* und Sorgearbeit *(carework)*, aber auch das System der sozialen Unterstützung.

In der *Foucauldian Gerontology* rückt mit der Anwendung der theoretischen und methodischen Instrumente Foucaults grundsätzlich das Verhältnis von (alterndem) Individuum und Gesellschaft in den Fokus. Biggs und Powell (2009, S. 192ff.) konkretisieren diesen Zugriff für das Alter, die Machtverhältnisse im Wohlfahrtsstaat und fordern die Analyse der Entstehung der existierenden Verhältnisse, der Verteilung von Macht und Wissen in diesen Verhältnissen sowie von »Wohlfahrtstechniken« (ebd.) wie Fallmanagement, psychologischer Fallarbeit und Sozialarbeit. So kommen sie u. a. zu einer Beschreibung der »diskursiven Formierung« (ebd.) der Sozialarbeit (in frühen Wohlfahrtsstaaten anglo-amerikanischer Prägung) und damit zu ähnlichen Schlüssen über deren Stellung und grundsätzlich ambivalente Funktion(en) in kapitalistischen Gesellschaften wie schon die Theoretiker der Sozialen Arbeit ab den 1960er Jahren (vgl. Hammerschmidt et al., 2017).

Mit den Ansätzen einer *Kulturwissenschaftlichen Gerontologie* kann man die Befürchtung verbinden, die Erweiterung Kritischer Gerontologie um Perspektiven und Methoden der Cultural Studies könne zu Kulturalismus führen, der die Analyse von alterskonnotierten ›objektiven‹ Ungleichheitsfaktoren und Machtverhältnissen verdrängt. Dem lässt sich entgegenhalten, dass zumindest die Begründerin des Ansatzes, Gulette (2000, S. 227), eine »klassenbewusste und antipatriarchale« *(class-conscious and antipatriarchal)* Gerontologie fordert. Neuere Arbeiten zum »*inside of aging*« (Katz, 2014, S. 20), etwa an der Schnittstelle zur Soziologie des Körpers und zu den Science and Technology Studies, die die Ko-Konstitution von Alter durch (Körper-)Praktiken und Technologien betrachten, sehen sich selbst in der Tradition Kritischer Gerontologie.

Fazit

Der – hier notwendig kursorische – Vergleich der ausgewählten Ansätze Kritischer Gerontologie zeigt deutlich, dass die verschiedenen Ansätze nicht als trennscharfe Kategorien aufzufassen sind. Auch ihre Benennung folgt eher der historischen Entwicklung der gerontologischen Forschung (▶ Kap. 2) als einer wissenschaftlichen Systematik. Alle verbindet die von Baars (1991) beschriebene Sensibilität für die soziale Konstitution[66] ihres Gegenstandes ›Alter(n)‹. Wenn auch in unterschiedlichem Maße, ist diese Sensibilität auch hinsichtlich der Gerontologie selbst und folglich auch für die Einbettung der Wissenschaft vom Alter(n) in einen gesellschaftlichen Zusammenhang zu erkennen.

Keiner der Ansätze wendet sich gegen die Erhebung und Interpretation von empirischen Daten, wohl aber gegen ihre theorielose Erhebung und Interpretation, die Narrative Gerontologie explizit auch gegen eine dem Gegenstand nicht angemessene quantitative Forschung. Mehrere Ansätze befassen sich eingehender mit methodischen Implikationen. Dabei steht die Frage im Vordergrund, wie man den älteren Menschen in der Forschung zu einer eigenen Stimme verhelfen kann. Die diesbezüglichen Vorschläge reichen von induktiver, qualitativer bis zu partizipativ emanzipatorischer Forschung.

Ziel der hier vorgestellten Ansätze ist weit überwiegend, negativen Bildern vom Alter entgegenzuwirken. Dabei stellen alle notwendig einen gesellschaftlichen Bezug her. Bei vielen spielen Institutionen und Organisationen und die darin wirksamen Altersbilder eine Rolle, zum Teil auch die Verschränkung der Bilder mit ökonomisch bedingten Ungleichheiten. Insbesondere die Ansätze in politisch-ökonomischer Tradition verweisen darauf, dass die Umverteilung des gesellschaftlichen Reichtums, vor allem zugunsten bisher benachteiligter Gruppen von älteren Menschen, die Voraussetzung für neue Altersbilder ist. Insgesamt entsteht der Eindruck, dass die hier vorgestellten Ansätze auch im Nachdenken über eine mögliche Praxis Kritischer Gerontologie überwiegend die Diskursebene meinen. Dabei diskutieren sie die von ihnen als nötig erachteten Veränderungen eher im Sinne einer möglichen Gleichzeitigkeit von Anerkennung und Umverteilung.[67] Obwohl die Vetreter/-innen der Kritischen Gerontologie mehr oder weniger explizit Herrschaftsfreiheit und Emanzipation als Ziel formulieren, bleiben sie damit den Produktionsverhältnissen einer kapitalistischen Gesellschaft verhaftet. Offen bleibt auch, ob eine grundsätzliche Umwälzung der Eigentumsverhältnisse zumindest für die Vetreter/-innen der kapitalismuskritischen *Political Economy of Ageing* zur Debatte steht. Bislang bezieht sich deren Kritik auf das Bestehende und enthält keinen konkreten Gegenentwurf, der über Sozialreformen hinausgeht. Wie es scheint, geht es nicht um den »kategorischen Imperativ, alle Verhältnisse umzuwerfen, in denen der Mensch ein erniedrigtes, ein geknechtetes, ein verlassenes, ein verächtliches Wesen ist« (Marx, 1844).

Damit fallen alle hier vorgestellten Ansätze im Grunde hinter die zu Beginn der Einleitung zitierte Vorstellung von Simone de Beauvoir (1978) zurück, nach der der Mensch immer als Mensch behandelt werden müsse, um im Alter ein Mensch sein zu können. Herrschaftsfreiheit bleibt eine Utopie, solange nicht ge-

---

66 In den meisten Ansätzen (abgesehen von den neueren kulturwissenschaftlich inspirierten Arbeiten) wird allerdings der Begriff der Konstruktion, nicht der von Baars explizit vorgeschlagene Begriff der Konstitution verwendet.
67 So auch wenn etwa Dannefer (2006, S. 215) das »überschüssige Leiden« als durch »menschliche Ignoranz und Ungerechtigkeit« verursacht und als »eine Quelle von Weisheit und Stärke, für Wachstum und Lernen« sieht. Zur Kontroverse über Anerkennung und Umverteilung vgl. Fraser & Honeth, 2003.

nerell jeder Mensch, auch der besitzlose und der ohne gültigen Pass, einfach ein Mensch ist und niemals im Leben einer instrumentellen Betrachtung und Verwertung für oder in einem Produktionsprozess unterliegt – zumal einem, in dessen Ergebnis sich wenige den von vielen geschaffenen Reichtum aneignen, solange die Erde nicht allen gehört. Die aus kritisch gerontologischer Perspektive entworfene Utopie ist gleichwohl eine notwendige und nützliche. Deshalb soll im folgenden Kapitel ihr Nutzen am Beispiel der Sozialen Altenarbeit gezeigt werden.

Literatur

Adorno, Th. W. (1969). Einleitungsvortrag zum 16. Deutschen Soziologentag. In Th. Adorno (Hrsg. im Auftrag der DGS), *Spätkapitalismus oder Industriegesellschaft? Verhandlungen des 16. Deutschen Soziologentages.* (S. 12–26). Stuttgart: Enke.

Dannefer, D. (2006). Reciprocial Co-Optation: The Relationship of Critical Theory and Social Gerontology. In J. Baars, D. Dannefer, Chr. Phillipson & A. Walker (Hrsg.), *Aging, globalization, and inequality. The new critical gerontology* (S. 103–120). Amityville, NY: Baywood.

De Beauvoir, S. (1978). *Das Alter.* Reinbek: Rowohlt.

Fraser, N. & Honeth, A. (2003). *Umverteilung oder Anerkennung? – Eine politisch-philosophische Kontroverse.* Frankfurt: Suhrkamp.

Marx, K. (1844). Zur Kritik der Hegelschen Rechtsphilosophie. Einleitung. Zit. nach: K. Marx & F. Engels. *Werke. Bd. 1.* Hrsg. Institut für Marxismus-Leninismus beim ZK der SED, 1981. (S. 378–391). Berlin/DDR: Dietz.

Townsend, P. (1981). The structured dependency of the elderly: A creation of social policy in the twentieth century. *Ageing and Society*, (1), 5–28.

5 Zur Kritischen Gerontologie im Kontext Sozialer (Alten-)Arbeit

Kirsten Aner

Im Folgenden wird in einem ersten Unterkapitel zunächst knapp skizziert, in welchem Verhältnis Soziale Arbeit und Alter stehen und was unter Sozialer (Alten-)Arbeit zu verstehen ist. Im zweiten Unterkapitel wird gezeigt, welche Bedeutung eine kritisch gerontologische Perspektive – die die soziale Konstitution von ›Alter(n)‹ wie auch der Wissenschaft vom Altern berücksichtigt und auf ein von Herrschaft emanzipiertes Alter zielt – für diesen »Kulminationspunkt von Alter (n)sfragen« (Himmelsbach, 2021) haben kann. Vorab soll an dieser Stelle einem möglichen Missverständnis vorgebeugt werden. Kritische Gerontologie tritt weder an, um Gräben innerhalb der Gerontologie aufzureißen (▶ Kap. 2), noch um konkretistisch Handlungsanleitungen für die Forschungspraxis und Individuen oder die Praxis von Organisationen und der darin tätigen Fachkräfte zu liefern. Es geht vielmehr darum, eine exemplarische, das Leben älterer Menschen betreffende Praxis kritisch gerontologisch zu reflektieren.

5.1 Soziale Arbeit und Alter

Soziale Arbeit entstand mit der bürgerlichen Gesellschaft und der Sozialen Frage (vgl. Hammerschmidt et al., 2017a). Die Risiken und Verwerfungen der grundsätzlich privat organisierten gesellschaftlichen Reproduktion werden in dieser Gesellschaft durch Sozialpolitik kompensiert, sofern die Fälle als legitim gelten und soweit dies die grundsätzliche Bereitschaft der Gesellschaftsmitglieder zur privaten Reproduktion nicht unterminiert. Betrachtet man Sozialpolitik in dieser Weise als Antwort auf die Soziale Frage, lässt sich Soziale Arbeit als (Teil-)Antwort bezeichnen, die für die Teile der Sozialen Frage zuständig ist, die als durch Soziale Arbeit zu bearbeiten gelten. Soziale Arbeit lässt sich demnach ganz allgemein definieren als

> »eine personenbezogene soziale Dienstleistung, die im sozialstaatlichen Rahmen zur Bearbeitung sozialer Probleme eingesetzt wird, damit die Adressat/-innen im gesellschaftlichen Interesse bei der Bewältigung von Lebensproblemen so unterstützt werden, dass sie in die Lage versetzt werden, gesellschaftlichen (Normalitäts-)Anforderungen zu entsprechen« (Hammerschmidt et al., 2017, S. 13).

Da die Soziale Frage Menschen in allen Lebensaltern betrifft, macht Soziale Arbeit prinzipiell altersunspezifische Angebote, die bei Bedarf auch von alten Menschen genutzt werden (können).⁶⁸ Die Angebote sind für alle Altersgruppen an den Normalitätserwartungen der bürgerlich-kapitalistischen Lohnarbeitsgesellschaft ausgerichtet. Folglich ist die Kategorie Alter nicht konstitutiv für die Bestimmung des Gegenstands Sozialer Arbeit (Aner, 2018). Das zeigt sich in den Theorien der Sozialen Arbeit (vgl. Hammerschmidt et al., 2017) und darin, dass die Methoden Sozialer Arbeit grundsätzlich nicht altersspezifisch sind. Gleichwohl ist das Alter der Fachkräfte und der Adressat/-innen in Gemeinwesenarbeit, Sozialer Gruppenarbeit oder Einzelfallhilfe eine wichtige Kontextvariable (vgl. Aner, 2010).

Der Ort Sozialer Arbeit mit älteren Menschen ist in der Bundesrepublik Deutschland nicht ausschließlich, jedoch insbesondere die Kommune. Soziale Altenarbeit hat ihre Wurzeln in der Armenfürsorge und deshalb findet sie im Rahmen der sozialen Altenhilfe, einem Sachbereich der kommunalen Sozialhilfe, statt. Mit nur einem Paragraphen (§71 SGB XII) ist dieser Sachbereich rechtlich nur schwach reguliert. Infolge dessen, aber auch wegen der unterschiedlichen finanziellen Ressourcen der Kommunen, ist die Praxis sozialer Altenhilfe in den Kommunen uneinheitlich. Soziale Altenarbeit ist deshalb einerseits in besonderer Weise von (alten-)politischen Konjunkturen und lokalen (Infrastruktur-)Planungen abhängig, zumal das Gesetz offenlässt, welche Berufsgruppen ggf. Dienstleistungen in diesem Kontext erbringen sollen. Andererseits ist sie aufgrund der schwachen rechtlichen Regulierung bei gleichzeitig präventiver Ausrichtung des Rechtsrahmens ein Arbeitsfeld mit Spielraum für anwendungsbezogene Konzeptentwicklungen. Seit den 1980er Jahren entwickelte sich die Altenpolitik zu einem eigenständigen Politikfeld innerhalb der Sozialpolitik.⁶⁹ Seither konnte sich die Soziale Altenarbeit wesentlich weiterentwickeln.⁷⁰ Erfolgreich war sie vor allem in der Beratung und Vermittlung von Angeboten zur sozialen Teilhabe, in der Freizeit-, Kultur-, Bildungs- und Freiwilligenarbeit mit den gesundheitlich weitgehend unbelasteten, meist jüngeren Alten, also in der sozialen Altenhilfe gem. § 71 SGB XII in den Kommunen. Das gilt weniger für das potenzielle Arbeitsfeld Pflege, für das das 1995 in Kraft getretene SGB XI (Pflegeversicherungsgesetz) von besonderer Bedeutung ist. Die gesetzliche Dynamik der letzten Jahre (vgl. Rixen, 2020) eröffnet der Soziale Altenarbeit jedoch

---

68 Ausnahmen sind die Kinder- und Jugendhilfe und die Altenhilfe. Weil ältere Menschen in fast allen Arbeitsfeldern Sozialer Arbeit zu den Adressat/-innen gehören, ist es für viele Fragestellungen sinnvoll, den Terminus ›Soziale (Alten-)Arbeit‹ zu verwenden. Von ›Sozialer Altenarbeit‹ kann die Rede sein, wenn die soziale Altenhilfe als das Arbeitsfeld im Fokus steht, in dem Menschen im höheren Lebensalter explizit die Adressat/-innen sind (zu den Arbeitsfeldern und Organisationen Sozialer Arbeit vgl. Aner & Hammerschmidt, 2018).
69 Dazu trug u. a. die Ernennung der Gerontologin Ursula Lehr zur Ministerin für Jugend, Familie, Frauen und Gesundheit im Jahr 1988 bei. Sie beauftragte 1989 eine Kommission mit der Erstellung eines ersten Altenberichts. Einige, alte Menschen in besonderer Weise betreffende Gesetze wurden in diesem Jahrzehnt novelliert oder neu auf den Weg gebracht. 1991 war der Begriff ›Senioren‹ zum ersten Mal Teil der Bezeichnung eines Bundesministeriums (vgl. Münch, 2005, S. 554ff.).
70 Ausführlich zu den sozialpolitischen Rahmenbedingungen, zu den Einrichtungen und Diensten sowie zur Theorieentwicklung von 1945 bis heute vgl. Aner (2020).

auch in diesem Regelungsbereich und an seinen Schnittstellen zum SGB XII grundsätzlich zusätzliche Handlungsfelder.

Die historische Herausbildung einer sozialen Altenhilfe im Rahmen der kommunalen Daseinsvorsorge (Hammerschmidt & Löffler, 2020) und ihre fortlaufende Weiterentwicklung sind eng damit verbunden, dass nach wie vor im höheren Alter soziale Benachteiligungen kumulieren (aktuell vgl. u. a. Vogel & Künemund, 2018; Brettschneider & Klammer, 2016) und Armut im Alter besonders erhebliche Ausgrenzungsrisiken birgt (Kümpers & Alisch, 2018). Auch der Entwurf einer Sozialpädagogik der Lebensalter (Böhnisch, 2018, zuerst 1997) ist plausibel, denn unabhängig vom sozioökonomischen Status ist der Übergang in die institutionalisierte Lebensphase Alter – wie alle Statuspassagen im Lebenslauf – ein potenziell kritisches Lebensereignis. Sind die personalen und überpersonalen Ressourcen nicht ausreichend, ist das psychosoziale Gleichgewicht gefährdet. Aus der Perspektive Sozialer Arbeit können solche Ereignisse und das daraus resultierende Streben nach Wiederherstellung des Gleichgewichts durchaus Anstöße für Entwicklung und Bildung sein. Sie können die Bewältigungskompetenzen der Betroffenen aber auch überfordern. Die Wahrscheinlichkeit dafür steigt im Alter, weil in den letzten Phasen des Lebenslaufs Ereignisse wie Partnerverlust, Erkrankung und Pflegebedürftigkeit zunehmen und neben neuen Herausforderungen vermehrt auch Abschiede zu bewältigen sind und das fortgeschrittene Alter zugleich dadurch geprägt ist, dass die verbleibende Lebenszeit in ihrer Begrenztheit anerkannt werden muss (Böhnisch, 2010). Deshalb und weil die Soziale Arbeit sich paradigmatisch als Hilfe zur Selbsthilfe versteht, ist die Hilfe zur Lebensbewältigung im Alter für sie eine besondere Herausforderung.

5.2 Soziale (Alten-)Arbeit und (Kritische) Gerontologie

Zwar können, wie oben knapp begründet, gerontologische Theorien nicht dazu dienen, den Gegenstand Soziale Arbeit zu bestimmen, also keine Theorien der Sozialen Arbeit sein. Doch können Theorien wie auch empirische Erkenntnisse der Gerontologie in der Sozialen Arbeit von Nutzen sein. Sie können konkrete Praxis Sozialer (Alten-)Arbeit fundieren, Auseinandersetzungen mit dem Alter(n) der Adressat/-innen und auch dem der Fachkräfte selbst anregen, und auf diese Weise zur Professionalisierung in allen Arbeitsfeldern beitragen. Dies gilt umso mehr für die Soziale Altenarbeit in den Kommunen. So eignet sich der soziologische, in der Gerontologie prominente Lebenslagen-Ansatz (vgl. Tesch-Römer, 2002) sowohl als Zugriff auf die Bedarfe und möglichen Ziele sozialarbeiterischen Handelns im Einzelfall als auch zur Charakterisierung der (potenziellen) Zielgruppen. Psychogerontologische Theorien und Erkenntnisse können die Notwendigkeit von Prävention und Intervention begründen und das professionelle Handeln in Einzelfallhilfen stärken. Tatsächlich gab es – insbesondere seit den 1980er Jahren, als die Soziale Arbeit mit alten Menschen klare fachliche Konturen auszubilden begann (Schmidt, 1999, S. 659) – zwischen Gerontologie und Sozialer Altenarbeit stets einen regen Austausch, der im Folgenden kursorisch dargestellt wird.[71]

Zum Diskurs zwischen Sozialer Altenarbeit und Gerontologie

In den späten 1970er Jahren hatte eine intensive Auseinandersetzung mit der Gestaltung einer modernen sozialen Altenhilfe eingesetzt (vgl. Koch-Straube, 1979; AG Interpretative Sozialforschung, 1983), die die gerontologische Diskussion zum »Disengagement« (Cumming & Henry, 1961) und zur »Aktivitätsthese« (Havighurst, 1961) aufgriff. Letztere geht davon aus, dass der Rückzug aus sozialen Rollen im Alter eher unfreiwillig erfolgt und durch die (ggf. begleitete) Fortführung solcher Rollen zu vermeiden sei. Diese Vorstellung war offensichtlich attraktiv für die Soziale Altenarbeit, denn in den 1980er Jahren begannen Altenplaner/-innen und Fachkräfte in Diensten und Einrichtungen eine Alterskultur der Altenhilfe zu kreieren, die das Aktivitätsparadigma noch zuspitzte. Mit diversen Maßnahmen professioneller Begleitung wurde die zahlenmäßig kleine und privilegierte Gruppe der sog. neuen Alten, die als Seniorexpert/-innen, Seniorstudent/-innen, Seniorenbeiräte und in Altenselbsthilfegruppen aktiv waren, adressiert. Sie sollten ein neues, erstrebenswertes Altersbewusstsein repräsentieren (vgl. Schmidt & Zeman, 1988, S. 290ff.). Die aus der Aktivitätsthese abgeleitete normative Ausrichtung solcher Angebote ist aus der Praxis der Altenselbsthilfe (vgl. Schmidt & Zeman, 1982), der Altenbildung (vgl. Arbeitsgruppe, 1982) und der soziokulturellen Arbeit mit Älteren (vgl. Knopf, 1989) heraus kritisiert worden. Um »produktives Altern« zu ermöglichen, sollten besser »Handlungsräume« für die Entfaltung bisher nicht ausgeschöpfter Potenziale älterer Menschen betrachtet werden (ebd., S. 229). Diese Kritik knüpfte offensichtlich an das Lebenslagekonzept an und zielte darauf, soziale Ungleichheiten und Wechselwirkungen zwischen Altern und Umwelt ebenso zu berücksichtigen wie die lebensgeschichtliche Entstehung von Kompetenzen, und darauf, dem älteren Menschen selbst die Entscheidung zu überlassen, »ob er sich seiner sozialen Umwelt als kompetent [...] präsentieren möchte oder nicht« (ebd., S. 231; vgl. auch Schäffter, 1989; Karl, 1993). Kritik entzündete sich auch an der Widersprüchlichkeit der Intentionen: »Selbstbestimmung und Fremdsteuerung, Autonomieentwicklung und professionelle Flankierung« (Schmidt & Zeman, S. 294) und an der Instrumentalisierung der »Neuen Alten« für einen Rückzug des Wohlfahrtsstaates aus Dienstleistungen für alte Menschen (vgl. Karl & Tokarski, 1989).

---

71 Ausführlicher: Aner (2020). Dabei ist zu berücksichtigen, dass anhand der zitierten Quellen nur die disziplinäre Diskussion sichtbar wird. Die reale Praxis der Profession in der kommunalen Sozialen Altenarbeit und der Pflege lässt sich anhand dieser Quellen nicht rekonstruieren.

In den 1990er Jahren wurde u. a. das sog. interventionsgerontologische Dilemma diskutiert. Präventive (Bildungs-)Angebote erreichten gerade diejenigen nicht, die angesichts schwieriger Lebenslagen dieser Unterstützung besonders bedürfen, weil zugehende Angebote weitgehend fehlten (vgl. Karl, 1990). Diskutiert wurden auch erfolgreiche Projekte innovativer und emanzipatorischer Sozialer Altenarbeit (vgl. u. a. die Beiträge in Langen & Schlichting, 1992; Schweppe, 1996), und die Nützlichkeit gemeinwesenorientierter Arbeitsansätze (Otto & Schweppe, 1996). Selbsthilfe und zivilgesellschaftliches Engagement älterer Menschen wurden aus alten- und verbandspolitischer Perspektive, aber auch aus der Praxis Sozialer (Alten-)Arbeit heraus, erneut bilanziert und theoretisiert (vgl. die Beiträge in Zeman, 2000).

Die Jahre nach 2000 waren von einem Umbau des deutschen Wohlfahrtsstaats zum sog. aktivierenden Staat gekennzeichnet – mit den entsprechenden Auswirkungen auf die Angebote Sozialer Altenarbeit (vgl. Aner, 2020) und die Alten selbst, die nun zunehmend Aktivitätserwartungen ausgesetzt waren (vgl. u. a. Lessenich & Otto, 2005; van Dyk, 2007). Es lag also auf der Hand, das Selbstverständnis der Sozialen (Alten-)Arbeit im sog. aktivierenden Staat aus der Perspektive einer Kritischen Gerontologie zu betrachten (vgl. Aner, 2013). Auch spezifische Aspekte der sozial- und altenpolitischen Entwicklungen nach dem Jahr 2000 spiegeln sich im Fachdiskurs der Sozialen Arbeit wider, etwa in Beiträgen zur sozialpädagogisch begleiteten Nutzung von Potenzialen des Alters (vgl. Karl, 2006; Aner, 2007; Bettmer, 2007; Aner & Hammerschmidt, 2008) oder zum Postulat des lebenslangen Lernens (u. a. Schäffter, 2000; Buboltz-Lutz, 2000a, 2007; Breinbauer, 2007, 2008; Kolland, 2007, 2008b; Aner, 2015). Der förderpolitisch forcierte Rückgriff der kommunalen Altenplanung auf partizipationsorientierte Methoden Sozialer Arbeit (vgl. Heite et al., 2015b) führte zu einer Auseinandersetzung mit den Möglichkeiten und Grenzen der Partizipation älterer Menschen insbesondere an Planungsprozessen (vgl. Aner & Köster, 2016; Arbeitskreis Kritische Gerontologie, 2016). Die zielgruppenbezogene Diskussion nahm in den beiden letzten Jahrzehnten auch die diversitäts- und identitätsorientierten Debatten in den Sozialwissenschaften auf, vor allem zu Fragen der Migration (vgl. u. a. Schröer, 2005; Olbermann, 2008; Askin, 2018; Khan-Zvorničanin, 2016).

Die Blick in die eben zitierten Quellen erlaubt zumindest Arbeitshypothesen: a) dass in den zurückliegenden Jahrzehnten gerontologische Erkenntnisse und Debatten in der Sozialen Altenarbeit eine Rolle spielten, b) dass ein Bestreben erkennbar ist, diese auf verschiedenen Ebenen als Instrumente der Analyse und Kritik bestehender Verhältnissen zu nutzen und c) dass der Fachdiskurs über die Aufgaben Sozialer Arbeit im Kontext der sozialen Altenhilfe häufig von der Sozialpolitik angestoßen wurde, nämlich, wenn über Bundes- und Landesmodellprogramme die Entwicklung der sozialen Altenhilfe in den Kommunen vorangetrieben werden sollte. Trotz aller damit einhergehenden Ambivalenzen (vgl. u. a. Aner & Hammerschmidt, 2008) kam die Perspektive der Alten selbst dabei durchaus zur Geltung. Denn an der Umsetzung der geförderten Modellprojekte waren nicht nur Praktiker/-innen der Sozialen Altenarbeit (später auch der Pflege) und Wissenschaftler/-innen verschiedener Disziplinen, sondern häufig auch ältere Menschen selbst beteiligt. Es wäre ein eigenes Forschungsvorhaben zu klären, ob und ggf. inwieweit im Zuge des skizzierten Austauschs allgemein gerontologische Erkenntnisse und speziell kritisch gerontologische Ansätze diskutiert und ›verwendet‹ wurden, ob und ggf. inwieweit sie über die Laufzeit der jeweiligen Projekte hinaus für die Praxis Sozialer Altenarbeit – und nicht zuletzt für die Alten selbst – bedeutsam wurden. Hier soll stattdessen den folgenden Fragen nachgegangen werden:

Welche Anregungen für die Soziale Altenarbeit ergeben sich aus den Prämissen der Kritischen Gerontologie; welche aus den hier vorgestellten ausgewählten Ansätzen?[72]

Prämissen der Kritischen Gerontologie als Anregungen für die Soziale Altenarbeit

Wie es Baars für die Gerontologie beschreibt (1991, S. 219f.), verfügt auch die Soziale Altenarbeit über wissenschaftliches Wissen über das Altern und über die Bedingungen, es zu gestalten. Wie die Gerontologie ist sie Teil der Bedingungen des Alterns – über ihren Beitrag zum Altersdiskurs mittelbar für alle Alten sowie unmittelbar für alle, die ihre Angebote nutzen wollen oder müssen. Direkter noch als die Gerontologie kann sie »Lebenswelten monopolisieren«, »indem – explizit oder auch nur implizit – eine spezifische Form des Alterns zum Maßstab erhoben« (ebd.) wird. Deshalb erwächst auch ihr eine besondere Verantwortung für das eigene fachliche Handeln und müssen sich auch die Fachkräfte der Sozialen Altenarbeit der »sozialen Konstitution« des Alterns (ebd., S. 220ff.) bewusst sein. Instruktiv hierfür ist die Anregung, die soziale Konstitution des Alterns systematisch auf verschiedenen Ebenen zu betrachten: auf der Ebene der direkten Beziehungen zwischen Menschen, auf der Ebene von Organisationen, auf der Ebene der politischen und ökonomischen Prozesse und Strukturen sowie auf der Ebene nationaler, historisch veränderlicher Traditionen (ebd., S. 229).

Bezüglich der sozialen Konstitution der Wissenschaft, also der Erkenntnisgewinnung und -verwendung, müssten die Fachkräfte sich zunächst die konstitutiven Faktoren vergegenwärtigen: die »direkte Interaktion zwischen den Untersuchenden in personenbezogenen Kooperationsnetzwerken; Zitationskartelle/-cluster und einzelne herausragende GerontologInnen, die die Richtung der Theoriebildung und Forschung beeinflussen; Organisationsstrukturen von nationalen Förderprogrammen über Universitäten bis hin zu Herausgeberkreisen; politische-ökonomische Strukturen und Präferenzen und schließlich – und am umfassendsten – das historisch entstandene Selbst- und Organisationsverständnis

---

72 Selbstverständlich kann die Soziale Arbeit mit älteren Menschen sich zwecks reflexiver Professionalisierung auch der eigenen Theorietraditionen bedienen und sie arbeitsfeldspezifisch interpretieren. Für einen Überblick über die Theorien der Sozialen Arbeit vgl. Hammerschmidt et al. (2017); zur Kritik in der Sozialen Arbeit vgl. u. a. die Beiträge in Hünersdorf & Hartmann (2013), in Anhorn et al. (2017) sowie online verfügbare Beiträge aus dem Kontext des Arbeitskreises Kritische Soziale Arbeit (AKS).

wissenschaftlicher Arbeit« (ebd., S. 228f.). Zudem müssen sie berücksichtigen, dass sich diese Faktoren im Austausch zwischen Sozialer Altenarbeit und Gerontologie noch verdoppeln, denn selbstverständlich sind sie in allen Disziplinen wirksam. Um unter diesen Bedingungen überhaupt »fundamentale Kritik« (ebd., S. 222) üben zu können, seien Fachkräfte der Sozialen Arbeit [wie auch Gerontolog/-innen; K.A.] gehalten, »zunächst einmal ihre disziplinären Verstrickungen hinter sich (zu) lassen«, ggf. auch sich zu »befreien von speziellen Traditionen kritischer Wissenschaft, mit denen sie sich identifizieren« (ebd.).

Zu den Gemeinsamkeiten der kritisch gerontologischen Ansätze gehört nicht zuletzt, dass sie mehr sein wollen als reine Ordnungswissenschaft. In der Tradition kritischer Gesellschaftstheorien und in Opposition zur sog. Mainstream-Gerontologie stehend ist ihr Ziel, gesellschaftliche Verhältnisse nicht nur zu beschreiben und zu verstehen, sondern auf dieser Basis zur Emanzipation Älterer von bestehenden Macht- und Herrschaftsstrukturen beizutragen. Dieses Selbstverständnis könnte für die Fachkräfte der Sozialen Altenarbeit Anlass sein, sich auf das eigene Arbeitsfeld bezogen (erneut) mit schon etwas älteren Theorien Sozialer Arbeit zu befassen, die das vor allem in der Berufspraxis dominante traditionelle Selbstverständnis Sozialer Arbeit als Hilfe für die Klient/-innen radikal in Frage stellen und nach ihrer Funktion als Beitrag zur Herrschaftssicherung in der kapitalistischen Klassengesellschaft (vgl. AKS, 1971; Hollstein & Meinhold, 1973; Khella, 1978; Amann, 1979, 1983) oder zur Kolonisierung von Lebenswelten (Bossong, 1987) fragen.

Ausgewählte Ansätze Kritischer Gerontologie als Anregungen für die Soziale Altenarbeit

Das Leistungsspektrum der Sozialen Altenarbeit reicht – wie oben unter »Soziale Arbeit und Alter« skizziert – von der Arbeit mit jüngeren Alten mit guter sozioökonomischer Position bis hin zur Arbeit mit sehr alten, pflegebedürftigen, armen Menschen. Ihre Methoden sind in den je konkreten Handlungsfeldern auf das Gemeinwesen, auf Gruppen oder den Einzelfall orientiert und mittlerweile sehr stark ausdifferenziert. Insofern ist es eher ein Vor- als ein Nachteil, dass es ›die‹ Kritische Gerontologie nicht gibt, dass die verschiedenen kritisch gerontologischen Ansätze divergierenden Wissenschaftstraditionen folgen und sie je unterschiedliche Probleme, Aspekte oder Stufen des Prozesses der sozialen Konstitution (Baars, 1991, S. 230; vgl. auch ▶ Kap. 2) fokussieren. Je nach Handlungsebene, Zielsetzung und Methodenspektrum der jeweiligen Angebote, je nach Problem, das es zu reflektieren gilt, können sich die Fachkräfte der kritisch gerontologischen Ansätze bedienen, die ihnen gegenstandsangemessen erscheinen. Das soll im Folgenden exemplarisch anhand einiger Schlaglichter auf die in Kapitel 4 referierten Schlüsseldokumente (▶ Kap. 4) illustriert werden.

Die Vertreter/-innen der *Political Economy of Aging*, etwa Estes et al. (1996), sehen das Alter(n) insbesondere durch die kapitalistische Ökonomie und das liberale Wohlfahrtsregime gerahmt. Einkommen und Gesundheit wie auch sozialrechtliche Ansprüche seien maßgeblich durch Sozialpolitik bestimmt, die ihrerseits

Ausdruck je historischer gesellschaftlicher Machtverhältnisse sei. Ob und wie mögliche Probleme bearbeitet werden, sei nur vor diesem Hintergrund zu verstehen – und zu verändern (▶ Kap. 4.1). Mit dieser Perspektive liefert die *Political Economy of Aging* wichtige Anknüpfungspunkte für ein tieferes Verständnis der Rahmenbedingungen des Alterns für Menschen unterschiedlicher Klassen und Schichten, ethnische Zugehörigkeiten und Geschlechter, für soziale Konzepte vom Alter(n) und indirekt auch für die Rolle, die der Sozialen (Alten-)Arbeit bei der Problembearbeitung zugedacht ist, sowie für die Grenzen ihrer Hilfen.

Hohmeier (1978) fasst *Alter als Stigma*, als negative gesellschaftliche Etikettierung. Sein Beitrag zur alterswissenschaftlichen Diskussion in Deutschland fragt nach den Folgen der Etikettierung als »alt« (ebd., S. 11; ▶ Kap. 4.2) und vergleicht die Stigmatisierung älterer Menschen mit der anderer »soziale(r) Randgruppen (z. B. von Behinderten, Nichtsesshaften oder Kriminellen)« (ebd., S. 13), die als unfähig gelten, sich selbst zu versorgen (ebd.). Ähnlich wie bei diesen Gruppen ordnet das Stigma alle anderen Eigenschaften nach, werde zu einem »master status« (ebd.), entfalte eine »beträchtliche Suggestivwirkung« auch für die Betroffenen selbst, der insbesondere diejenigen kaum entkommen könnten, die der »Unterschicht« (ebd., S. 19) angehören. Hätten diese dann Kontakt mit Organisationen wie Behörden und Trägern von Hilfemaßnahmen, träten diese ihnen mit Amts- und Sachautorität entgegen (ebd., S. 22f.). Auch wenn das drastische Vokabular der 1970er Jahre heute irritieren mag, sind damit Phänomene beschrieben, deren andauernde Virulenz nicht von der Hand zu weisen ist. Auch Hohmeiers Hinweise auf die Normen der »Leistungsgesellschaft« (ebd., S. 16), den Berufsausstieg als Übergang in eine für viele »rollenlose Rolle« (ebd., S. 19f.) sowie auf die Gefahr der »Vergeblichkeit der Maßnahmen der Altenarbeit und -bildung« (ebd., S. 25) bei gleichzeitigem gesellschaftlichem Defizitblick auf das Alter, insbesondere der Menschen in Armutslagen, sind noch immer geeignet, den Blick auf den Handlungskontext Sozialer Altenarbeit zu schärfen.

Der Ansatz des *Ageism* von Butler (hier referiert nach Butler, 1969, ausführlicher in Butler, 1975; ▶ Kap. 4.3) bietet sich u. a. dafür an, vergleichende Reflexionen auf der Ebene historisch veränderlicher, nationaler Traditionen (Baars, 1991, S. 229) anzustellen. Nicht nur ist sein Ausgangspunkt ein konkretes historisches Ereignis im Jahr 1969 (ein Bürgerprotest in einem bürgerlichen Viertel im Nordwesten von Washington D.C. gegen das Vorhaben der Gemeinde, in diesem Viertel öffentlich geförderten Wohnraum für alte Menschen mit geringen Einkommen, darunter viele Schwarze, zu schaffen). Auch ist seine Beschreibung, nach der in Gemeinden in den USA »schon immer entlang von sozialer Schicht, Hautfarbe und Alter strukturiert und Arme und Nicht-Weiße separiert und segregiert« (Butler, 1969, S. 243) worden seien, national spezifisch. Butlers Ansatz war gleichwohl international Inspiration für eine Reihe weiterführender gerontologischer Arbeiten und kann mittlerweile auch für die Gemeinwesenarbeit in der bundesdeutschen Migrationsgesellschaft Gedankenanstöße bieten.

Die *Humanistic Gerontology* (▶ Kap. 4.4) liefert u. a. auf der Ebene der Beziehungen zu den Adressat/-innen brauchbare Hinweise zur (Selbst-)Reflexion von Fachkräften der Sozialen Altenarbeit. So verweist Moody (1988) in einem Text, der sich vornehmlich mit erkenntnistheoretischen Fragen befasst, auf die »dreifache Hermeneutik« in der Alternsforschung und beschreibt dabei u. a. ihre dritte Dimension: Altern sei nicht von der eigenen Erfahrung von Zeit und Selbst zu trennen. Deshalb könne niemand eine verzerrende Voreingenommenheit bestreiten und man müsse zu einer selbstreflexiven Deutung des eigenen Alterns gelangen (ebd., S. 32). Seine Auffassung, dass die Geisteswissenschaften, insbesondere die Literaturwissenschaften (Dichtung, Fiktion, Drama, Autobiographie) geeignete Ressourcen seien, die »dreifache Hermeneutik« in Theorien des Alterns zu integrieren (ebd., S. 33), kann auch als methodische Anregung an Fachkräfte Sozialer Altenarbeit gelesen werden, diese Ressourcen sowohl mit Blick auf die Reflexion des eigenen Alterns als auch für das Verstehen der älteren Adressat/-innen zu nutzen. Auch Moodys Anmerkung, dass das, was als Entwicklung gelte, eine normative Frage sei, und in der modernen Welt »Entwicklung« oft unkritisch als eine Ausweitung von Energie und Handlungsfähigkeit und als das Gegenteil von Altern und Endlichkeit verstanden werde (ebd., S. 34), ist von Interesse für die Soziale Altenarbeit, in der es – anders als etwa in der Kinder- und Jugendhilfe – oft weniger um die Ausweitung als um die Aufrechterhaltung, oft aber auch darum geht, den Umgang mit Verlusten an Handlungsfähigkeit zu begleiten.

Ein anderes Beispiel für mögliche Anregungen auf der Ebene der Interaktionen und Beziehungen zwischen Fachkräften Sozialer Altenarbeit und ihren Adressat/-innen ist die *Narrativ Gerontology* (▶ Kap. 4.5). Gerade weil die sog. Biographiearbeit zunehmend zu einem Instrument der alltäglichen Arbeit geworden ist, ist der radikal ethnomethodologische Ansatz, der u. a. von Gubrium (2001) vertreten wird, eine wichtige Anregung. Sein Fokus auf die abstrakten Deutungs- und Erzählmuster als Bausteine des biographischen Erzählens und Schreibens, auf den Erzählprozess selbst und seine Techniken (ebd., S. 25ff.) sowie auf die Berücksichtigung von lokalen, stark privaten Bedeutungssphären einerseits (ebd., S. 20f.) und der Deprivatisierung persönlicher Sinndeutungen anderseits (ebd., S. 22.) ist geeignet, die praktizierte Biographiearbeit einer gedanklichen Revision zu unterziehen. Vor allem aber ist Gubriums Erkenntnis zu den beachtlichen individuellen Spielräumen für das aktive Erzählen von Geschichten trotz rahmender Konventionen (ebd., S. 23f.) ein starker emanzipatorischer Impuls.

Feministische und intersektionale Ansätze, hier vorgestellt anhand eines Textes von Calasanti et al. (2006) (▶ Kap. 4.6), eignen sich für einen besonderen Blick auf die sozial ungleichen Bedingungen des Alterns. Sie zeigen u. a. Verschränkungen der beiden analytischen Kategorien Alter(n) und Geschlecht auf und sind damit insbesondere für die soziale Arbeit mit älteren Frauen von Interesse, auch und gerade an der Schnittstelle zur Care-Debatte. Calasanti et al. (2006, S. 14ff.) verweisen u. a. auf die in der dominanten Analyse sozialer Ungleichheit anhand statistischer Daten oft vernachlässigten Alltagserfahrungen der alten Frauen, auf deren Unsichtbarkeit selbst in feministischen Studien, auf die sogar in diesen Studien machtvolle Norm des »erfolgreichen Alterns«. Ein solcher Blick auf das hohe Alter als *»political location«* scheint gewinnbringend für die Reflexion des Alterns der Adressat/-innen Sozialer Altenarbeit. Die (Macht-)Beziehung zwischen ihnen und den Fachkräften lassen sich mit Hilfe des Konzepts der »*age-relations*« (ebd., S. 17f.) einer systematischen Analyse unterziehen. Die in den feministisch und intersektional angelegten Texten eingeforderte Thematisierung von (diskriminierenden) Alltagserfahrungen kann ebenfalls wichtige Anregungen liefern.

Kritisch gerontologische Texte in der Tradition der Foucault'schen Sozialphilosophie, auch als *Foucauldian Gerontology* bezeichnet (▶ Kap. 4.7), befassen sich mit dem Alter(n) in seiner sozialhistorischen Entwicklung und dabei insbesondere mit seiner Konstruktion durch Diskurse und Praktiken ökonomischer, politischer, wissenschaftlicher, aber auch ethischer bzw. moralischer Art. Für die Soziale Altenarbeit ist besonders interessant, dass dabei auch in den Blick kommt, wie Disziplinen und Professionen mächtige ›Narrative‹ sowohl herstellen als auch nutzen, die zur Kontrolle und Disziplinierung von alten Menschen beitragen. Der hier vorgestellte Text von Biggs und Powell (2009) nimmt die zu Beginn des 21. Jahrhunderts geführte Diskussion über den Wohlfahrtsstaat zum Anlass, um das Altern im wohlfahrtstaatlichen Kontext (in Europa, Großbritannien und Australien) zu analysieren. Die Autoren legen ihr Augenmerk dabei auch auf die »diskursive Formierung der Sozialarbeit mit älteren Menschen«, kennzeichnen das »Sozialarbeitsnarrativ vom Altern« generell als ambivalent und kritisieren den psychologisierenden Blick in der Fallarbeit und das in der Sozialarbeit gesammelte Expertenwissen als bedeutsamen Teil eines gesellschaftlichen Diskurses vom abhängigen Altern. Dieser Text kann mithin als eine arbeitsfeldspezifische Auseinandersetzung mit der ambivalenten Funktion Sozialer Arbeit in kapitalistischen Gesellschaften gelesen werden.

Die *kulturwissenschaftliche Gerontologie* (▶ Kap. 4.8) bezieht sich u. a. auf das historisch Veränderliche von Traditionen. So konstatiert Gullette (2000) eine neue Entwicklung: Die verbreitete Rede vom Abbau sei nicht mehr nur auf das höhere und hohe Alter bezogen, sondern zunehmend auch auf das mittlere (ebd., S. 215). Wäre um 1900 das mittlere Alter noch die richtungsweisende Norm gewesen, gebe es nun sogar einen »*middle-ageism*« (ebd., S. 222). Es gelte, die darauf bezogenen Diskurse, Praktiken und materiellen Bedingungen zu untersuchen und mit politischem Widerstand zu verbinden (ebd.). Gulletes Material-Vorschläge (Alltagskultur und -praktiken wie z. B. Zeitungen, Literatur, Mode, Fitness; vgl. ebd., S. 219) und ihre historisch vergleichende Perspektive könnten in der Sozialen Altenarbeit sowohl für die Arbeit mit den Adressat/-innen als auch für Prozesse der Selbst- und Teamreflexion nützlich sein.

5.3   Fazit

Folgt man der Position von Dannefer et al. (2008), nach der »die von der Kritischen Gerontologie – ob auf politisch-ökonomischer oder ideologiekritischer Basis – thematisierten Probleme real existieren« und die Anwendung der kritischen Theorie auf diese Probleme voraussetze, »dass man von der kritischen Analyse an sich zu ihrer Anwendung im realen Leben übergeht« (ebd., S. 104), und sieht man die Soziale Altenarbeit als ein bedeutsames Feld dieser »Anwendung im realen Leben«, lohnt die Lektüre von Originaltexten, die sich kritisch mit der Gerontologie auseinandersetzen. Darüber hinaus ist ein systematischer theoriegeleiteter Austausch zwischen Gerontologie und Sozialer Altenarbeit nützlich, um kritische Traditionen auf beiden Seiten in die Zukunft zu retten. Tatsächlich muss von ›Retten‹ die Rede sein. Zwar agiert die Soziale Altenarbeit im Rahmen der sozialen Altenhilfe als Teil kommunaler Sozial(hilfe)politik und Daseinsvorsorge, die eher an Bedeutung gewinnen als verlieren wird.[73] Die Weiterentwicklung der – mit nur einem Paragraphen im SGB XII rechtlich schwach regulierten – kommunalen Angebote über Bundes- und Landesmodellprogramme einschlägiger Ministerien wird also aller Voraussicht nach fortgesetzt. Doch im Vergleich zu den 1980er und 1990er Jahren waren diese Programme schon in den Jahren nach 2000 finanziell weniger gut ausgestattet und zeitlich knapper bemessen. Zuletzt gerieten die Ressourcen der Hochschulen und der Vertreter/-innen der sozialarbeiterischen Praxis, die im Rahmen der Begleitforschung oft mit außeruniversitären Forschungsinstitutionen kooperieren, weiter unter Druck. In der Folge sind Freiräume für interdisziplinäre Diskurse über Theorien, Handlungs- und Forschungsmethoden und grundlegende wissenschaftstheoretische und (moral-)philosophische Fragen kleiner geworden (ausführlicher: Aner & Kricheldorff, 2016). Es sind also einerseits schwierige Zeiten für gegenseitige Anregungen auf den Spuren von Kritischer Gerontologie und Kritischer Sozialer Arbeit. Andererseits ist der Reflexionsbedarf angesichts der eben angedeuteten Bedingungen in Forschung und Praxis bei gleichzeitig zunehmender sozialer Ungleichheit im Alter groß und finden sich auch und gerade unter diesen schwierigen Bedingungen durchaus Wege des Austauschs, wie u. a. der vorliegende Band zeigt.

Literatur

Amann, A. (1979). Die Janusköpfigkeit der Sozialarbeit – Theoretische Ansätze zwischen Unterdrückung und Emanzipation. *Österreichische Zeitschrift für Soziologie, 4*(2), 33–51.
Amann, A. (1983). *Lebenslage und Sozialarbeit. Elemente zu einer Soziologie von Hilfe und Kontrolle.* Berlin: Duncker & Humblot.
Aner, K. (2007). Prekariat und Ehrenamt. In K. Aner, F. Karl & L. Rosenmayr (Hrsg.), *Die neuen Alten – Retter des Sozialen? Anlass und Wandel gesellschaftlicher und gerontologischer Diskurse* (S. 185–199). Wiesbaden: VS.
Aner, K. (2009). *Soziale Beratung und Alter. Irritationen, Lösungen, Professionalität.* Opladen u. a.: Barbara Budrich.

---

73 Die Zahl potenzieller Adressat/-innen dürfte steigen. Grund ist die Alterung der Bevölkerung in Deutschland bei gleichzeitig künftig steigender Altersarmut. Mehr Ältere als bisher werden auf den Bezug von Sozialhilfeleistungen (Grundsicherung im Alter), aber auch Leistungen der Altenhilfe gemäß § 71 SGB XII angewiesen sein. (Hammerschmidt & Löffler 2020, S. 25f.). Im 7. Altenbericht (BMFSFJ, 2016) wird die Bundesregierung aufgefordert, angemessene rechtliche und finanzielle Rahmenbedingungen für die Kommunen zu schaffen.

Aner, K. (2013). Kritische Gerontologie und Soziale Altenarbeit im aktivierenden Staat. In B. Hünersdorf & J. Hartmann (Hrsg.), *Was ist und wozu betreiben wir Kritik in der Sozialen Arbeit? Disziplinäre und interdisziplinäre Diskurse* (S. 303–316). Wiesbaden: VS.

Aner, K. (2015). Zur Demografisierung von Gesellschaft und Pädagogik. *Zeitschrift für Sozialpädagogik, 13(1)*, 5–19.

Aner, K. (2020). Soziale Altenhilfe als Aufgabe Sozialer (Alten-)Arbeit. In K. Aner & U. Karl (Hrsg.), *Handbuch Soziale Arbeit und Alter* (S. 29–54). (2., überarbeitete und aktualisierte Auflage). Wiesbaden: Springer VS.

Aner, K. & Hammerschmidt, P. (2008). Zivilgesellschaftlich produktiv Altern. Eine kritische Analyse ausgewählter Modellprogramme. In M. Erlinghagen & K. Hank (Hrsg.), *Produktives Altern und informelle Arbeit in modernen Gesellschaften* (S. 159–176). Wiesbaden: VS.

Aner, K. (2018). Soziale Arbeit mit alten Menschen. In K. R. Schroeter, C. Vogel & H. Künemund (Hrsg.), *Handbuch Soziologie des Alter(n)s*. Wiesbaden: Springer Fachmedien. https://doi.org/10.1007/978-3-658-09630-4_20-1.

Aner, K. & Hammerschmidt, P. (2018). *Arbeitsfelder und Organisationen der Sozialen Arbeit. Eine Einführung*. Wiesbaden: VS.

Aner, K. & Cornelia K. (2016). Implementierungswissenschaft in Deutschland. Ein Statement der Sektion IV der DGGG. In M. Hoben, M. Bär & H.-W. Wahl (Hrsg.), *Implementierungswissenschaft für Pflege und Gerontologie* (S. 381–385). Stuttgart: Kohlhammer.

Aner, K. & Köster, D. (2016). Partizipation älterer Menschen – Kritisch gerontologische Anmerkungen. In G. Naegele, E. Olbermann & A. Kuhlmann (Hrsg.), *Teilhabe im Alter gestalten: Aktuelle Themen der Sozialen Gerontologie* (S. 465–483). Wiesbaden: Springer VS.

AG Interpretative Sozialforschung (1983). *Alltag in der Seniorenfreizeitstätte. Soziologische Untersuchungen zur Lebenswelt älterer Menschen*. Berlin: DZA.

AKS. Arbeitskreis kritische Sozialarbeit (1971). *Geschichte und Funktion der Sozialarbeit*. Frankfurt: Arbeitskreis kritische Sozialarbeit.

Anhorn, R., Schimpf, E., Stehr, J., Rathgeb, K., Spindler, S. & Keim, R. (Hrsg.) (2018). *Politik der Verhältnisse – Politik des Verhaltens. Widersprüche der Gestaltung Sozialer Arbeit*. Wiesbaden: VS.

Arbeitsgruppe Fachbericht über Probleme des Alters (1982). *Altwerden in der Bundesrepublik Deutschland: Geschichte – Situationen – Perspektiven*. Band II. Berlin: DZA.

Arbeitskreis Kritische Gerontologie der Deutschen Gesellschaft für Gerontologie und Geriatrie. (2016). Diskussionspapier Partizipation und partizipative Methoden in der Gerontologie. *Zeitschrift für Gerontologie und Geriatrie, 49*, 143–147.

Aşkın, B. (2018). Kultursensible Altenhilfe und Pflege in der Migrationsgesellschaft. In B. Blank, S. Gögercin, K. E. Sauer & B. Schramkowski (Hrsg.), *Soziale Arbeit in der Migrationsgesellschaft* (S. 681–691). Wiesbaden: Springer.

Baars, J. (1991). The Challenge of Critical Gerontology: The Problem of Social Constitution. *Journal of Aging Studies, 5(3)*, 219–243.

Bettmer, F. (2007). Anerkennung, Macht und Gemeinsinn. Voraussetzungen eines neuen Altersbildes. In K. Aner, F. Karl & L. Rosenmayr (Hrsg.), *Die neuen Alten – Retter des Sozialen? Anlass und Wandel gesellschaftlicher und gerontologischer Diskurse* (S. 111–126). Wiesbaden: VS.

Biggs, S. & Powell, J. L. (2009). Eine foucauldiansche Analyse des Alters und der Macht wohlfahrtsstaatlicher Politik. In S. van Dyk & S. Lessenich (Hrsg.), *Die jungen Alten. Analysen einer neuen Sozialfigur* (S. 186–206). Frankfurt am Main: Campus.

Bossong, H. (1987). *Die freundliche Kolonialisierung. Sozialarbeit zwischen System und Lebenswelt*. Bielefeld: B. Kleine.

Böhnisch, L. (2010). Alter, Altern und Soziale Arbeit – ein sozialisatorischer Bezugsrahmen. In K. Aner & U. Karl (Hrsg.), *Handbuch Soziale Arbeit und Alter* (S. 187–193). Wiesbaden: VS.

Böhnisch, L. (2018). *Sozialpädagogik der Lebensalter. Eine Einführung* (8. Auflage). Weinheim, München: Juventa.

Breinbauer, I. M. (2007). Bildung im Alter. In K. Aner, F. Karl & L. Rosenmayr (Hrsg.), *Die neuen Alten – Retter des Sozialen? Anlass und Wandel gesellschaftlicher und gerontologischer Diskurse* (S. 85–110). Wiesbaden: VS.
Breinbauer, I. M. (2008). Bildung als Antwort …? In D. Ferring, M. Haller, H. Meyer-Wolters & T. Michels (Hrsg.), *Soziokulturelle Konstruktionen des Alters. Transdisziplinäre Perspektiven* (S. 273–294). Würzburg: Königshausen & Neuman.
Brettschneider, A. & Klammer, U. (2016). *Lebenswege in die Altersarmut. Biografische Analysen und sozialpolitische Perspektiven*. Berlin: Duncker und Humblot.
Bubolz-Lutz, E. (2000). Bildung und Hochaltrigkeit. In S. Becker, L. Veelken & K. P. Wallraven (Hrsg.), *Handbuch Altenbildung: Theorien und Konzepte für Gegenwart und Zukunft* (S. 326–349). Opladen: Leske + Budrich.
Bubolz-Lutz, E. (2007). Geragogik – wissenschaftliche Disziplin und Praxis der Altersbildung. *Informationsdienst Altersfragen, 35*(5), 1–15.
Butler, R. N. (1969). Age-Ism Another Form of Bigotry. *The Gerontologist, 9*(4), 243–246.
Calasanti, T., Slevin, K. F. & King, N. (2006). Ageism and Feminism: From »Et Cetera« to Center. *NWSA Journal, 18*(1), 13–30.
Cumming, E. & Henry, W. E. (1961). *Growing old. The Process of Disengagement*. New York: Basic Books.
Dyk, S. van (2007). Kompetent, aktiv, produktiv? Die Entdeckung der Alten in der Aktivgesellschaft. *Prokla. Zeitschrift für kritische Sozialwissenschaft, 36*(1), 93–112.
Estes, C. L., Linkins, K. W. & Binney, E. A. (1996). The Political Economy of Aging. In R. H. Binstock & L. K. George (Hrsg.), *Handbook of Aging and the Social Sciences* (S. 346–361). (4. Auflage). San Diego: Academic Press.
Gubrium, J. F. (2001). Narrative, Experience and Aging. In G. M. Kenyon, Ph. G. Clark & B. De Vries (Hrsg.), *Narrative gerontology: theory, research, and practice* (S. 19–30). New York, NY: Springer Publishing.
Gullette, M. M. (2000). Age Studies as Cultural Studies. In Th. R. Cole, R. Kastenbaum & R. E. Ray (Hrsg.), *Handbook of the Humanities and Aging* (S. 214–234). (2. Auflage). New York: Springer.
Hammerschmidt, P., Aner, K. & Weber, S. (2017). *Zeitgenössische Theorien Sozialer Arbeit*. Weinheim und Basel: Beltz Juventa.
Hammerschmidt, P., Weber, S. & Seidenstücker, B. (2017a). *Soziale Arbeit – die Geschichte*. Leverkusen: UTB.
Havighurst, R. J. (1961). Successful Aging. *The Gerontologist, 1*(1), 4–7.
Himmelsbach, I. (2021). Soziale Arbeit als Kulminationspunkt von Alter(n)sfragen. *Zeitschrift für Gerontologie und Geriatrie*. https://doi.org/10.1007/s00391-021-01854-2.
Heite, E., Rüßler, H. & Stiel, J. (2015b). Alter(n) und partizipative Quartiersentwicklung. Stolpersteine und Perspektiven für soziale Nachhaltigkeit. *Zeitschrift für Gerontologie und Geriatrie, 48*(5), 415–425.
Hohmeier, J. (1978). Alter als Stigma. In J. Hohmeier & H.-J. Pohl (Hrsg.), *Alter als Stigma oder Wie man alt gemacht wird* (S. 10–30). Frankfurt am Main: Suhrkamp.
Hollstein, W. & Meinhold, M. (Hrsg.). (1980 [1973]). *Sozialarbeit unter kapitalistischen Produktionsbedingungen* (5. Auflage). Bielefeld: AJZ.
Hünersdorf, B. & Hartmann, J. (Hrsg.) (2013). *Was ist und wozu betreiben wir Kritik in der Sozialen Arbeit? Disziplinäre und interdisziplinäre Diskurse*. Wiesbaden: VS.
Karl, F. (1990). *Neue Wege in der sozialen Altenarbeit*. Freiburg: Lambertus.
Karl, F. (1993). Strukturwandel des Alters und Handlungspotentiale. In G. Naegele & H. P. Tews (Hrsg.), *Lebenslagen im Strukturwandel des Alters* (S. 259–272). Opladen: Leske + Budrich.
Karl, F. & Tokarski, W. (Hrsg.). (1989). *»Die neuen Alten«. Beiträge der XVII. Jahrestagung der Deutschen Gesellschaft für Gerontologie in Kassel 22.–24.09.1988*. Kassel: Gesamthochschulbibliothek.
Khan-Zvorničanin, M. (2016). *Kultursensible Altenhilfe? Neue Perspektiven auf Programmatik und Praxis gesundheitlicher Versorgung im Alter*. Bielefeld: transcript.
Khella, K. (1974). *Theorie und Praxis der Sozialarbeit und Sozialpädagogik. 1. Teil. Einführung*. Hamburg: Theorie-und-Praxis-Verlag.

Knopf, D. (1989). »Erfahrungswissen älterer Menschen nutzen« – Gerontologische Implikationen einer sozialpolitischen Programmatik. In D. Knopf, O. Schäffter & R. Schmidt (Hrsg.), *Produktivität des Alters* (S. 223–231). Berlin: DZA

Koch-Straube, U. 1979. *Gemeindearbeit mit älteren Menschen*. Gelnhausen u. a.: Benziger/Burckhardthaus-Laetare.

Kolland, F. (2007). Qualität in der Altersbildung. Geragogik zwischen Bildungsorientierung und sozialer Integration. In K. Aner, F. Karl & L. Rosenmayr (Hrsg), *Die neuen Alten – Retter des Sozialen? Anlass und Wandel gesellschaftlicher und gerontologischer Diskurse* (S. 163–184). Wiesbaden: VS.

Kolland, F. (2008b). Lernbedürfnisse, Lernarrangements und Effekte des Lernens im Alter. In K. Aner & U. Karl (Hrsg.), *Lebensalter und Soziale Arbeit. Band 6: Ältere und alte Menschen* (S. 174–187). Baltmannsweiler: Schneider Verlag Hohengehren.

Kondratowitz, H.-J. von (2002). Determinanten und Dynamiken der Verwendung sozialgerontologischen Wissens. In C. Tesch-Römer (Hrsg.), *Gerontologie und Sozialpolitik* (S. 219–234). Berlin: Bundesministerium für Familie, Senioren, Frauen und Jugend.

Langen, I. & Schlichting, R. (Hrsg.). (1992). *Altern und Altenhilfe auf dem Lande*. München: Minerva.

Karl, U. (2006). Soziale Altenarbeit und Altenbildungsarbeit – vom aktiven zum profilierten, unternehmerischen Selbst. In S. Maurer & S. Weber (Hrsg.), *Gouvernementalität und Erziehungswissenschaft. Wissen – Macht – Transformation* (S. 301–319). Wiesbaden: VS.

Kümpers, S. & Alisch, M. (2018). Altern und Soziale Ungleichheiten – Teilhabechancen und Ausgrenzungsrisiken. In E.-U. Huster, J. Boeckh & H. Mogge-Grotjahn (Hrsg.), *Handbuch Armut und Soziale Ausgrenzung* (S. 597–618). (3., überarbeitete und erweiterte Auflage). Wiesbaden: Springer VS.

Lessenich, S. & Ulrich O. (2005). Zwischen »verdientem Ruhestand« und »Alterskraftunternehmer«: Das Alter in der Aktivgesellschaft – eine Skizze und offene Fragen zur Gestalt eines »Programms« und seinen Widersprüchen. In S. Lessenich & O. Ulrich (Hrsg.), *Partizipation und Inklusion im Alter – aktuelle Herausforderungen* (S. 5–18). Jena: IKS Garamond.

Münch, U. (2005). Altenpolitik. In BMAS und Bundesarchiv (Hrsg.), Geschichte der Sozialpolitik in Deutschland seit 1945. Band 7. Bundesrepublik Deutschland 1982–1989. Finanzielle Konsolidierung und institutionelle Reform (S. 555–563). Baden-Baden: NOMOS.

Moody, H. R. (1988). Toward a Critical Gerontology: The Contribution of the Humanities to Theories of Aging. In J. E. Birren & V. L. Bengtson (Hrsg.), *Emergent Theories of Aging* (S. 19–40). New York: Springer Publishing Company.

Olbermann, E. (2008). Kultursensible Altenhilfe. In K. Aner & U. Karl (Hrsg.), *Lebensalter und Soziale Arbeit. Band 6: Ältere und alte Menschen* (S. 138–150). Baltmannsweiler: Schneider Verlag Hohengehren.

Otto, U. & Schweppe, C. (1996). Individualisierung ermöglichen – Individualisierung begrenzen. Soziale Altenarbeit als sozialpädagogischer Beitrag und allgemeine Arbeitsorientierung. In C. Schweppe (Hrsg.). (1996), *Soziale Altenarbeit. Pädagogische Arbeitsansätze und die Gestaltung von Lebensentwürfen im Alter* (S. 53–72). Weinheim, München: Juventa.

Rixen, S. (2020). Alter, Kranken- und Pflegeversicherung. In K. Aner & U. Karl (Hrsg.), *Handbuch Soziale Arbeit und Alter* (S. 313–323). (2., überarbeitete und aktualisierte Auflage). Wiesbaden: Springer VS.

Schäffter, O. (1989). Produktivität des Alters – Perspektiven und Leitfragen. In D. Knopf, O. Schäffter & R. Schmidt (Hrsg.), *Produktivität des Alters* (S. 20–25). Berlin: DZA

Schäffter, O. (2000). Perspektiven selbstbestimmter Produktivität im nachberuflichen Leben. In P. Zeman (Hrsg.), *Selbsthilfe und Engagement im nachberuflichen Leben* (S. 217–250). Regenburg: Transfer.

Schmidt, R. (1999). Die Modernisierung Sozialer Arbeit mit alten Menschen. In B. Jansen, F. Karl, H. Radebold & R. Schmitz-Scherzer (Hrsg.), *Soziale Gerontologie* (S. 659–682). Weinheim, Basel: Beltz.

Schmidt, R. & Zeman, P. (1982). Selbsthilfegruppen alter Menschen und ihre Bedeutung für die soziale Arbeit. *Theorie und Praxis der sozialen Arbeit, 5*, 324–331.

Schweppe, C. (Hrsg.). (1996). *Soziale Altenarbeit. Pädagogische Arbeitsansätze und die Gestaltung von Lebensentwürfen im Alter.* Weinheim, München: Juventa.

Schröer, W. (2005). Alter und Migration – die Migrationssozialarbeit entdeckt eine Lebensphase. In C. Schweppe (Hrsg.), *Alter und Soziale Arbeit. Theoretische Zusammenhänge, Aufgaben- und Arbeitsfelder* (S. 56–76). Baltmannsweiler: Schneider Verlag Hohengehren.

Tesch-Römer, C. (2002). Gerontologie und Sozialpolitik. In C. Tesch-Römer (Hrsg.), *Gerontologie und Sozialpolitik* (S. 21–42). Berlin: Bundesministerium für Familie, Senioren, Frauen und Jugend.

Vogel, C. & Künemund, H. (2018). Armut im Alter. In P. Böhnke, J. Dittmann & J. Göbel (Hrsg.), *Handbuch Armut* (S. 144–153). Opladen: Barbara Budrich.

Zeman, P. (Hrsg.). (2000). *Selbsthilfe und Engagement im nachberuflichen Leben.* Regenburg: Transfer.